高等职业教育教学改革融合创新型教材·旅游类

中央财政支持高等职业学校提升专业服务产业发展能力项目建设专业教学成果
文化和旅游部旅游职业教育校企合作示范实训基地教学成果
江苏省高等职业教育高水平骨干专业教学成果
江苏省示范性高职院校重点建设专业教学成果

研学旅行课程开发与实施

YANXUE LÜXING KECHENG KAIFA YU SHISHI

工作手册式

丁洁 范黎丽 主 编
陶潇男 翁翎燕 副主编

东北财经大学出版社 Dongbei University of Finance & Economics Press 大连

图书在版编目（CIP）数据

研学旅行课程开发与实施 / 丁洁，范黎丽主编．—大连：东北财经大学出版社，2023.3（2024.8重印）
（高等职业教育教学改革融合创新型教材 · 旅游类）
ISBN 978-7-5654-4814-0

Ⅰ．研…　Ⅱ．①丁…②范…　Ⅲ．教育旅游-教学研究-高等职业教育-教材　Ⅳ．F590.75-42

中国国家版本馆CIP数据核字（2023）第051807号

东北财经大学出版社出版
（大连市黑石礁尖山街217号　邮政编码　116025）
网　　址：http://www.dufep.cn
读者信箱：dufep@dufe.edu.cn
大连日升彩色印刷有限公司印刷　　东北财经大学出版社发行

幅面尺寸：185mm×260mm　字数：382千字　印张：17.75　插页：1
2023年3月第1版　　2024年8月第2次印刷
责任编辑：张旭风　赵宏洋　　责任校对：张晓鹏
封面设计：原　皓　　版式设计：原　皓

定价：42.00元

教学支持　售后服务　联系电话：（0411）84710309

如有印装质量问题，请联系营销部：（0411）84710711

富媒体智能型教材出版说明

“财经高等职业教育富媒体智能型教材开发系统工程”入选国家新闻出版广电总局新闻出版改革发展项目库，并获得文化产业专项资金支持，是“国家文化产业资金支持媒体融合重大项目”。项目以“融通”“融合”“共建”“共享”为特色，是东北财经大学出版社积极落实国家推动传统媒体与新媒体融合发展的重要举措之一。

“财济书院”智能教学互动平台是该工程项目建设成果之一。该平台通过系统、合理的架构设计，将教学资源与教学应用集成于一体，具有教学内容多元呈现、课堂教学实时交互、测试考评个性设置、用户学情高效分析等核心功能，是高校开展信息化教学的有力支撑和应用保障。

富媒体智能型教材是该工程项目建设成果之二。该类教材是我社供给侧结构性改革探索性策划的创新型产品，是一种新形态立体化教材。富媒体智能型教材秉持严谨的教学设计思想和先进的教材设计理念，为财经职业教育教与学、课程与教材的融通奠定了基础，较好地避免了传统教学模式和单一纸质教材容易出现的“两张皮”现象，有助于教学质量的提高和教学效果的提升。

从教材资源的呈现形式来说，富媒体智能型教材实现了传统纸质教材与数字技术的融合，通过二维码建立链接，将VR、微课、视频、动画、音频、图文和试题库等富媒体资源丰富呈现给用户；从教材内容的选取整合来说，其实现了职业教育与产业发展的融合，不仅注重专业教学内容与职业能力培养的有效对接，而且很好地解决了部分专业课程学与训、训与评的难题；从教材的教学使用过程来说，其实现了线下自主与线上互动的融合，学生可以在有网络支持的任何地方自主完成预习、巩固、复习等，教师可以在教学中灵活使用随堂点名、作业布置及批改、自测及组卷考试、成绩统计分析等平台辅助教学工具。

富媒体智能型教材设计新颖，一书一码，使用便捷。使用富媒体智能型教材的师生首先下载“财济书院”App或者进入“财济书院”（www.idufep.com）平台完成注册，然后登录“财济书院”输入教材封四学习卡中的激活码建立或找到班级和课程对应教材，就可以开启个性化教与学之旅。

“重塑教学空间，回归教学本源！”“财济书院”平台不仅仅是出版社提供教学资源和服务的平台，更是出版社为作者和广大院校创设的一个自主选择和自主探究的教与学的空间，作者和广大院校师生既是这个空间的使用者和消费者，也是这个空间的创造者和建设者，在这里，出版社、作者、院校共建资源，共享回报，共创未来。

最后，感谢各位作者为支持项目建设所付出的辛劳和智慧，也欢迎广大院校在教学中积极使用富媒体智能型教材和“财济书院”平台，东北财经大学出版社愿意也必将陪伴广大职业教育工作者走向更加光明而美好的职教发展新阶段。

东北财经大学出版社

前言

研学旅行是社会经济发展到一定阶段的产物，是对人类认识世界的规律和教育规律的尊重与回归，是认识主体以游历实践作为认知方式和书本学习的重要补充。它既传承了中国传统的“读万卷书，行万里路”的精神，又与“生活即教育，社会即学校”的理念相契合。党的二十大报告更是为研学旅行中自然教育、优秀传统文化教育、红色教育、国防科工教育、国情教育、职业教育、生存教育等主题研学指引了目标与方向。研学旅行的本质属性是教育，是立德树人，润物无声。

作为丰富传统旅游业态和加强学生实践型教育的新载体、新跨界、新融合，研学旅行对激发旅游产业的新增长点和教育形态的新落脚点具有十分重要的时代价值与深远意义。随着研学旅行事业的不断发展壮大，对专业人才的需求愈加迫切，“研学旅行课程开发与实施”课程应运而生。本教材聚焦学生的认知习得、能力锻炼和素养提升，围绕研学旅行课程开发与实施的工作过程和典型工作任务展开，设计三大模块十二项任务，构建研学课程基础认知、需求调研、资源梳理、主题提炼、目标制定、内容和形式设计、行程安排、手册编制、完善保障、行前准备、活动组织和研学评价等任务体系。

结合课程特色，本教材在撰写过程中充分考虑与时俱进和守正创新，主要体现在以下三个方面：

一、立足职教类型定位，三全育人，协同创新

教材紧扣时代发展脉络和研学行业需求，合理规划内容布局，建构课程知识能力体系，强化理念引导和过程训练，注重实践应用，具有典型的类型教育特征。学习任务系统性强、涉及面广、形式多样，通过产教融合、任务驱动的项目化教学，强化教中做、做中学的教学做一体化模式，在研学课程开发能力生成性培养的同时，注重学生的整体性教育和创新性教育，有助于提升学生的综合能力和素养。

二、强化岗课赛证融通，育训并举，产教融合

本教材基于研学旅行课程开发与实施岗位需求，紧扣人社部“研学旅游指导师”职业核心技能，以典型工作任务为依托创设学习任务。本教材对应的课程是研学旅行管理与服务专业必修课，同时对标职业院校技能大赛研学旅行赛项、研学产品开发、文旅创意设计等核心要求。教材设置了理论知识—任务实施—任务评价的教学流程，引导学生完成实训，培养学生解决实际问题的综合能力，并辅以案例导入、知识拓展、案例分析、随堂练习、思而行远、任务拓展等环节，坚持育训并举、德技并修，实现教学内容与产业发展需求紧密对接。

三、配套教学服务资源，拓展延伸，提高效能

以信息技术为支撑的现代学习模式对教材形式和内容都提出了新的要求，本教材在编写过程中，注重运用现代信息技术，使教材的呈现形式更加场景化、动态化和人本化。教材以二维码作为资源入口，开发了一系列教学服务资源，包括案例分析、教学微视频、随堂测验等，不仅拓展了教材的内容，而且提供了教学过程性引导，从而提高师生教材使用的效率与效能。

本教材由南京旅游职业学院丁洁负责总体设计、框架构建和内容遴选，并负责相关编写工作。丁洁、范黎丽担任主编，陶潇男、翁翎燕担任副主编，张敏、尹艳雯、田畅参编。全书由丁洁、范黎丽统稿。

本教材在设计和编写过程中，研究和参考了部分国内外研究成果和相关教材，听取了行业内部分专家的中肯意见，得到了北京中凯国际研学旅行股份有限公司（教育部“1+X研学旅行课程设计与实施职业技能等级证书”标准制定单位）王亚超总经理的帮助，并结合了编者多年的课堂教学经验和校企合作双元育人成果，力求做到前瞻性与适用性、应用性与技能性相结合。希望本书能够成为旅游大类学生优质的专业课程教材，以及研学旅行课程开发实践的指导用书。

由于研学旅行理论与实践系统庞大，编者知识水平和实践经验有限，虽然全体编写人员勤勉努力，书中难免存在疏漏和不足之处，恳请读者批评指正，我们将在实践操作和教学过程中进一步修改和完善。

编　者

2024年8月

目录

本书配套微课资源目录

模块一 认知研学旅行课程

研学旅行便是“行万里路前读万卷书，行万里路中阅人无数，行万里路后思索回顾”。

——《最好的教养在路上》

任务一　感知研学旅行发展脉络

任务概述

2016年年底，《关于推进中小学生研学旅行的意见》发布，此后，多个关于"研学旅行"的文件陆续出台。如今，"研学旅行"在国内高速发展，市场前景广阔，成为新时代学校教育和校外活动相衔接的一项具有创新意义的活动。

从国内外研学旅行的发展脉络来看，我国研学旅行经过了从古代游学、近代修学旅游到现代研学旅游的发展历程。"读万卷书，行万里路"，即"知行合一"，将研究性学习和旅行体验相结合，成为实践育人的有效途径。国外真正意义上的研学旅行起源于16世纪的英国，当时研学旅行是贵族的专权。

只有注重研学价值的实现，大力开发各类社会资源，完善相关基础设施建设，才能助推旅游业发展和教育与旅游双赢目标的实现。

素质目标

1. 体会中华悠久历史文化的延续。
2. 感悟古代先贤的治学精神。
3. 培养热爱研学旅行事业的态度。
4. 树立职业责任感和使命感。

知识目标

1. 掌握研学旅行的概念。
2. 了解研学旅行发展概要。
3. 知晓研学旅行全球实践进程。
4. 明确研学旅行的定位。
5. 熟悉研学旅行的政策和导向。

能力目标

1. 能够准确表述研学旅行的定位和内涵。
2. 能够大致描述研学旅行在我国不同时期的发展。
3. 能够准确理解研学旅行的意义和价值。
4. 能够把握研学旅行的相关政策和未来趋势。

理论知识

一、研学旅行的概念界定

2016年，国家旅游局（现文化和旅游部）颁布的《研学旅行服务规范（LB/T 054-2016）》将"研学旅行"界定为：以中小学生为主体对象，以集体旅行生活为载体，以提升学生素质为教学目的，依托旅游吸引物等社会资源，进行体验式教育和研究性学习的一种教育旅游活动。

2016年，教育部等11部门在《关于推进中小学生研学旅行的意见》中将“研学旅行”的概念解释为：是由教育部门和学校有计划地组织安排，通过集体旅行、集中食宿方式开展的研究性学习和旅行体验相结合的校外教育活动，是学校教育和校外教育衔接的创新形式，是教育教学的重要内容，是综合实践育人的有效途径。

2022年，人社部将“研学旅行指导师”正式纳入《中华人民共和国职业分类大典（2022年版）》，体现了国家对于研学领域专业化和标准化的重视。随着中国研学旅游市场规模不断扩大，研学旅行的参与者从中小学生扩展到全生命周期群体，包括学龄前儿童、大学生以及成年人、老年人等，展现出广阔的发展空间。2024年5月，人社部将“研学旅行指导师”职业名称变更为“研学旅游指导师”。

从研学产品开发与实施的角度来看，研学旅行的概念主要包括以下内容：

（1）研学旅行要结合学生的身心特点、接受能力和实际需要，注重系统性、知识性、科学性和趣味性，为人的全面发展和终身教育提供良好支撑。

（2）研学旅行要因地制宜，呈现地域特色，引导研学主体，在与日常生活不同的环境中拓宽视野、丰富知识、了解社会、亲近自然、参与体验。

（3）研学旅行要坚持安全第一，建立安全保障机制，明确安全保障责任，落实安全保障措施，确保安全。

二、研学旅行的发展概要

研学旅行是社会经济发展到一定阶段的产物，在我国，是由古代游学、近代修学旅行逐步演变发展而来的。研学旅行作为一种教育理念而产生，进而以国家必修课程进入学校，在某种意义上可以视为一种教育自觉、自新在认知方式方面所做的调整。这是对人类认识世界的规律和教育规律的尊重，是认识主体将游历实践作为认知方式和书本学习的重要补充方式，不论是在古代还是近现代，不论是在中国还是在西方各国，都各具特色，研学旅行成为各个时期不同国家造就人才的智慧之旅。

在我国，游学是最为传统的学习、教育方式之一。尽管“游学”一词较早见于《史记·春申君列传》，但学者对其尚未形成统一认识。游学可以说是文化人通过异地旅行获得知识、通过遍游各地亲自进行文化体验、远游异地拜师求学以及文人之间拓宽学术视野进行学术交流的一种活动。简单来说，游学就是一种异地求知的文化活动。

（一）古人游历求知

在古代，中国士人的游与学一直紧密结合在一起，许多杰出的思想家、政治家、教育家、科学家，在他们的人生中或多或少都有一段刻骨铭心的游学经历。“读万卷书，行万里路”是对这种求知方式的经典概括；“世事洞明皆学问，人情练达即文章”，意在告诫人们学问并非只在书本中，知识存在于广袤的大千世界和纷繁复杂的社会生活中；人类的求知一言以蔽之，即“究天人之际，通古今之变”。考察先贤们的成长轨辙，虽说是“各有各的命运”，但均不是在求知的路上，就是在准备出发去求知的路上。

1.春秋战国——列国周游，百家争鸣

春秋战国时期的诸子百家，学术争鸣，形成了多种学派，大家相互切磋，交流融合，一派文化繁荣的景象。这为有知识、有才能、有抱负的文士提供了有效途径，他们周游列国，宣讲自己的主张和观点，并通过与他人辩论来获得各诸侯与私家的赏识，达到布衣取卿相的目的，从而实现自己的理想抱负。文士们通过游学增进学识，进而充当纵横家游说诸侯国，以言策建立功业，成就了一大批人才。

知识拓展1-1

据史料记载，距今2 000多年前的春秋时期（约公元前770—公元前476年），孔子56岁时携众弟子踏歌而行，周游列国，先后到过卫国、曹国、宋国、郑国、陈国、蔡国、楚国，考察各地的风土人情，宣传礼乐文化，游说讲演或辩论，或从师学习。其踏遍列国山川都邑，遍访名贤，广求知己，考察政风民情，传播礼乐文化长达14年之久。孔子可被看作研学旅行的先师和典范。孔子以游传学、以游促学。孔子认为“游”不仅可以怡情、广智，还可以增进社会交往。游历大好河山，可以开阔视野，怡养性情，提升道德情操。“登东山而小鲁，登泰山而小天下”“智者乐水，仁者乐山。智者动，仁者静；智者乐，仁者寿”。这是将自然物象作为人类道德品格的象征，来激发人的情操志向。“游”还可获取新知识。所谓“志于道，据于德，依于仁，游于艺”，孔子把学习六艺的过程叫作“游”，在游的过程中获得知识，增进对知识的深刻理解。不仅如此，“游”还可以扩展认知的边界，在更大的参照系统内来确认认知的真理性，“多闻，择其善者而从之”。“游”还可以增加社会交往，增进互相理解，令人愉悦。孔子说“有朋自远方来，不亦说乎”，这是他对“交游”的态度。

2.两汉时期——访师问道，闻达仕途

两汉时期，学子们为学经而游学远行，访师问道，既求闻达，也求仕途。司马迁自述“二十而南游江、淮，上会稽，探禹穴，闚九嶷，浮于沅、湘；北涉汶、泗，讲业齐、鲁之都，观孔子之遗风，乡射邹、峄；戹困鄱、薛、彭城，过梁、楚以归”。

正是因为有了这样漫长而大范围的游历和实地考察，司马迁获得了丰富的实证材料。他通过游学搜集逸事传说，对历史人物有了更为深刻的认识和了解，许多历史人物和事件在他的笔下得以鲜活而生动地呈现。

知识拓展1-2

《史记》的创作在某种程度上要归功于司马迁的深入历史现场，即身临其境。

历史是对过去有价值的、值得珍视的人和事及产生这样的人和事的历史环境与条件的还原与建构。然而，“浪淘尽，千古风流人物”“风流总被雨打风吹去”，许多文献记载失传，幸存者的口述亦不乏失真成分。只有通过实地考察，追本溯源，纠正错误，才能还原与揭示许多历史真相，司马迁的这种去伪存真的考证工作，为《史记》揭示历史的本原奠定了基础。不仅如此，通过游历和考察，司马迁还丰富了对政风民情的体验和认识，亲见了“天下苦秦久矣”的社会现状，体会到了民间的疾苦和不可调和的社会矛盾，并将自己的所见所感著书立言。

3.隋唐时期——游学动荡，壮游兴起

整个隋唐时期出现了中国古代空前繁荣的景象，政治、经济、文化等方方面面都发生了巨大的变化，游学也在这一动荡的变化过程中逐步发展着。游学备受学者们的青睐，由此产生了以下三种类型：一是求学之游。隋唐时期物质繁荣，精神文明极其绚烂，一方面，各地志同道合的游者聚集在一起，以学会友，共同探讨人生的真理和智慧；另一方面，部分学者跋山涉水，一边体味地方的情怀与智慧，一边传播本区域的文化，不断增长见识。二是求仕之游。隋唐时期为了将“学而优则仕”用于实践，开创了科举制的先河，为广大寒门子弟提供了一条改变家族命运的路径。三是体验之游。部分学者在求学的过程中不仅仅局限于知识层面的追求，更多的是精神层面的追求，不断陶冶自己的情操。

知识拓展 1-3

隋唐兴“壮游”、旅行学习之风，众多士子走出书斋，多作郊游、远行、交友、边塞之旅。他们访古问俗、优游林下、寻幽探胜、结交豪杰、相互学习，在旅行中学习知识、体悟人生、修为人格、传承文化，成就了很多传世的诗篇；而开放、包容的文化，更成就了当时文化的空前繁荣。李白“且放白鹿青崖间，须行即骑访名山”，随时待游，来一场说走就走的旅行，好不率性潇洒；杜甫曾用《壮游》一诗描述了“东下姑苏台，已具浮海航。到今有遗恨，不得穷扶桑”的惆怅；鉴真东渡至扶桑，传道解惑；玄奘于唐贞观三年独自一人西行5万里，前后17年，亲身游历100多个国家，历经千辛万苦传播东西方文化，学遍当时佛教的大小乘各种学说，翻译佛经、论75部，终流芳千古。他是鲁迅先生笔下的“中华民族的脊梁”，也是世界和平友好的杰出使者。

隋唐时期不再独尊儒术，而是儒学、佛学、道学多种思想竞相发展，许多学者根据自己的喜好不远万里求学于多种思想兼容的私学。游学的主体不再局限于青年、中年，童子也可以进行游学。隋唐时期的游学已经没有年龄限制了，达到了老少皆游的状态。

4.宋元明清——读万卷书，行万里路

宋代和明清时期，游学、书院文化盛行，士人旅行制度化，社会逐步形成了“读万卷书，行万里路”的主流意识。宋代理学家、思想家朱熹主张学子不应拘于

一隅，而应“出四方游学一遭”。当时名师硕儒所在的书院，常常成为一地的教育、学术中心，吸引远近的学子趋而往之；士子们则利用科举和出仕的机会频繁旅行，深入了解各地的历史文化、名胜遗产、典制赋役、科技发明，观察社会，推动文化、社会变革。

知识拓展 1-4

宋代的沈括少随父宦游州县，出仕后重游历研究，他“博学善文，于天文、方志、律历、音乐、医药、卜算无所不通，皆有所论著”（出自《宋史·沈括传》），最后写就集科技之大成的《梦溪笔谈》。董其昌在《画禅室随笔》谈画诀：“读万卷书，行万里路，胸中脱去尘浊，自然丘壑内营，立成鄄鄂。”

“游圣”徐霞客更是古代教育旅行的代表性人物之一，其游学生涯前后长达35年之久，被誉为“千古奇人”。他游历四方，“达人所之未达，探人所之未知”，包括今江苏、浙江、安徽、山东、河北、天津、北京和江西等在内的共计19个省、自治区、直辖市，基本走遍了明朝的大部分统治区域。他的旅行将陶冶性情、开阔视野、探险考察三者融合在一起，使旅行成为一项综合性活动，具有非常明显的教育性和求知性。其以旅行经历为基础著传世之地理名著《徐霞客游记》，开篇之日（5月19日）现被定为中国旅游日。从过程和形式来看，这些通过旅行、变迁活动区域来获得不同的生活经历和见闻的行为，都可以被看作研学旅行最富有诗意情怀的雏形。

明代大学士宋濂在《送东阳马生序》中向晚辈马生追忆自己的求学之艰，将其分为两个阶段：“幼时”乡居，“每假借于藏书之家，手自笔录”，因勤奋守信而“得遍观群书”；“既加冠”，“尝趋百里外”求学，这已经不只是单纯地为了读有字之书而不辞劳苦，作者担心的是在本乡没有“硕师、名人与游”，而学问难以精进。

清人魏源因为处于各种矛盾已趋白热化的时代，敏锐地感觉到世事将有大变，读书人要有大作为，不能死读经书，抱残守缺，而要把经世致用思想与爱国主义情操紧密联系起来，实现自己报国的志向。他将士大夫之游分为游观、游仕与游历。游观，即通过“游”领略山河之美。他不仅爱登山远眺，而且爱徜徉江河湖泊。所谓游仕，即通过“游”考察社会，体察民情，激发自己深入思考，获得令自己鼓舞和振奋的精神力量，实现经世致用的抱负。而游历旨在通过经历、体验，感悟世事人生。他以积极入世的态度去思考当时的社会问题。正是在广泛游历的基础上，魏源写下了影响中国和日本的著作《海国图志》。

微课 1-1

研学旅行国内发展史 1

（二）近代海外修学

鸦片战争以来，清政府奉行闭关锁国的政策，中国的领土开始被割裂，逐步丧失独立自主的地位。对此，清政府被迫作出对外开放政策，海外修学政策也适时出台。这一举措推动一大批爱国知识分子和开明绅士开始放眼世界，学习西方科技文化，寻求救国之道。这一时期出国修学的主要目的就是师夷长技、制夷自强。

知识拓展1-5

（1）美国留学。由于洋务运动时期需要大批外交、工业技术人才，刚从美国留学回来的容闳便上奏朝廷，希望清政府派遣学生到国外学习先进技术。1872年8月，容闳率领中国第一批30名幼童乘船赴美学习，近代首批中国留学生之旅由此开始。

（2）日本留学。1894年甲午中日战争失败以后，中华民族全面觉醒。国民也看到日本经过明治维新等一系列改革，已经不再是以前前往长安学习的小国了，已逐渐变得强盛起来。于是，清政府大力鼓励青年学子以及知识分子出国留学，寻求民族振兴、国家富强的道路。一股留学日本的热潮由此涌现，其中以李大钊等人为典型代表。

（3）庚款留学。在中国"庚子赔款"后，美、英、法等国为了扩大其在华影响力，相继与清政府签订协议，要求清政府输送相应留学生。这一时期的留学形成了新的多元化局面，后来涌现出一大批出色的科学家，成为中国现代科技事业的奠基人和开拓者。

（4）法国勤工俭学。五四运动前后，巴黎华法教育会与留法勤工俭学会的大力倡导，以及各种新思潮的涌入，促使赴法勤工俭学成为新的留学潮流。这批留学生主要以"勤于做工，俭以求学"为宗旨，没有官费和庚款的支持，在法国各地的学校和大工厂中边工作边学习，研究各种社会主义思潮。

世界走入中国，学习中国传统文化，这是盛世中国对世界的包容与开放。中国走向世界，引进西方先进思潮，学习西方先进的教育理念、教育制度、教育方法等思想与文化，"探求真理、学习科学、爱国救亡、振兴中华"，在被动挨打的年代，是在寻求一条真正的救国之道。

（三）现代研学教育

在国内基础教育界首倡并积极推动研学旅行者当属陶行知。陶行知原名陶知行，他不仅通过改名的方式来表达自己对教育的真切理解，而且积极倡导研学旅行，并在其创办的晓庄师范、新安小学等学校积极践行其教育理念。陶行知怀揣教育救国的理想积极倡导"知行合一"，认为"知者行之始，行者知之成"。

知识拓展1-6

新安旅行团——一所行走的学校

1930年，晓庄师范的师生因开展反帝活动，学校遭到南京国民政府的查封，革命青年惨遭屠杀，陶行知被通缉流亡日本，汪达之临危受命，继任新安小学校长。1935年10月22日，新安小学将7名最大不过17岁、最小刚满12岁的学生组成"新安儿童旅行团"，从淮安经镇江向上海进发，历时50余天抵达上海。一路上，旅行团自主管理一切活动，他们通过到大学演讲和街头卖报等方式筹措经费，沿途参观工厂、调查乡村，抵沪后深入租界，凭吊"一·二八"战场。他们的创举轰动全国，陶行知为此深情赋诗：

一群小光棍，点点有七根。小的十二岁，大的未结婚。

没有父母带，先生也不在。谁说小孩小，划分新时代。

1935年，在陶行知的资助下，汪达之又将新安小学的14名学生组成闻名海内外的“新安旅行团”。该旅行团10月9日组成，第二天即出发。他们冲破重重险阻，克服种种困难，自力更生，行走在战时的中国，一路研学，一路宣传救亡，卖书报、演讲、劳军，并深入边疆民族地区，宣传抗战，组织民众。1936年，旅行团抵达南京，参加田汉主办的中国舞台协会的戏剧活动，在《回春之曲》《复活》《阿比西尼亚的母亲》等剧中扮演多个角色。由田汉创作、张曙谱曲的《新安旅行团团歌》成为20世纪30年代的著名歌曲。

同学们，别忘了，我们的口号：

生活即教育，社会即学校。

拼命地做工拼命地跳，一边儿学习，一边儿教。

别笑我们年纪小，我们要把中国来改造！

稚嫩的童声传遍中国，传向世界。远在美国担任“国民外交使节”的陶行知在芝加哥、旧金山、纽约等地教华侨工人学唱《新安旅行团团歌》。“新安旅行团”成为战时中国教育的壮丽诗篇，他们“在做中学，在学中做”，在行走中成长，赢得了在艰难困苦中坚持抗战的中国共产党的注目。1938—1940年，周恩来四次看望、鼓励新安旅行团；1942年3月，刘少奇、陈毅接见新安旅行团，并把组织盐阜地区十万儿童参加抗战的重任交付给他们；1944年，黄克诚、张爱萍亲笔写下《答谢小朋友的慰问信》，勉励团员们准备做民主主义国家的主人。1944年，盐阜地区儿童团总团成立；1946年5月20日，毛泽东在延安致信新安旅行团。从1935年到1952年，新安旅行团的足迹遍及22个省，先后纳员600余名。饱经历练的新安旅行团后来在政治、军事、经济、科技、文化和艺术等各个领域涌现出杰出人才200余人。新安旅行团成为跨时代的研学典范。

组建初期，新安旅行团是遵循着陶行知“生活即教育”的理念上路的。1939年，校长汪达之总结了新安旅行团的3个特点：（1）为工作而学习，为学习而工作，学习变成有目的、有意义、有兴趣的事，而不是呆板的记忆；（2）没有固定的教室，也没有特定的老师，学习是自发自动的学习，可以随时进行；（3）服务精神。随着时间的推移、团员们年龄的增长，第3个特点体现得尤为明显。

微课 1-2

研学旅行国内发展史2

新安旅行团虽然是在特殊环境下的典型案例，在发展的过程中，许多团员随着年龄的增长，再也没有走回校园，而是直接走上了民族解放斗争的战场，这已经不是教育意义上的研学旅行了，但对今天的研学旅行来说，在相信儿童，尊重儿童的创造力，大胆解放儿童的头脑、双手，解放儿童的时间和空间等方面还是有不少启发性的。

（四）当代研学旅行

中华人民共和国成立以来，不同社会发展时期对教育有不同的要求，很多学校都组织了各种带有研学性质的诸如学工、学农、学军、勤工俭学、爱国主义教育、国防教育红色旅游、历史文化探源、地质生物考察等活动。随着传统文化中游学理念的回暖，加之外来修学旅游理念的刺激，在20世纪90年代经济快速发展时期，伴随改革开放的深入，由校外机构组织的游学活动出现了。家长、学生们对国内修学旅行、出国游学的需求日益迫切，一些教育理念较开放的学校开始组织学生修学旅行、出境游学；不少旅行社根据市场需求组织专门的修学旅行团或海外游学旅行团，推动这一市场蓬勃发展。2001年第八次基础教育课程改革后，加之“十三五”期间国家整体战略发展目标的调整，这种寓教于乐又富有知识性的教育教学活动逐步提上国家议事日程。2016年，《研学旅行服务规范》行业标准发布。2021年，《中华人民共和国国民经济和社会发展第十四个五年规划和2035年远景目标纲要》发布，明确了建设高质量教育体系的政策导向，要求健全学校、家庭、社会协同育人机制，增强学生的文明素养、社会责任意识、实践本领。2022年10月，党的二十大报告详细论述了科教兴国战略，并赋予其新的内涵。作为综合实践活动的重要方面，研学旅行以其开放的视角、创新的学习方式和培养模式，落地学生核心素养的发展，具有新的发展潜力。

知识拓展1-7

2012年，在华东校外教育工作年会上，教育部表示将在苏州、合肥、西安的部分中小学校开展“研学旅行”试点。同年，《教育部外交部公安部国家旅游局关于进一步加强对中小学生出国参加夏（冬）令营等有关活动管理的通知》发布，对中小学生出国参加夏（冬）令营等有关活动的内容、主办单位及管理工作和要求都做了相应说明。

2013年2月，国务院办公厅印发的《国民旅游休闲纲要（2013—2020年）》提出：“高等学校可结合实际调整寒、暑假时间，地方政府可以探索安排中小学放春假或秋假”“逐步推行中小学生研学旅行”。这是“研学旅行”第一次正式进入政府、旅游部门、学校、教育学术研究界和社会大众的视野，是我国首次以政府文件的形式使用“研学旅行”的概念，也宣告了“研学旅行”正式登上社会经济发展的历史舞台。

2013年4月，13个省市的全国百强旅行社代表齐聚曲阜，共同发表了《孔子修学旅游联盟曲阜宣言》，围绕做大做强孔子修学旅游产品，共商孔子修学旅游发展大计，并针对景区与旅行社的强强联合达成了共识。

2014年7月，教育部发布《中小学学生赴境外研学旅行活动指南（试行）》，为学校组织学生开展境外研学活动确立了一个基本标准和规范。

2014年8月，《国务院关于促进旅游业改革发展的若干意见》发布，从更大层面再次提出中小学要“积极开展研学旅行”，首次明确了“研学旅行”要纳入中小学生日常教育范畴。

2015年8月，《国务院办公厅关于进一步促进旅游投资和消费的若干意见》印发，明确提出要“支持研学旅行发展，把研学旅行纳入学生综合素质教育范畴”，将其作为拓展旅游发展空间、促进旅游消费、拉动内需的一项重要举措。

2016年11月，为了推进研学旅行健康快速发展，教育部、国家发展和改革委员会等11部门颁布《关于推进中小学生研学旅行的意见》，明确提出“各中小学要结合当地实际，把研学旅行纳入学校教育教学计划，与综合实践活动课程统筹考虑，促进研学旅行和学校课程有机融合，要精心设计研学旅行活动课程”。自此，研学旅行在教育部的主导下在国内全面推行。

2016年12月，《研学旅行服务规范》行业标准发布，自2017年5月1日起实施。其旨在规范研学旅行服务流程，提升服务质量，引导和推动研学旅行健康发展。

2017年，教育部利用中央专项彩票公益金支持开展中小学生研学实践教育项目，遴选命名第一批“全国中小学生研学实践教育基地”和“全国中小学生研学实践教育营地”。

2020年3月，《中共中央、国务院关于全面加强新时代大中小学劳动教育的意见》印发，阐述了加强劳动教育的重大意义、指导思想和基本原则。

2020年11月，教育部《中小学实践教育指导体系研究》启动，研究从中小学实践教育的理论体系与实践指导体系两方面入手，分为理论政策、课程体系、评价体系、保障体系、信息化建设五个专题。

2021年，《中华人民共和国国民经济和社会发展第十四个五年规划和2035年远景目标纲要》发布，明确了建设高质量教育体系的政策导向和重点要求，指出要建设高质量教育体系，培养德智体美劳全面发展的社会主义建设者和接班人；健全学校、家庭、社会协同育人机制，增强学生的文明素养、社会责任意识、实践本领，重视青少年身体素质和心理健康教育。

2022年10月，党的二十大报告指出，要办好人民满意的教育。教育是国之大计、党之大计。培养什么人、怎样培养人、为谁培养人是教育的根本问题。育人的根本在于立德。全面贯彻党的教育方针，落实立德树人根本任务，培养德智体美劳全面发展的社会主义建设者和接班人。坚持以人民为中心发展教育，加快建设高质量教育体系，发展素质教育。

任务实施

2017年被称为“研学旅行中国元年”。同年9月，教育部发布了《中小学综合实践活动课程指导纲要》。纲要明确提出，综合实践活动是国家义务教育和普通高中课程方案规定的必修课程，与学科课程并列设置。作为综合实践活动的重要方面，研学旅行被教育界和旅游界共同视为重点关注的对象。

同年，教育部公布了第一批全国中小学生研学实践教育基地、营地的名单，山东、陕西、湖北等地的教育部门也纷纷印发研学旅行的相关实施文件；各省级旅游委员会合作成立了中国研学旅游推广联盟。一系列政策和措施的颁布，将研学旅行推向了高潮，“教育+旅行”这一跨界新模式火速引爆中国旅游市场。因此，正确感知研学旅行的发展脉络就显得尤为重要。结合世界研学旅行发展的进程以及特征，我们将此工作过程细分为以下步骤：

步骤一：了解全球研学实践进程

“研学旅行”是新词汇，却不是新概念。世界范围内，很多国家都拥有悠久的研学旅行历史，如中国自古以来的游学、欧洲的大游学、美国的研学与营地教育、东南亚国家的游学、日本的修学旅行等。世界各国的“研学旅行”有着各自独特的内涵。

（一）国外的研学旅行

研学旅行在国外又被称为修学旅游、教育旅游、营地活动等。公元前5世纪（约公元前480—公元前425年）的古希腊作家、历史学家希罗多德把旅行中的所闻所见以及第一波斯帝国的历史记录下来，著成《历史》一书，该书成为西方文学史上第一部完整流传下来的散文作品，他也因此被尊称为“历史之父”。而历史学家狄奥多罗斯、地理学家帕萨尼亚斯和斯特拉波都进行过横穿希腊的旅行，将记录汇成如今我们所知晓的丰富多彩的希腊神话。毕达哥拉斯、阿基米德、亚里士多德等也都是在周游列国的交流、考察、讲学中成就著作和形成学术思想的。我们所熟知的来自意大利的马可·波罗（1254—1324年），从威尼斯出发游历归来后写出《马可·波罗游记》，给当时的西方世界带去了一个全新的对东方文明的认知。

16—17世纪的欧洲地区兴起的“大游学”（Grand Tour）运动是教育旅行的前身，不少国家开始崇尚“漫游式修学旅行”。第二次世界大战后，欧美国家开始发展营地教育；日本于1946年发展修学旅行，到1960年修学旅行已成为日本中小学校的常规教育活动。迄今为止，已有许多国家将研学旅行作为学校系统内开阔学生视野、提高跨文化理解能力的一种教育方式，并且积累了有益经验。

知识拓展1-8

间隔年（Gap Year）起源于“大游学”，是英国人游学活动中所产生的“副产品”。间隔年是指“一个学期或一年的体验式学习，通常在高中之后、高等教育之前，目的是增强一个人的实践能力、专业知识和个人意识”，重点强调个人通过社会体验有所收获。

第二次世界大战后，正值间隔年文化产生的初期，推行间隔年的目的是让青年在旅行过程中交流文化和理想，增进全人类的共识，阻止未来战争的发生。如今，间隔年已成为年轻人放缓生活脚步、重新思考人生、寻找未来人生方向的重要途径。

自20世纪90年代开始，间隔年市场逐渐成形，并随着互联网推广到全球。英敏特公司（Mintel）的间隔年报告显示，英国在海外的间隔年市场价值2005年时就已达到22亿英镑，当年全球间隔年市场价值的数字则达到了50亿英镑，成为新千年增长最快的旅游板块。

世界众多知名高校也成为间隔年的忠实拥护者，鼓励学生通过间隔年积累人生经验，明确人生目标，从而更加从容地度过大学生涯。2000年，美国哈佛大学就曾撰文公开鼓励新生推迟入学，先度过一个有意义的间隔年。如今，哈佛每年都会有80～110名新生选择入学前先来次长途旅行。2017年，美国前总统奥巴马的大女儿玛利亚在入学哈佛前，就决定先度过一年的间隔年，再进入大学。

英国为了给更多学生提供间隔年的机会，不仅有旅游公司提供间隔年的旅行服务，也会举办主题展会，甚至通过政府和高校为学生的间隔年提供资金支持。剑桥大学的爱德华兹学院就设立了间隔年专项奖学金，用以资助间隔生海外旅行、志愿者服务或实习时的基本生活费用。

如今，间隔年的参与者已经不局限于青年学生，25～35岁的白领群体、55～65岁的中老年人，也逐渐成为间隔年市场的参与群体。Gapyear.com网站的创始人汤姆·格里菲思（Tom Griffiths）认为："间隔年旅行者的年龄发生了很大变化，不断变化的工作模式使更多的人能够在工作之间休息，雇主也逐渐意识到长期国际旅行的价值，因此许多25～35岁的人在开始工作或更换工作时，会选择暂时退出工作生活，这被称为职业假期（Career Break）。"而50～55岁即将退休或刚刚退休的中老年人，在充足的资金积累和身体健康的保障下，也成为间隔旅行的重要人群。未来，这两类人群将会引爆成年间隔年（Adults Gap Year）市场。

（二）国内的研学旅行

将游历作为认知方式和书本学习重要补充方式的实践活动在东西方各国古已有之，而作为现代学校课程体系的一部分广泛存在的教育实践在东西方各国各具特色。我国研学旅行的起步是比较晚的，但追根溯源，作为有着五千年文明的古国，自古以来我国文人就有游学之风。

1.古代：孔子周游列国，开启中国游学历史

"读万卷书，行万里路"是中国自古以来的教育理念。在"研学"出现之前，中国古人更早实践的是"游学"的概念。春秋时期，孔子携弟子周游列国，在旅程中传道授业，本质上就是游学活动，也是中国游学的开端（如图1-1所示）。"游学"一词最早出现在《史记·春申君列传》中："游学博闻，盖谓其因游学所以能博闻也。"春秋之后，游学受到历朝历代文人墨客的追捧；两汉承继战国游学之风，学子们远行学经，以扬名入仕；唐代时兴起"壮游"，文人士子通过郊游广交朋友，补充书斋中无法获得的知识；到了宋代，随着知行合一等学说的提出，整个社会逐步形成了"读万卷书，行万里路"的主流意识。历史上，郦道元、玄奘、李时珍、徐霞客都可以算作游学的成功践行者，他们的游学经历，包含明确的游学路线、清晰的学习目标、科学的学习方法和丰硕的学术成果。

图 1-1 孔子圣迹图（清 焦秉贞）

2. 现代：应试教育转向素质教育，研学旅行得以复兴

中华人民共和国成立以后，走出课堂的学习方式是从夏令营开始的，经历了精英国培阶段、大众旅行阶段，直至如今的研学旅行阶段。中国少年先锋队建队之初，由国家出资将第一批少先队员送去苏联参加黑海夏令营，这也是中国最早出现的夏令营活动。这一时期，夏令营是国家带有公益性和奖励性的游学活动，只有少数优秀学生代表才有资格参加。

社会机构组织游学旅行，则是伴随改革开放的深入才出现的。2003 年，上海成立了“修学旅行中心”，并且编写出版了《修学旅行手册》，提出打造华东研学旅行黄金线路。2006 年，中国第一个研学旅行的节庆活动——首届“孔子修学旅游节”（如图 1-2 所示）在山东曲阜成功举办，通过活动弘扬中国传统儒家文化。与此同时，随着日、韩、东南亚和欧美等国家的“修学旅游团”将中国定位为修学旅行目的地，中国国际旅行社、中国旅行社、中国青年旅行社三大社纷纷成立“修学旅游”接待部门，推出许多具有文化特色的修学旅行产品，为之后我国研学旅行的发展积累了宝贵的经验。

图 1-2 孔子修学旅游节

自 20 世纪 90 年代起，我国教育模式逐渐从“应试教育”向“素质教育”转变，研学旅行作为综合素质提升的重要途径被广泛关注。出于安全等多方面因素的考量，研学旅行在 2013 年以前并未在全国大规模开展，但社会和各地方政府率先进行了研学旅行的尝试。2008 年，广东省率先将研学旅行写入地方教学大纲，成

为中小学必修课程。2013年，安徽省、西安市和苏州市开展研学旅行试点工作并取得了不错的成果。此外，合肥、武汉等地还举办了全国性或地区性的研学旅行论坛及研讨会，探讨研学旅行在教育中的意义。部分旅行社也开始尝试提供研学旅行产品，为研学旅行的发展创造条件。2021年，文化和旅游部发布《“十四五”文化和旅游发展规划》，规划中多次提及研学旅行，并要求推出一批具有鲜明非物质文化遗产特色的主题旅游线路、研学旅游产品。多个省份（如湖南、广东等）都将研学旅行纳入本省“十四五”文化和旅游发展改革规划，制定研学旅行发展纲要，研学旅行进入了飞速发展阶段。

知识拓展 1-9

进入21世纪以来，我国基础教育课程改革一直如火如荼地进行。教育改革经过10余年的发展，在素质教育理念的导向之下，基本上建立了一个开放的、充满活力的、具有中国特色的社会主义基础教育体系。教育发展的着力点是使每个学生都得到全面发展，由精英主义教育转向大众主义教育，课程理念和教育方式走向开放与多元。研究性学习、项目式学习、社会实践、职业体验等活动性课程、综合性课程和实践性课程的内容与形式不断发展，在学生成长过程中起到了不可或缺的作用。综合实践活动课程逐渐成为能与学科课程并驾齐驱地促进学生发展的课程形式，并且成为培养学生（作为现代公民）必备品格与关键能力的必修课程。

历时多年，研学旅行经历了从“区域试点”“逐步推行”到“支持开展”“全面推行”的进程，在落实立德树人根本任务，帮助中小学生了解国情、热爱祖国、开阔眼界、增长知识、提高社会责任感、培养创新精神和实践能力方面意义重大。研学旅行是全面推进素质教育的重要途径，很可能引领未来的教育，推动教育新生态的演进。同时，研学旅行具有教育和旅行的双重属性，为旅游行业提供了广阔的空间，对激发市场活力、拉动内需、促进经济发展及提升旅游从业人员的素质产生了深远影响。

步骤二：熟悉研学旅行定位与价值

2016年11月30日，教育部等11部门发布了《关于推进中小学生研学旅行的意见》（以下简称《意见》），旨在深入学习贯彻习近平总书记系列重要讲话精神，落实立德树人根本任务，帮助中小学生了解国情、热爱祖国、开阔眼界、增长知识，着力提高他们的社会责任感、创新精神和实践能力。

（一）研学旅行定位

1. 以青少年学生为中心

研学旅行以青少年学生为主，并根据学生的身心特点、兴趣爱好等进行内容、时间、地点等方面的安排，让学生能从研学旅行中更容易获取相关知识与能力。

2. 以学校为主要单位

学校通过组织旅行活动以及加强安全管理，让学生从中获取知识以及情感体验，与学生自主旅行的性质有很大的不同。

3. 以良好的社会支持为动力

首先是国家宏观层面的支持，研学旅行在2016年教育部等11部门联合发布的《意见》中被正式提出；其次是各行业企业的中观支持，研学旅行必须和从事旅游业务的机构相结合，且这些机构在各方面都要有权威性和专业性，这样才能保证研学旅行有序地开展并得到社会的认可，此外还可以极大地促进旅游经济的快速发展；最后是家长微观层面的支持，家长是孩子的第一任教师，家长的一言一行都会潜移默化地影响孩子，只有家长全力支持孩子参加研学旅行，才能有效确保研学旅行全面开展。

4. 有着明确的主题和学习目的

利用人文历史、自然景观、科学技术资源等在不同的地点开展不同的研学专题活动，让学生从中获取不同的知识。

5. 有着明确的时间限定

为了明确研学旅行的内涵以及保证学生出行的安全，《意见》中明确规定研学旅行的时间最长不能超过15天。

6. 具有浓厚的探究性、开放性

从主题的确定、方案的实施到结果的评估，学生都全程自主参与进来，对遇到的问题进行探究，与他人合作，从而达到解决问题的目的。这与传统的直接告诉学生结果的教学方法有着本质区别，它更能激发学生的求知欲，并提高学生的学习兴趣。

（二）研学旅行价值

1. 研学旅行引导学生回归真实生活，拓宽时空视野

生活即教育，旅行本身就是一种在路上的学习。研学旅行活动让学生走出抽象的学科世界，回归真实的生活世界，用自己的感官去充分体验、感受时代发展的脉搏，感悟历史文化的传承，洞悉未来社会发展的趋势，拓宽时空视野。在这样一种不同于传统课堂的学习情境中，学生置身于实际生存的世界，不断反思自己与世界的互赖共生关系，从而提升自我觉察能力，激发内部成长动机，挖掘自身潜能，持续精进学习，在不断探索中完成自己的生涯建构。同时，现实世界的复杂性又会进一步激发学生的好奇心与探究意识，在相应的主题研学活动中去发现真实的问题，并尝试运用所学知识来解决问题，收获经验。因此，研学旅行活动能有机整合学校教育、家庭教育以及社会教育资源，让学生在社会大课堂中实现个人成长与社会化。

2. 研学旅行促进知识与智慧统整，助力个体全面发展

综合实践活动的独特价值是知识统整与智慧统整。它将学科知识与生活知识有机衔接，将间接经验与直接经验融合统整，最终促进学习者个体的全面发展。传统的学校课程往往过于重视理性层面的“科学智慧”，而忽视感性层面的“艺术智

慧”。随着相关研究的深入，这种二元对立的能力观已受到越来越多的批判，整体能力与发展观正逐渐成为共识。基于这样的共识，可以发现人类的一切认知与表达活动，往往是在感性、表象等的“艺术智慧”与知性、概念等的“科学智慧”的相互影响下加深的。研学旅行正是将代表“科学智慧”的研究性学习与代表“艺术智慧”的旅行体验相结合，并将学科知识作为开展对话的媒介工具，从而实现学习者与自我、与他人、与世界的三重对话。

3.研学旅行注重反思性实践，倡导知行并进

研学旅行是以探究和体验为主要学习方式的教育活动，它强调以实践为导向，通过实践者的经验反思来获得能力，并进一步指导新的实践，从而实现知行并进。根据大卫·库伯的体验学习理论，人们获得经验有两种方式：一种是通过具体体验的感知获得，另一种是通过抽象概括的领悟获得。而从具体体验到抽象概括，需要学习者进行充分的反思观察，通过发散思维将从外部获得的直接经验经过“同化”纳入自己的认知经验中，从而形成抽象概括的领悟经验。而经由领悟所获得的经验要指导新的实践活动，则需要学习者展开类比思考，充分挖掘新情境与旧经验之间的相似之处，并及时调整自己的认知经验，以“顺应”新的情境。在这样完整的学习闭环中，学习者的知识与经验得以不断积累，在与情境的不断对话中提升能力，成为反思性实践者。

4.研学旅行鼓励经验生成，建构主体智慧

研学旅行活动同综合实践活动一样，是一种基于建构主义的课程生成模式，没有预设的教材，更注重学习者个体自主建构经验与智慧。正如后现代课程观所倡导的那样，课程不再只是特定知识的载体，而成为师生共同探索新知的过程；课程发展的过程具有开放性和灵活性，不再是完全预定的、不可更改的。研学旅行作为一项多方参与的校外教育活动，本身就具有高度的复杂性与随机性，但这种复杂性与随机性在具有课程意识的实施者手中却可以巧妙地转换为丰富的课程资源。因此，在某种程度上可以说研学旅行是由师生共同创造的一系列“事件”，是师生开放的、动态的、生成的生命体验，而体验者在体验过程中建构形成了主体的实践智慧。

5.研学旅行助力素质教育改革，重构教育生态

研学旅行可作为自然教育、爱国主义教育、革命传统教育、国情教育等教育内容的重要载体，突出祖国大好风光、民族悠久历史、优良革命传统和现代化建设成就。学生在研学旅行和欣赏自然风景的过程中，对人与自然、人与社会的和谐状态有着切身体验，也陶冶了情操，融入了自然中；他们在行走中发现和理解文化，通过参观考察、动手制作、调查体验等方式，进行研究性学习，更好地理解中华文化，增强文化自信；通过接触社会、了解国情、体验集体生活、探究相关问题，建立对世界的各种认知，增强对国家、对民族的认同感。研学旅行作为撬动素质教育改革的杠杆和探索教育新生态的有效方式，已成为综合实践育人研究的新领域。

知识拓展1-10

素质教育的主要内容

1.爱国主义教育

爱国主义教育是思想政治教育的重要内容，是国家对国民教育的一种要求，也是中华民族的优良传统。爱国主义在不同的国家和每个国家的不同时代，具有不同的内容，因而进行爱国主义教育的内容也有所不同。通过研学旅行带领学生走进风景名胜区、历史遗产地、工农业生产基地、大型指导手册工程现场等地，了解祖国的历史和现状，引导学生树立民族自尊心和自信心，增强对国家的高度责任感，培养为祖国、为人民勇于献身的精神，把爱国之心、报国之志转化为爱国行动，为实现国家建设目标而作出自己的贡献。

爱国主义是中华民族的光荣传统，是推动中国社会前进的巨大力量，是各族人民共同的精神支柱，是社会主义精神文明建设主旋律的重要组成部分。爱国主义教育是提高全民族整体素质的基础性工程，是引导人们特别是广大青少年树立正确理想、信念、人生观、价值观，促进中华民族振兴的一项重要工作。

2.社会主义核心价值观教育

2014年5月4日，习近平总书记在同北京大学师生座谈时指出："人类社会发展的历史表明，对一个民族、一个国家来说，最持久、最深层的力量是全社会共同认可的核心价值观。"党的十八大提出，倡导富强、民主、文明、和谐，倡导自由、平等、公正、法治，倡导爱国、敬业、诚信、友善，积极培育和践行社会主义核心价值观。社会主义核心价值观所强调的"三个倡导"二十四个字，是社会主义核心价值体系的内核。

培育和弘扬社会主义核心价值观，教育引导是基础性工作；要从娃娃抓起，从小抓起，从学校抓起，把社会主义核心价值观的基本内容和要求渗透到学校教育教学之中，体现在学校日常管理之中，使社会主义核心价值观的种子在少年儿童心中生根发芽并逐步培育起来。价值观教育要润物细无声，发挥精神文化潜移默化的作用，运用各类教育形式，生动具体地表现社会主义核心价值观。研学旅行是中小学生喜欢的活动形式，通过接触社会、了解国情、体验集体生活、探究相关问题，建立对世界的各种认识，增强对国家、对民族的认同感，这是实践性课程的优势。

3.中华优秀传统文化教育

一个国家、一个民族的强盛，总是以文化兴盛为支撑的。中华优秀传统文化就是我们民族的"根"和"魂"，积淀着中华民族最深沉的精神追求，代表着中华民族独特的精神标识。没有文化的弘扬和繁荣，就没有中华民族伟大复兴的中国梦的实现，因此必须大力弘扬中华优秀传统文化。通过故宫、颐和园、拙政园、明十三陵等古建筑，可以领略中华建筑文化的哲学思想和精湛工艺；通过长城、都江堰、大运河、秦始皇陵兵马俑等古代工程，可以领略古人高超的智慧；通过书法、绘画、戏曲等传统艺术，以及陶瓷、蜡染、剪纸、编织等传统工艺，可以了解历史悠久的非物质文化遗产。

《关于推进中小学生研学旅行的意见》提出“让广大中小学生在研学旅行中感受中华传统美德”，“读万卷书，行万里路”，在行走中发现和理解文化；通过参观考察、动手制作、调查体验等方式，进行研究性学习，才能更好地理解中华文化的独特创造、价值理念、鲜明特色，增强文化自信和价值观自信，引导学生树立正确的历史观、民族观、国家观、文化观，增强做中国人的骨气和底气。

4. 革命传统教育

《关于推进中小学生研学旅行的意见》提出，通过研学旅行，让中小学生“感受革命光荣历史，感受改革开放伟大成就”。中国共产党在领导中国人民进行民主革命、社会主义革命和建设的长期斗争实践中，形成了自己特有的、世代相传的优良革命传统。革命传统教育的内容包括：养成密切联系群众和为人民服务的思想作风；培养实事求是、理论联系实际、谦虚谨慎等良好品质；养成艰苦奋斗、勤劳勇敢、不怕困难的品德；继承和发扬爱国主义精神。革命传统教育是对青少年进行德育教育的重要组成部分。

红色教育基地是开展革命传统教育的理想目的地，如组织学生到延安、西柏坡、井冈山等革命圣地开展研学活动，可以让学生听历史知识报告，组织参观、座谈，拜访革命老人，听革命回忆录，看革命历史题材的电影、戏剧等。无论采取哪种形式，都要注意贴近青少年的接受特点，注重联系语文、历史等课堂上学到的知识，学以致用，增强效果。

5. 生态文明教育

党的十八大报告对推进中国特色社会主义事业作出了“五位一体”总体布局，即经济建设、政治建设、文化建设、社会建设、生态文明建设。生态文明以尊重和维护生态环境为基本要求，以可持续发展为着眼点，以人与自然、人与人、人与社会和谐共生、良性循环、全面发展、持续繁荣为基本宗旨。

我国幅员辽阔，既有陆地，也有海洋，各种地貌类型齐全。山岳冰川、山地丘陵、平原、高原、河流、峡谷、盆地、草原等地形多样；喀斯特（石灰岩）地貌、丹霞地貌、雅丹地貌、黄土地貌等一应俱全；森林、草原、沙漠等多种植被景观并存。学生在研学旅行和欣赏自然风景的过程中，对人与自然、人与社会的和谐状态会有亲身体验，也会陶冶情操，融入自然环境中。

6. 行为养成教育

叶圣陶先生说：教育就是培养习惯。养成教育就是要着力培养学生养成良好的生活习惯和学习习惯及待人接物等方面的行为习惯，从而使学生具有良好的品质。生活习惯的好坏，不仅影响学生的身心健康，而且也是学生综合素质的体现。生活习惯既包括饮食、起居、卫生等习惯，也包括文明礼貌习惯、道德习惯、学习习惯、交流习惯、集体观念、时间观念等。可以说，养成教育就是生活教育，是素质教育，是立德树人的教育。

在研学旅行中，养成教育主要指的就是举止文明、诚实守信、尊重他人、守时惜时、学会感恩、勤俭节约、遵守秩序、锻炼身体、讲究卫生等日常要求，也包括社会生活中所有与他人相处、与自己相处、与自然相处的习惯。

步骤三：知晓研学旅行的政策与导向

研学旅行，跨界“教育+旅游”，可以说它既是一种旅游产品形态，也是一种素质教育载体。有自上而下的政策扶持，有持续增长的潜力市场，有活跃追逐的行业投资，研学旅行的前景可以说十分广阔。只有解读国家对研学旅行的相关政策，才能够全方位、多角度地了解研学旅行，把握核心要点，找到正确的价值导向。

（一）解读研学旅行重要政策

2013年，国务院办公厅颁布实施《国民旅游休闲纲要（2013—2020年）》，首次提出研学旅行的概念，并明确提出要“逐步推进中小学生研学旅行，鼓励学校组织寓教于游的课外实践活动，健全学校旅游责任保险制度”。之后，国务院陆续出台多部文件（见表1-1），逐步强化研学旅行在教育体系中的作用。2016年11月，教育部、国家发展和改革委员会等11部门联合发布了《关于推进中小学生研学旅行的意见》，其中研学旅行被正式纳入日常教学活动中。

表1-1　研学旅行方面的重要文件

时间	部门	文件	主要内容
2023.08	文化和旅游部、教育部、共青团中央、全国妇联、关工委	《用好红色资源 培育时代新人 红色旅游助推铸魂育人行动计划（2023—2025年）》	充分调动各地积极性，因地制宜，因势利导，力争利用三年时间，针对青少年打造百堂红色研学精品课程，推出千条红色旅游研学线路，开展万场红色旅游宣讲活动，覆盖全国上亿大中小学师生
2023.01	教育部等十三部门	《关于健全学校家庭社会协同育人机制的意见》	明确了学校、家庭、社会在协同育人中的各自职责定位及相互协调机制。学校要用好社会育人资源，联合开发社会实践课程；家长要带领或支持子女体验社会，帮助子女更好亲近自然、开阔眼界、增长见识、提高素质；社会有效支持服务全面育人，各类教育基地和活动场馆要面向中小学生及学龄前儿童免费或优惠开放
2021.12	国务院	《“十四五”旅游业发展规划》	推动研学实践活动发展，创建一批研学资源丰富、课程体系健全、活动特色鲜明、安全措施完善的研学实践活动基地，为中小学生有组织的研学实践活动提供必要保障及支持；鼓励非遗特色旅游景区发展；实施旅游商品创意提升行动，引导开发更多符合市场需求、更具文化内涵的旅游商品

续表

时间	部门	文件	主要内容
2021.06	国务院	《全民科学素质行动规划纲要（2021—2035年）》	深化全国科普教育基地创建活动，构建动态管理和长效激励机制；鼓励和支持各行业各部门建立科普教育、研学等基地，提高科普服务能力
2020.11	教育部	《中小学实践教育指导体系研究》	从中小学实践教育的理论体系与实践指导体系两方面入手，分为理论政策、课程体系、评价体系、保障体系、信息化建设五个专题
2020.03	中共中央、国务院	《中共中央、国务院关于全面加强新时代大中小学劳动教育的意见》	符合学生年龄特点，以体力劳动为主，注意手脑并用、安全适度，强化实践体验，让学生亲历劳动过程，提升育人实效性
2019.06	教育部办公厅	《教育部办公厅关于做好2019年中小学生暑假有关工作的通知》	各级各类研学实践教育基地、营地要专题开设暑假研学实践课程，打造精品研学实践线路，提供丰富多彩的研学实践教育活动
2018.11	教育部办公厅	《教育部办公厅关于公布2018年全国中小学生研学实践教育基地、营地名单的通知》	命名中国人民解放军海军南海舰队军史馆等377个单位为“全国中小学生研学实践教育基地”、北京市自动化工程学校等26个单位为“全国中小学生研学实践教育营地”
2017.09	教育部	《中小学综合实践活动课程指导纲要》	综合实践活动是国家义务教育和普通高中课程方案规定的必修课程。综合社会实践基地和研学旅行基地是综合实践活动开展的重要场所。研学旅行基地的老师对综合实践课程驾轻就熟，未来“轻研学旅行课程模块”进校园或将成为研学旅行发展的流量入口
2017.08	教育部	《中小学德育工作指南》	把研学旅行纳入学校教育教学计划中，促进研学旅行与学校课程、德育体验、实践锻炼有机融合，利用好研学实践基地，有针对性地开展自然类、历史类、地理类、科技类、人文类、体验类等多种类型的研学旅行活动
2017.05	国家旅游局	《研学旅行服务规范》	研学旅行中最重要的是安全。研学旅行安全管理制度体系包括：（1）研学旅行安全管理工作方案；（2）研学旅行应急预案及操作手册；（3）研学旅行产品安全评估制度；（4）研学旅行安全教育培训制度

续表

时间	部门	文件	主要内容
2017.01	国务院	《国家教育事业发展“十三五”规划》	践行知行合一，将实践教学作为深化教学改革的关键环节；丰富实践育人有效载体；制定中小学生综合实践活动指导纲要，注重增强学生的实践体验
2016.11	教育部	《关于推进中小学生研学旅行的意见》	将研学纳入日常教学活动中，中小学生研学旅行是由教育部门和学校有计划地组织安排，通过集体旅行、集中食宿方式开展的研究性学习和旅行体验相结合的校外教育活动
2016.02	国家旅游局	《国家旅游局关于公布首批“中国研学旅游目的地”和“全国研学旅游示范基地”的通知》	北京市海淀区、安徽省黄山市、江西省井冈山市等10个市区为目的地，北京市卢沟桥纪念馆等20家单位为示范基地
2015.08	国务院办公厅	《国务院办公厅关于进一步促进旅游投资和消费的若干意见》	将研学旅行纳入学生综合素质教育范畴，支持建设研学旅行基地，建立健全研学旅行安全保障机制，加强国际交流
2014.08	国务院	《国务院关于促进旅游业改革发展的若干意见》	将研学旅行、夏令营、冬令营等纳入中小学生日常德育、美育、体育教育范畴
2014.07	教育部	《中小学学生赴境外研学旅行活动指南（试行）》	对研学旅行活动的行程安排、安全保障等提出指导意见，规定带队教师人数等
2013.02	国务院办公厅	《国民旅游休闲纲要（2013—2020年）》	逐步推进中小学生的研学旅行，鼓励学校组织学生进行寓教于游的课外实践活动

2017年年底，教育部办公厅评定公示了204个单位为“全国中小学生研学实践教育基地”，14个单位为“全国中小学生研学实践教育营地”，为研学旅行提供了明确的目的地和内容指导。安徽、江苏、陕西、天津、上海等地也纷纷出台政策，开展研学旅行试点。2019年10月，教育部在相关学校和行业提交增补专业建议的基础上，将“研学旅行管理与服务”列为《普通高等学校高等职业教育（专科）专业目录》2019年新增专业，拓宽了研学旅行的人才培养途径。

持续的政策激励成为研学旅行市场迅速发展的最关键原因，中小学生也成为研学旅行市场的主体客群。相关政策出台后，研学旅行将发生三大变化：由选修课变为必修课；由随机性变为计划性；由少量参与变为广泛参与。

（二）正确把握研学旅行政策导向

从近些年陆续出台的系列意见和规范来看，国家对研学旅行非常关注。随着“双减”政策的出台，研学旅行市场迎来了新的机遇和挑战。因此，进一步把握、熟悉，落实政策的导向，才能真正地在研学大发展趋势中把握先机，向前发展。

1.立足基点，把握研学特点

对于研学旅行，我们可以从以下三个方面去理解：第一，研学旅行的载体是旅行，即学习是在行走中发生的，强调的是行走中真实而鲜活的学习情境，创造的是“行走中的课堂”。第二，学习是以探究的方式开展的。学生主动参与研学旅行，并通过团队合作、自主探究等方式，在做中学、在玩中学，享受学习的快乐。第三，研学旅行指向学生身体、认知和情感等多方面的自我发展。组织学生走出校园，在与平常不同的生活中拓宽视野、丰富知识，提升与自然和文化的亲近感，加强对集中生活方式和社会公共道德的体验。

2.突出核心，创新教育形式

研学旅行是教育和旅游、文化、工业、科技等行业共建共享，学校教育和校外教育相结合的创新形式。研学旅行就是要改变传统课堂以教师传授获得知识为唯一学习途径的学习方式，从而提高育人质量，实现人的全面发展。从学校层面来看，它是深化基础教育课程改革的重要途径，是推进素质教育实施的重要阵地，是学校教育与校外教育相结合的重要形式。研学旅行也是根据新课改精神，贯彻新课程实施要求，开发和利用课程资源与社会资源的创新举措。从家庭层面来看，它加强了家庭、学校、社会之间的交流，提供了更多的机会让老师、学生、家长之间讨论学习之外的问题，挖掘了社会责任、探索能力、自理能力以及实践能力。

3.抓住关键，突出研学教育价值

研学旅行树立学、思、游相互促进的观念。其走出了从学校到学校、从课堂到课堂的封闭圈，不断拓展教育的边界。其知行结合的创新型教育方式，有益于提升新时代中小学生的文化素养，开阔学生的视野，夯实知识的纹理。研学旅行可以使学校根据区域特色、学生年龄特点和各学科教学内容，组织学生通过集中旅行、集中食宿的方式走出相对封闭的校园，去拥抱乡土乡情、县情市情、省情国情，在与学校教育情景不同的生活场景中去弥合综合社会实践教育的缝隙。

任务评价

通过实施以上步骤，是否实现了该项任务目标呢？请对完成任务的情况作出评价（见表1-2）。

表1-2　本任务评价参考表

实施步骤	完成情况			
	优	良	中	差
了解全球研学实践进程				
熟悉研学旅行的定位与价值				
知晓研学旅行的政策与导向				

随堂练习

一、单项选择题

1.在古代，（　　）是一种异地求知的文化活动。

A.游学　　B.研学　　C.旅行　　D.探亲访友

2.“研学旅行中国元年”是（　　）年。

A.2015　　B.2016　　C.2017　　D.2018

3.研学旅行与学生自主旅行的性质有很大不同，组织旅行活动的主要单位是（　　）。

A.家庭　　B.旅行社　　C.学校　　D.研学机构

4.根据《关于推进中小学生研学旅行的意见》，研学旅行时间最长不能超过（　　）天。

A.5　　B.7　　C.10　　D.15

5.研学旅行，跨界（　　），可以说它既是一种旅游产品形态，更是一种素质教育载体。

A.“旅游+教育”　　B.“实践+教育”

C.“旅游+实践”　　D.“研究+教育”

二、多项选择题

1.关于对研学旅行的理解，正确的有（　　）。

A.主体对象是中小学生　　B.活动主题是集体旅行活动

C.教学目的是提升学生素质　　D.依托资源为旅游吸引物

E.活动方式是体验式教育和研究性学习

2.在我国古代，游学是最为传统的学习、教育方式之一。古人游历求知可总结为（　　）几个阶段。

A.春秋战国——列国周游，百家争鸣

B.两汉时期——访师问道，闻达仕途

C.隋唐时期——游学动荡，壮游兴起

D.宋元明清——读万卷书，行万里路

E.出国游学——师夷长技，制夷自强

3.推进中小学生研学旅行的目的在于帮助中小学生（　　）。

A.了解国情、热爱祖国　　B.开阔眼界、增长知识

C.提高社会责任感　　D.培养创新精神

E.增强实践能力

4.持续的政策激励成为研学旅行市场迅速崛起的最主要原因，相关政策出台后，研学旅行将发生的变化有（　　）。

A.由选修课变为必修课　　B.由随机性变为计划性

C.由少量参与变为广泛参与　　D.由自费变成公费

E.由校内活动变成校外活动

5.研学旅行须树立（　　）相互促进的观念。

A.学　　B.做　　C.思

D.游　　E.感

三、判断题

1.研学旅行活动让学生走出真实的生活世界，走进抽象的学科世界，运用自己的感官去充分感受时代发展的脉搏，感悟历史文化的传承，洞悉未来社会发展的趋势，拓宽时空视野。（　　）

2.研学旅行将学科知识与生活知识有机衔接，将间接经验与直接经验融合统整，最终促进学习者个体的全面发展。（　　）

3.研学旅行活动同综合实践活动一样，是一种基于建构主义的课程生成模式，有预设的教材，更注重学习者个体自主建构经验与智慧。（　　）

案例共享

国际研学典型案例

1.英国：贵族化出身，平民化发展

英国是现代旅游业的诞生地，也是近代研学旅行的发源地。16世纪，英国上流社会兴起了一种“欧陆游学”（Grand Tour，也称“大游学”）的文化现象，贵族青年们离开英国，以增长见识、开阔眼界为主要目的，前往欧洲主要国家城市进行游历。这种活动后来逐渐成为英国的一种文化传统延续下来。

在1611年出版的《考亚特寄语》一书中出现的雕版画，表明欧陆游学已经成为当时年轻贵族绅士的必修课程。1670年出版的《意大利完全之旅》一书中首次使用了“Grand Tour”一词，反映了英国工商业者通过考察其他国家市场开阔视野、发展商业经济的愿望。

17—19世纪，英国进入工业社会并逐渐完成工业革命，资产阶级迅速崛起。他们对其他国家的社会、文化和市场产生了浓厚兴趣，欧陆游学也在此时进入兴盛期，成为英国贵族子弟教育的必要组成部分。在文艺复兴时期人文理念的影响下，法国、意大利、荷兰等国家成为游学的主要目的地。

贵族子弟在游学过程中结交名流，考察社会民情和政治制度，学习外邦语言、文化和礼仪，搜集文物珍品。游学成为他们开阔眼界、提升个人能力的重要方式。弗兰西斯·培根、罗伯特·波义耳等著名学者，都是欧陆游学的实践者和受益者。

与此同时，工业革命的发展加剧了英国社会的变革，欧陆游学逐渐褪去贵族范儿，开始覆盖中产阶级甚至平民阶层。一方面，他们的经济实力因工业革命而大幅提升，许多中产阶级甚至普通工薪阶层也能负担游学费用；另一方面，交通方式的变革，极大缩减了游学所需的时间和金钱成本。

铁路时代之前，游学平均时长约为40个月，加之车马、随从、导师等开销，游学成本十分高昂，平均每年花费都在1 000英镑以上，只有贵族阶级才负担得起。铁路时代到来后，欧洲各国形成铁路网络，游学所需平均时长缩减至4个月，多数英国百姓都能负担旅行成本。从此，欧陆游学人数激增，逐渐从“贵族化”向

“大众化”转变。游学成为当时大多数青年人的必经历程，没有游学经历的人甚至会被嘲笑。18世纪英国文豪塞缪尔·约翰逊谈到欧陆游学的重要性时曾说：“某人未曾到过意大利，总会觉得低人一等。”也是自18世纪起，欧洲其他国家也纷纷效仿英国开展游学活动，“欧陆游学”渐渐演化为一种以欧洲为平台、具有网络性和国际性的文化交往行为。

进入现代社会后，游学逐渐受到英国教育部门的重视，成为英国教育体系的重要组成部分，被纳入地方教学大纲。通往欧洲各国的便利地理位置和签证制度上的便利，使得英国学子可以自由地共享欧洲丰富的学习资源，体验不同国家不同学校的校园文化和教育理念。

2. 日本：修学旅行是学生的必修课

日本是亚洲最早推行研学旅行制度的国家。在日本，研学旅行被称为“修学旅行”，形式主要以远足和宿泊为主，由学校组织，突出教育性和体验性，旨在让学生在集体活动中，在与大自然和社会文化接触的过程中，增长见闻、开阔视野，并建立良好的人际关系。

修学旅行始于明治时期，已经有100多年的历史。经过百余年的发展和积累，日本修学旅行的制度日益完善，形成了一套完整的修学旅行保障体系。

（1）制度规范：事无巨细，纳入章程

1958年，修学旅行被正式纳入日本的学校教育体系；到1960年，修学旅行已成为日本所有中小学的常规教育活动。日本《教育基本法》明确规定，要“培育尊重生命、珍爱自然、保护环境的态度；培育尊重传统和文化、热爱祖国和乡土以及为国际和平与发展作出贡献的态度”。作为下位法的日本《学校教育法》更加详细地阐述了鼓励学生走出课堂、了解自然、尊重本国和他国历史文化的教育目标。两部教育法规为修学旅行的制度化和规范化奠定了法律基础。

在教育法的支持下，日本文部科学省（相当于我国的教育部）在制定和多次修订《学习指导要领》时，都将修学旅行规定为“特别教育活动”和学校每年例行开展的活动，并对修学旅行的组织、安全事项等提出了明确的指导和要求。现在，日本47个都道府县和政令指定都市的教育委员会都根据文部科学省的要求制定了《修学旅行实施基准》，对修学旅行的实施目标、活动内容、路线、旅行时长、教职人员组成、学生组织管理、旅行费用支出、健康、应急管理体制、旅行社资质等各个方面提出了具体审核要求。修学旅行开展之前，学校必须依据制度提前做好旅行计划并上报有关部门审批，旅行结束后组织学生进行自我总结评价，如此才算完成一次完整的修学旅行。

（2）内容：感受自然，了解历史，体验社会

修学旅行通常以年级为单位，由各个学校统一组织开展，这是全体学生的必修课程，甚至无须征得家长的同意。原则上，修学旅行通常安排在中小学各学段、最后学年的学期中，避开公共假期等旅行高峰。但初中、高中往往将修学旅行安排在第二学年，以错开最后一年紧张的升学考试。

修学旅行的目的地和内容，视学生的年龄段有所差异。小学和初中一般以国内

旅行为主，其中小学通常到车程2～3小时离学校相对较近的地方，以观光旅游为主。比如，关西地区的小学多组织去京都、大阪、奈良等历史名城，参观名胜古迹，目的在于增强团队意识。初中生则倾向于去距离稍远的地区旅行，以东京塔、日本银行总部、国会议事堂等具有教育性的地点为主，主要目的是提升学生的个人能力，补充课堂以外的实践知识。高中生的修学旅行目的地与历史和自然有关，长崎、广岛、冲绳等地是热门选择。

20世纪80年代中期以来，日本推行教育国际化，加之日元升值，海外修学旅行成为越来越多的日本高中的选择。从2000年到2015年，推行海外修学旅行的日本学校数量大幅增长，每年去海外修学旅行的学生数量占学生总人数的约10%。中国、韩国和部分东南亚国家成为主要的海外修学旅行目的地。海外的修学旅程不仅可以让学生了解不同国家的文化，还可以开阔其国际视野。

（3）补贴：国家出资支持，专业机构监督

①专项资金补助。修学旅行的费用，对低收入家庭来说是一笔沉重的负担。小学生的修学旅行费用为5万日元左右（约合人民币3 000元），初中生平均6.5万日元，高中生平均7.5万日元；海外修学旅行费用较高，一般为10万～15万日元。为实现教育公平，日本各地方政府会向公立学校中的困难家庭学生提供旅费补助。自1969年起，日本中小学生的修学旅费补助大幅增加，还新设了校外活动专项补助金。

②专设监督机构。为监督各学校修学旅行的质量，日本专门成立了社会公益机构——财团法人日本修学旅行研究协会（Educational Tour Institute，ETI，简称全修协）。全修协成立于1955年6月25日，通过积极协调和监督各相关部门的工作，在学校和市场、政府部门之间架起一座桥梁，对日本修学旅行的规范发展起到了巨大的推动作用。全修协不仅对修学旅行领域进行定期调查统计和研究，为社会各界提供专业的信息分享和咨询服务，还在资金、管理、人员、技术等方面给予大力支持。此外，日本各地方还设有当地的修学旅行研究协会，以便更直接地辅助当地中小学修学旅行的开展。

（4）交通：专线运输，安全为重

明治时期修学旅行以步行为主，但随着旅行半径的逐步扩大，需要一种廉价、迅速、安全、大容量的交通方式。因此，火车成了修学旅行的首选交通工具。1959年，日本国铁推出了两列修学旅行专用电力机车——“日出号”和“希望号”。随后，日本的私营铁路公司也陆续推出修学专列，包括东海地区“蓝天号”、近畿地区“友谊号”以及专用游览汽船“若叶丸”等。

1970年以后，修学旅行进入“新干线”时代，并且至今都是日本国内修学旅行的主要运输方式。为保障学生修学旅行的安全与快捷，JR日本铁路公司不仅在价格上给予优惠，还开设了修学旅行专列，或设立部分专用车厢。此外，JR日本铁路公司还为学校提供特急型列车和新干线的包车服务，一站直达终点，为修学旅行提供更加便利的服务。每年，日本铁道部门都会提前公布修学旅行专车的时刻表供学校参考。

请思考：工业革命对英国的研学旅行产生了怎样的影响？日本的修学旅行具有怎样的特点？

分析提示

思而行远

研学游必须把教育功能放在首位

去红色土地上一堂党史学习教育课，去航天发射中心看一次火箭发射，去太白山上体验《本草纲目》的精髓……研学游近年来涌现出多种新主题、新玩法，如结合建党百年主题的党史研学游、因航天精神而风靡一时的航天研学游和疫情背景下备受关注的中医药文化研学游等。

随着“双减”政策的落地，学生有更多的时间参与各类研学活动，研学游的市场规模有望进一步扩大。看中了研学游的市场潜力，各类机构纷纷进入或准备进入这一领域，但有的参与者自身并不具备教育资质，有的只是打着研学游的幌子，其研学游产品在专业性、体验性、独特性、安全性等方面都难以满足家长和孩子的需求。因此，开发具有更深内涵、更高层次、更广维度的研学游产品十分迫切。

研学游产品归根结底是一类教育产品，“游”只是形式，“学”才是目的。如果重游轻学就失去了根本宗旨，反而沦为一些机构牟利的工具。现在市场上一些研学游产品，实际上是假借“研学”的名义对普通旅游产品进行包装，达不到所承诺的研学效果，反而收取超出常规的费用；还有一些研学游活动传递的知识不严谨、不准确、不科学，有的甚至因为自身知识储备不足或是盲目追求趣味，带给孩子错误的认识。

研学游不能一味追求商业利益，必须保证应有的知识性。要重视研学游的内容品质，在内容设计、路线开发、过程评估、总结反馈等各环节都要严格把控质量，把教育功能和知识性贯穿研学游的始终，让孩子在研学游的过程中，真正能够研有所得、学有所思、旅有所乐、行有所获。目前，很多优质研学游项目把科学教育、红色教育、传统文化教育作为主题，让孩子们能够生动体验和近距离接触这些领域，不但能收获知识，还能陶冶情操，有效提升研学游的效果与口碑。

研学游要在活动组织上力求新颖多样，善于借助信息技术手段，增强沉浸式、互动式体验，让孩子们在享受旅游乐趣的过程中培养自主学习和主动探知的意识和习惯，从内心深处激发他们的学习兴趣，展现出研学游应有的价值与意义。

资料来源：胡蔚.研学游必须把教育功能放在首位［N］.中国旅游报，2021-09-16.

任务拓展

查阅研学旅行中包含的中华优秀传统文化基因，选取某一代表性元素及其相关内容，以图文结合的方式，设计并完成研学旅行国内发展脉络的思维导图。在此基础上，比较在该领域中国研学旅行与发达国家研学旅行的异同。

任务二　厘清研学旅行课程设计基础

任务概述

本任务要学习研学旅行课程设计的基础知识，这对后面模块的学习起着理论支撑的作用；要了解研学旅行课程的指导思想、理论基础和构成要素，在此基础上能够灵活掌握研学旅行课程的属性、分类以及开发原则。

素质目标

1. 领悟教育规律，感受学思结合、知行统一的价值意义。
2. 结合研学旅行基地特点，生成对祖国大好河山、中华传统美德、革命光荣历史、改革开放伟大成就的自豪感。
3. 培养系统思维的能力。

知识目标

1. 掌握研学旅行理论的指导思想。
2. 了解研学旅行产品的分类。
3. 熟知研学旅行产品设计的原则。

能力目标

1. 能够把握研学旅行产品设计的理论基础。
2. 能够理解研学旅行产品的属性。
3. 能够应用研学旅行产品不同逻辑的分类。
4. 能够遵循研学旅行产品设计应该遵循的七个原则。

理论知识

一、研学旅行课程理论基础

（一）研学旅行课程指导思想

研学旅行课程以习近平新时代中国特色社会主义思想为指导，全面贯彻落实党的二十大精神和全国教育大会精神，以立德树人、培养人才为根本目的，要解决培养什么人、怎样培养人、为谁培养人这个根本问题；创新人才培养模式，丰富实践育人途径，全面推进素质教育，促进书本知识和生活经验深度融合；激发学生的家国情怀，增强学生的社会责任感，提高学生的创新意识、实践能力和人文素养；促进形成正确的世界观、人生观、价值观，培养德智体美劳全面发展、担当民族复兴大任的时代新人。

（二）研学旅行课程教育理论构建

在西方英语世界里，“课程”（Curiculum）一词最早见于英国教育家斯宾塞所写的《什么知识最有价值》（1859）一文中。它是从拉丁语“Currere”一词派生出来的，意为“跑道”（Race-course）。根据这个词源，我们可以把课程定义为学习的进程（Course of Study）。课程作为学习的进程，要为不同学生设计不同轨道，多轨并行；把课程的着眼点放在个体认识的独特性和经验的自我建构上，从而形成不同的课程理论。从课程的拉丁文定义出发，学校课程应当让学生主动地、充满好奇地在学校、社会、自然等各种“跑道”上感受、发现、探索未知世界。正如美国教育家杜威所言，知识的获得不是个体“旁观”的过程，而是个体在与某种不确定的情境相联系时所产生的解决问题的行动，是主动探究的过程。基于此，教育应当从以教师为中心转向以学生为中心，从以课堂为中心转向以活动为中心，从以教材为中心转向以经验为中心。

研学旅行作为一门实践活动课程，必须把课程理论作为其最基础的理论依据。研学旅行课程的基本理论可以综合陶行知的生活教育理论、泰勒的现代课程理论和多尔的后现代课程理论来共同构建。

1.陶行知的生活教育理论

在研学旅行课程的开发过程中，依据我国的教育基础和社会形态，秉承陶行知主张的“生活即教育、社会即学校”这一研学旅行课程最根本的理念，把生活中的一切都作为学校之外的教育内容，实现教学做合一（即教的方法依据学的方法，学的方法依据做的方法；事怎样做就怎样学，怎样学就怎样教；教与学都以做为中心），坚持生活场景化、社会功能化、体验实践化的方向，避免研学旅行课程学科化、知识单一化的倾向。

2.泰勒的现代课程理论

泰勒是现代课程理论的重要奠基者、科学化课程开发理论的集大成者，被誉为“当代教育评价之父”“现代课程理论之父”，其著作《课程与教学的基本原理》被誉为“现代课程理论的圣经”。“泰勒原理”的基本内容是围绕对四个基本问题的讨论展开的：第一，学校试图实现哪些教育目标？第二，如何选择有助于实现这些目标的学习经验？第三，怎样有效组织这些学习经验？第四，如何评价学习经验的有效性？

泰勒的现代课程理论作为西方课程理论的主导范式，揭示了课程编制的四个阶段：确定目标、选择经验、组织经验、评价结果。它是现代课程理论最有影响力的理论构架，对我国课程理论研究和实践工作具有重要的借鉴意义。研学旅行课程的开发应该以泰勒的现代课程理论为基本理论依据进行顶层框架设计，从而突出课程的逻辑性、规范性、科学性。

3.多尔的后现代课程理论

20世纪70年代以来，后现代主义作为一种世界性的文化思潮，以猛烈之势批判、撼动着被视为过时的现代主义。后现代主义思潮的突出特点是去权威化、去中心化、去普遍化，突出个性化、差异化、多元化，突出互动性、生成性、批判性、创造性。随着后现代主义思潮影响的不断扩展，以多尔为代表的后现代课程观异军突起。多尔批判泰勒模式把课程的重点放在课程目标的选择上，导致一种预定的目标；课程评价只关注目标能否得以实现，对目标的适宜性则不关注，预先选择的目标凌驾在过程之上或脱离过程本身。多尔批判泰勒模式充斥着教育本质的工具主义或功能主义的观点，它指向外在的目标并受其控制。

多尔的后现代课程理论具有生成性、开放性、对话性、选择性的特点，顺应了人本化、个性化时代的特点和需求，是对泰勒现代课程理论的一种发展和补充，也是研学旅行课程个性化、人本化的重要理论依据。后现代课程理论为我们提供了课程开发微观化、模块化、个性化的新思路和重要理论依据，在课程细节上下功夫，以确保课程可执行，具有操作性。

秉承陶行知“生活教育”这一核心理论，围绕我国教育教学改革，按照泰勒现代课程理论进行研学旅行课程框架的规划、设计，参考多尔后现代课程理论使研学旅行课程的设计明细化、微观化、操作化，将泰勒现代课程理论与多尔后现代课程理论有机结合，运用到学校真实需求下的研学旅行课程中去，应是研学旅行课程开发的最佳策略。

二、研学旅行课程的构成要素

设计完整的研学旅行课程必须明确该课程的构成要素，包括研学旅行主体、主办方、承办方、供应方、课程及师资要素，并对其在活动中的地位和作用作出具体规定，保证研学旅行活动安全、有序、有效地进行。

1.研学旅行主体

中小学生是研学旅行的参与主体，教育部等11部门发布的《关于推进中小学生研学旅行的意见》明确指出：一般应安排小学4～6年级、初中1～2年级，高中1～2年级的在校学生参与研学旅行。

2.研学旅行主办方

研学旅行的主办方为教育行政部门和学校，它们既是研学旅行的保障方，又是研学旅行的决策者和组织者，为学生的研学旅行活动保驾护航，提供各类保障措施。研学旅行的主办方应对研学旅行服务项目提出明确要求，应有明确的安全防护措施、教育培训计划，与承办方签订委托合同，按照合同约定履行义务。

（1）组织保障

教育行政部门要建立工作领导机构，制定有关制度，不断总结、推动，为学校开展研学旅行活动提供政策支持。学校要制订具体工作方案，建立研学旅行长效管理体系。

（2）课程保障

学校要制订研学旅行课程方案和标准，将研学旅行和课程改革相结合，突出课程性，开发自然类、历史类、地理类、科技类、人文类、体验类等多种类型的活动课程，将学生参加研学旅行活动的结果纳入学分管理体系和综合素质评价体系。

（3）安全保障

学校要制订详细的安全应急预案，要对参与研学旅行活动的师生进行安全防范知识和技能培训，要选择有资质、信誉好和风险管理能力强的旅行社或专业研学服务机构作为实施单位。

3. 研学旅行承办方

研学旅行的承办方是指与研学旅行活动主办方签订合同、提供教育旅游服务的旅行社或研学旅行专业机构。目前，国内大部分省市的教育行政部门都认可旅行社是研学旅行的承办方。由于研学旅行的服务对象是中小学生，因此必须强调承办方即旅行社的专业性和安全性。根据专业性要求，旅行社要设立专门服务于研学旅行的部门或专职的研学旅行人员，宜有承接100人以上中小学生研学旅行团队的经验，有丰富的研学旅行产品，有根据学校的需要定制研学旅行线路的能力。基于安全性要求，建议旅行社投保责任险，保险额不低于60万元/人；旅游人身意外险，保险额不低于25万元/人等；对旅行车辆、驾驶员、行车线路、住宿、餐饮要严格把关，杜绝安全隐患。在研学旅行活动开展前，应与供应方签订旅游服务合同，按照合同约定履行义务。

4. 研学旅行供应方

研学旅行供应方需要具备法人资格，有相应的经营资质和服务能力，与各承办方签订合同，按照合同约定履行义务。研学旅行供应方应能提供交通、住宿、餐饮、目的地接待等服务，应配备研学旅行实践基地（营地）。学校可以根据小学、初中、高中不同学段的研学旅行目标，结合基地（营地）的课程资源，有针对性地开发各类研学活动课程，实现教育教学目标。

知识拓展1-11

根据行业标准《研学旅行服务规范》（LB/T 054-2016），服务提供方应满足以下基本要求：

主办方：

1. 应具备法人资质。

2. 应对研学旅行服务项目提出明确要求。

3. 应有明确的安全防控措施、教育培训计划。

4. 应与承办方签订委托合同，按照合同约定履行义务。

承办方：

1. 应为依法注册的旅行社。

2. 符合《旅行社国内旅游服务规范》（LB/T 004-2013）和《旅行社服务通则》（LB/T 008-2011）的要求，宜符合《旅行社等级的划分与评定》（GB/T 31380-2015）要求的AA及以上等级。

3. 连续3年内无重大质量投诉、不良诚信记录、经济纠纷及重大安全责任事故。

4.应设立有关研学旅行的部门或专职人员，宜有承接100人以上中小学生旅游团队的经验。

5.应与供应方签订旅游服务合同，按照合同约定履行义务。

供应方：

1.应具备法人资质。

2.应具备相应的经营资质和服务能力。

3.应与承办方签订旅游服务合同，按照合同约定履行义务。

5.研学旅行课程及师资

研学旅行课程属于综合实践活动课程中的考察探究类，是中小学的必修课程，与学科课程并列设置、相互补充，是中小学课程结构不可或缺的组成部分。研学旅行课程作为学科课程内容的延伸、综合、重组与提升，既是学科课程基础知识、基本原理的应用，也是跨学科生成课程的实践、培养学生核心素养的重要载体，因此研学旅行课程需要明确课程主题、课程定位、课程理念、课程目标、师资团队，规范研学旅行课程结构、课程内容、课程实施、课程评价等，应深刻理解课程及师资要素对研学旅行的关键作用。

三、研学旅行课程结构

研学旅行作为中小学生的必修课程，其体系及内容有别于传统意义上的校内课程。它除了拥有传统课程所包含的文化、活动、实践等内容之外，还是教育与旅游的融合，即既有教育内容，也有异地出行的旅行内容。

《关于推进中小学生研学旅行的意见》提出："学校根据学段特点和地域特色，逐步建立小学阶段以乡土乡情为主、初中阶段以县情市情为主、高中阶段以省情国情为主的研学旅行活动课程体系。"研学旅行课程针对基础教育的三个学段，主要覆盖小学四至六年级，初中一、二年级，高中一、二年级共七个年级。各年龄段学生的生理、心理发育有很大不同，设计研学旅行课程时，应针对不同学段学生的情况制定不同的学段目标，并依照不同区域学校的特色，融入学校发展方针和学科发展目标。

不同学段研学旅行的课程结构有一定的差异（见表1-3）：一是活动范围不同，随着年级的升高，研学旅行活动的空间和地域范围可以逐步扩大。二是根据学习难度设计与年级知识水平相适应的内容。小学、初中、高中的研学旅行课程设计，首先在知识深度和综合程度上应有所不同。其次在学习方式的选择上要有所侧重。例如，对于研究性学习，要设定研究什么问题；对于体验性学习，要设定体验哪些项目。最后在作业要求上要有所不同。

表 1-3　　研学旅行课程结构

学段	年级	研学旅行课程资源	研学旅行课程设计	研学旅行课程内容	每学年累计研学时间
小学	四至六年级	知识科普型、自然观赏型、励志拓展型	以乡土乡情为主	地理类、自然类	3～5天
初中	初一、初二	知识科普型、体验考察型、励志拓展型	以县情市情为主	历史类、科技类	6～7天
高中	高一、高二	体验考察型、励志拓展型	以省情国情为主	人文类、体验类	8～10天

小学阶段的研学旅行课程设计应以游览、观光、体验为主，重视游戏性、艺术性内容，减少讲授，以满足这一年龄段学生好玩、喜动的天性。课程内容要以体验日志、游学感悟、观察日志为主。

初中阶段的研学旅行课程应设计更多的理解性内容，适当增加竞赛、参与、探索性内容，以满足这一阶段学生强烈的求知欲、好奇心。初中生可以做小课题、小论文、实验报告。

高中阶段的研学旅行课程设计要以知识的拓展、理论的应用、综合性体验、研究性学习为主，辅之以观光、考察、游历等活动。高中生可以尝试运用文献、实验、测量等多种研究方法，写出完整的研究报告。

案例分析 1-1

小学生、初中生和高中生去同一个地方研学旅行，需要考虑他们已有知识基础和认知发展水平的不同。如果去曲阜孔子故里，小学生、初中生、高中生的研学旅行课程内容与形式可以分别做如下设计：

小学生：诵读《论语》，了解孔子，观看祭拜仪式等。

初中生：联系（先秦）历史，加深对历史事件的理解；研读《论语》《孟子》选篇，初步领悟儒家思想；联系语文课，学习相关课文。

高中生：研究《论语》，探究孔子的人格、思想；比较分析诸子百家思想，比较研究与孔子同时代的中西方先贤的哲学思想等。

分析提示：文化遗产类研学旅行课程设计的原则是突出文化体验、欣赏与传承，学习内容基于历史、语文、政治等学科知识。小学生好玩、喜动，参加此类研学旅行活动时，可以多安排体验性的、动手操作性的学习内容，以感受氛围、形成印象为主；初中生具备一定的专业知识储备，可以在研学旅行活动中加深对历史和文学作品的理解；高中生则具备了逻辑思维的能力且有一定的深度，可以就一定的专题展开辨析和思考。

微课1-3

研学旅行课程属性

任务实施

步骤一：明确研学旅行课程属性

研学旅行课程从性质上看属于活动产品，与学科产品相比较，偏重动态，主要借助实践来完成；而学科产品偏重静态，主要借助教科书来完成。作为一种跨出校门在真实场景下开展的实践活动，研学旅行具有跨学科性、综合体验性、开放实践性、寓教于乐性的特点。研学旅行课程需要让学生在考察探究、旅行实践、反思体验等一系列活动中发现并解决现实问题，体验和感受真实生活。作为跨学科综合教育教学产品，研学旅行涉及自然与人文、企业与社会、文明与精神三大领域，它整合了教育教学的内容和方式，鼓励学生综合运用各学科知识和方法，思考、认知、解决问题。其要求学生综合考虑与自然、与他人、与社会、与自我的关系。因此，如何在课程开发中体现研学旅行课程属性特点是必须考虑的问题。

（一）跨学科性

研学旅行课程要经过科学地设计，符合教育教学的基本规律。作为教育模式和人才培养模式的创新，要实现研学旅行课程的跨学科性，就必须实现跨学科思维发展，明确研学旅行课程并不是校内课程的简单延伸，不能只是将校内课程搬到校外去上，避免变成行走中教、行走中听的旅行，需要在研学旅行资源和研学旅行指导团队上打好跨学科的基础。

研学旅行课程是基于研学旅行资源设立的课程，现实中的研学旅行资源包含很多学科的内容，因此在进行研学旅行课程的设计开发时，就必须基于校内课程和研学旅行资源进行跨学科设计。从课程整合的视角把研学旅行活动产品化、系统化，将研学旅行作为一门生活化的主题活动课程，根据学生的年龄特点和认知特点优选相适应的产品内容，并与学科学习整合，与学校的特色活动、社会实践整合，力求把多种学习方式、多个学习主题、不同学习内容、多门学科、多类参与主体等整合在一起，从而实现研学旅行课程跨学科化。比如，以探寻齐鲁文化为研学主题，就可以从历史、地理、文化等多个角度去探索其形成的原因和演变历程，从多个学科入手去认识和分析研学旅行资源，这样学生才有适合自己的选题，开展真正的研学旅行实践活动。

研学旅行课程是依托研学旅行指导团队开发的产品，需要在跨学科人才队伍搭建时综合考量、文理兼容，除了传统意识上的语文、历史、地理、思想品德等学科人才之外，还要吸纳物理、科学及学校自身校本课等学科人才。

（二）综合体验性

研学旅行课程必须依据教育行政部门的规定，按照学校教学情况将活动产品化，注重学生的参与和体验；依据具体的学段目标，由研学指导师引领，通过体验活动引导学生实地进行知识探究、技能锻炼，灵活利用文献资料解决实际问题。研学指导师在进行产品设计时要注重产品的综合体验性，避免拼合性课程的出现，也就是课程不要过于碎片化、随意性，更不能只是让学生跟着老师和导游到某个地方玩了一圈，而缺少研和学的目标。

在研学旅行课程的开发过程中，应将课堂教学内容引申、应用到研学旅行实践过程中，实现课内与课外的贯通；把研学旅行过程中遇到的困难、发现的问题与学校内容联系起来，开发为教学资源；将课堂倡导的自主、合作、探究的学习方式延展到生活空间中，并在研学过程中促进学科学习；利用学校内的课程产品整合旅行的主题活动，按照行前、行中、行后三个阶段探索研学旅行主题课程与校内同类课程的合理整合，将综合体验贯穿研学旅行的始终，做到研中有学、学中有研，学研结合，以取得寓教于学研的效果。

（三）开放实践性

研学旅行通常是学校组织规定年级的全部学生集体出行，足够的开放性让每一个学生都享有参与研学旅行课程的机会。同时，以学生为主体的研学旅行课程打破了学校课堂教学单一讲授的格局，开放的研学旅行资源有利于学生发散思维，当学生面对真实的场景时，能与开放的社会现实问题互动，利用独立思考的能力探究出答案。

研学旅行课程作为一种综合实践产品，特别需要注重实践性。实践性是研学旅行课程的主旨，学生在研学旅行实践过程中学到了什么，什么样的课程内容可以加强对学生研学旅行课程的过程性引导，需要每一位研学指导师深度思考。研学旅行课程的开放性也体现在参与指导的人员和研学旅行手册方面。研学旅行指导人员不仅包括研学指导师、导游、讲解员、科研专业人员，还可以邀请学生家长作为志愿者共同参与课程的设计与实施。研学旅行手册应由研学师生共同设计完成，研学指导师依照研学旅行手册对学生的研学旅行过程进行任务指导，让学生带着明确目标和任务进行活动；学生在完成既定研学任务后，可以自由体验及反思。所以，研学旅行手册应尽可能少出现选择、填空和问答题等封闭式的学科题目，最佳的研学旅行手册的内容为主题探索式，通过对过程的实践、思考和结论的分享来促进学生研学成果的物化及反思。

（四）寓教于乐性

研学旅行课程要对学生进行社会主义核心价值观的培养，在注重知识性、科学性的同时，也要注重过程中的趣味性。人文素养的培育离不开兴趣的引导，通过研学旅行，学生不仅要收获知识，还要提高个人素养，进行自我完善，提升生活品位、审美情趣和创新意识。设计研学旅行课程的内容时，要让参与活动的主体——学生加入进来，从他们喜好的角度和思维出发，避免以成人视角造成中小学生在研学旅行课程中的无趣、无感、无获。

在设计研学旅行课程时，有一些随着学生年龄增长而不断深化的课程可以固化，如行前物资准备、文献检索产品、安全意识培养产品，以及一些动手体验课程、军事拓展课程等，应积极引导学生主动参与，以培养学生的实践能力与创新思维。在保证安全的前提下，应给予学生充分的研学时间与空间，注重发挥学生小组或班级的作用。例如，有些目的地可能会涉及多种研学课程的主题内容，如名山大川类的研学旅行基地，在对话自然、历史、地理的同时，可以设定全员徒步登顶这

微课1-4

研学旅行课程分类

样的班级终极目标，作为研学旅行体能极限挑战项目，并制定统一的规则让学生自我监督，充分尊重学生在研学旅行过程中的主体地位，激发其自主参与的积极性，以实现寓教于乐的目标。

步骤二：梳理研学旅行课程类别

教育部等11部门下发的《关于推进中小学生研学旅行的意见》提出，“各基地要将研学旅行作为理想信念教育、爱国主义教育、革命传统教育、国情教育的重要载体，突出祖国大好风光、民族悠久历史、优良革命传统和现代化建设成就，根据小学、初中、高中不同学段的研学旅行目标，有针对性地开发自然类、历史类、地理类、科技类、人文类、体验类等多种类型的活动课程”。

行业标准《研学旅行服务规范》按资源类型将研学旅行课程分为知识科普型、自然观赏型、体验考察型、励志拓展型、文化康乐型。研学旅行课程的分类目前没有权威和固定的标准，只要遵循一定的逻辑即可。为便于对研学旅行课程的理解和设计，下面依照资源单位属性、课程开发主体对课程类别进行梳理。

（一）按资源单位属性划分

1.优秀传统文化课程

传统文化课程也被泛称为古色研学课程，在进行课程设计时，要充分利用文物保护单位、博物馆、佛道场所、优秀传统文化教育基地等的资源优势及资源特色。其产品能引导学生传承中华优秀传统文化的核心思想、中华传统美德、中华人文精神，有助于学生坚定文化自觉和文化自信。

上述研学课程以传统文化与现代社会的碰撞和互动为过程，以文化的相互融合为结果导向，通过艺术化、互动性等方式对研学旅行基地的文化内涵进行课程体验化打造，引导中小学生在秉承优秀文化传统、纠正不良习惯的同时，树立正确的世界观、人生观和价值观，通过中华传统美德理想信念教育、传统文化实践体验教育、名人榜样示范教育，提高中小学生自我教育、自我管理的能力，树立远大的人生目标。

2.革命传统教育课程

革命传统教育课程也被称为红色研学课程，这类课程主要依托爱国主义教育基地、革命历史类纪念设施遗址等资源单位开展，其产品能正向引导学生了解革命历史，增长革命斗争知识，学习革命斗争精神，培育时代新人。

在这类研学旅行课程中，体验先于学识，其形式也有很多，如红色研学事迹报告，爱国主义教育基地场馆参访、座谈，拜访革命老人，军事化拓展体验，看革命历史题材的电影、戏剧，开展剧评、影评活动等。无论采取哪种形式，都要注意从中小学生的实际学段出发，讲求实效、高效。比如，南京是一座红色之城、英雄之城，拥有165处红色文化资源点。南京的“寻访红色足迹，做新时代追梦人”产品充分利用红色家底，相继开发了一系列互动性强、参与性广的红色研学主题线路，如在雨花台举办“英烈精神我传扬，争做红领巾讲解员”研学培训班，以青少年的独特视角在雨花台为参观者讲述雨花英烈故事。如“守护雨花台”亲子定向解密探险活动，是一项由专业探险家指导设计的，以培养孩子们的爱国主义精神为核心的剧情式亲子活动。南京市博物馆举办的“喜迎二十大，永远跟党走”红领巾寻访红色文物主题活动，以及梅园新村纪念馆举办的“红领巾红色印记寻访活动”，让青少年在参观学习中传承红色基因，争做新时代追梦人。不同年龄段的学生参与合适的活动，追思革命先辈艰苦的战斗岁月，实景感受红色革命文化，心灵会受到强烈的触动和震撼，能深刻体会革命先辈们那种艰苦奋斗、无私奉献、信仰坚定的崇高精神。

3. 乡土文化教育课程

乡土乡情教育是国情认知研学旅行课程的体现，可以展现基本国情和改革开放成就的美丽乡村、特色小镇、大型知名企业、大型公共设施、重大工程基地及当地的名人故居等资源单位为依托，开发增长学生阅历和职业规划的产品，引导学生了解家乡，认识基本国情，深刻领会中国特色社会主义建设成就，激发爱党、爱国、爱家乡之情，在感受家乡城市变迁的同时，制定崭新的人生规划。

如今，区域跨文化交流已经成为生活中不可缺少的一部分，培养中学生的跨文化意识、跨文化理解力及跨文化交际能力尤为重要。开展以文化考察为主的研学旅行活动是了解不同文化的最佳途径。在3～5天的研学旅行中，让学生了解他们平常接触较少的目的地城市及其人文特色，通过对当地各种文化、风土人情、饮食生活等的了解，提升文化理解力，认同中华民族丰富多彩的乡土乡情文化。

4. 科研院所教育课程

科研院所教育课程多被赋予“黑色科技研学课程”或者“知识科普研学课程”的称号，以国防教育基地、科技馆、科普教育基地、科技创新基地、高等学校、科研院所等单位为依托，引导学生学习科学知识，培养科学兴趣，掌握科学方法，树立国家安全观，增强科学精神和国防意识。

对于上述这类研学旅行基地，在统筹规划中应本着少而精的策略，以保证研学旅行课程的品质。在以科普拓宽学生知识领域的同时，增加他们获取知识的乐趣和渠道，让知识科普和科技运用与中小学生的日常生活、与自然或社会热点问题相关的科学知识相衔接，逐步培养他们从小热爱科学技术的兴趣和精神，增加科技后备力量。比如，北京大学地空学院国家重点实验室、清华大学材料学院国家重点实验室、中国科学院的多个研究所都针对中小学生开放，通过院所研学产品对学生科普知识的同时，让学生了解科研人员的日常和科学研究方法，感受科学精神，明白什么样的人才是祖国的脊梁，从而形成正确的价值观和职业观。

5. 自然生态教育课程

自然生态教育课程也称绿色研学课程，这类课程主要依托自然景区、示范性农业基地、生态保护区、野生动物保护基地等资源单位，能积极引导学生感受祖国大好河山，增强爱护自然、保护生态的意识。

研学旅行课程中最重要的课程资源就是自然环境，就像卢梭所说的那样，每个人都是由自然的教育、事物的教育、人为的教育三者培养起来的。其中，自然的教育“归于”自然，它不断地锻炼孩子，用各种各样的考验来磨砺他们的性情。学生在自然环境中得到历练，可以造就他们的强健体魄和坚强品质，陶冶情操。自然生态研学旅行课程包括户外教育探险、自然历史和古迹研学、动植物观察和情景观赏等形式。比如，全国关注森林活动组织委员会启动的“全国三亿青少年进森林研学教育活动”、山东省文旅厅挖掘的“黄河自然课堂”、北京植物园开展的自然实践课堂等，都以学生的自然保护意识培养为导向，逐步形成教育、旅行和自然保护三位一体的基于自然生态研学实践的课程模式。

（二）按课程开发主体划分

1.教育部门主导统一研发课程

中小学生研学旅行是由教育部门和学校有计划地组织安排，通过集体旅行、集中食宿方式开展的研究性学习和旅行体验相结合的校外教育活动。教育部门应依托研学旅行基地和营地，遵循公益性、教育性、实践性、规范性、安全性原则，根据该区域发展规划，指导区域重点研学实践基地深挖研学资源优势，进行统一规划，引领研学产品体系化、差异化开发。对相关研学项目、措施和服务功能配套提出特定要求，做到统筹区域资源，进行有重点、有层次的研学旅行课程系统研发。

案例分析 1-2

江西省教育行政部门统筹研学课程计划，明确各级教育行政部门要以基地为重要依托，积极推动资源共享和区域合作，精心打造一批示范性研学旅行精品线路，逐步形成布局合理、互联互通的江西省研学旅行网络。围绕“红色之旅”设计江西省特色研学旅行产品，充分利用江西省红色旅游资源，以“寻访红色足迹，传承红色基因”为主题开展研学旅行活动；围绕“绿色之旅”设计江西省研学旅行产品，充分利用江西省丰富的生态资源，培养中小学生的绿色生活理念和环境保护意识，打造“美丽中国”江西样板自然研学产品；围绕“古色之旅”设计研学旅行产品，充分利用江西省深厚的历史文化积淀，让学生学习优秀传统文化并加以弘扬。其要求各县（市、区）教育行政部门先期确定2～4条县域中小学生研学旅行精品线路，在此基础上，各设区市遴选确定3～5条市级中小学生研学旅行精品线路。江西省教育厅在官方网站上开设了“研学旅行”频道，在教育行政部门的督导下促进基地产品与学校师生间有效对接。

分析提示：教育部门可以通过政策引导和舆论宣传，推动形成研学旅行的良好氛围；通过系统规划和资源整合，推动建立研学旅行基地和营地体系；通过实地研发和专业指导，推动建立研学旅行课程资源体系；通过队伍建设和透明操作，推动研学旅行规范实施；通过试点推进和总结提升，推动建立研学旅行活动品牌。

2.学校主导自主研发课程

学校主导自主研发课程是目前比较常见的一种开发模式。不少教学理念先进的名校根据自身的校园文化、教学特色和雄厚的师资力量，利用研学旅行拓展教育空间，实现教育改革创新。很多学校由负责研学活动的德育校长或教务主任带领研学课程小组，根据学校的教科研目标以及学生的学段特点和学科需求，结合教学计划和教学内容，自主开发设计研学线路。

案例分析1-3

太仓市实验小学的研学旅行课程是学校主导自主研发的校本综合实践课程。

该校研学旅行的课程内容，根据区域地理位置及资源价值进行合理地设计与遴选。以学校为圆心、学生可以涉足的距离为半径，把研学旅行课程按区域分为“漫步校园——跨校一日体验”“探访娄东——家乡风土寻根”“美丽中国——开放主题产品”“走进世界——多元文化理解”四大板块，共16个主题。

板块一：“漫步校园——跨校一日体验”。其共设3门主题课程，主要针对中低年级学生开展。

1. 校园拾趣——结对乡镇学校，体验不同的校园环境和不同学校的特色文化。
2. 生态探秘——开发校园生态园，进行户外观察。
3. 跨校交友——结识异校小伙伴，进行住家体验，锻炼交往能力。

板块二：“探访娄东——家乡风土寻根”。其共设4门主题课程，主要针对中低年级学生开展。

1. 走近圣贤——了解娄东名人的生平事迹，热爱家乡，传承家乡文化。
2. 寻访老街——畅游古镇老街，了解相关历史文化典故，感受江南古镇的文化底蕴。
3. 亲近园林——游览江南园林，知道其来历，培养对建筑、园林的审美情趣。
4. 走进新农村——了解周边农村的发展变化，体验农民的生活，感受种植的乐趣。

板块三：“美丽中国——开放主题产品”。其共设5门主题课程，主要针对中高年级学生开展。

1. 红色追踪——了解英雄的丰功伟绩，用红色精神滋养心灵，培养爱国主义情操。
2. 科技畅想——体验科技馆里的互动游戏，培养探究能力和思维能力。
3. 登高望远——攀登高山，锻炼身体，增长见识，培养坚不拔的意志品质。
4. 对话历史——游览历史名城，传承中华优秀传统文化，增强民族自豪感。
5. 动物世界——了解动物的特征和习性，热爱生命和自然，提升生态保护意识。

板块四：“走进世界——多元文化理解”。其共设4门主题课程，主要针对高年级学生开展。

1. 地标建筑——参观世界各国的地标建筑，进行中外建筑对比研究，加深对不同国家历史和文化的了解，提高建筑、艺术审美的意识和能力。
2. 特色美食——了解中西方饮食文化及礼仪规范，把握本民族的文化特征。
3. 人物印象——深入观察和了解身边的一个人物，学会不同国家待人接物的礼仪，学会国际合作与分享。
4. 物候特征——感受不同国家和地区的气候变化，提高环保意识，增强生存能力。

资料来源：孟初薇.研学旅行课程内容设置方法及其注意点［J］. 江苏教育研究，2018（35）：34-38.

分析提示：该校自主研发的研学旅行课程紧紧围绕学生的培养目标而展开，结合了学生的兴趣、学习动机、意志品质、认知能力和认知方式，考察了周边的环境和社会资源，体现了课程整合的综合性和学生参与的自主性，由点及面地拓展学生体验的范围，帮助学生不断突破认知边界，是集游、研、学于一体的综合学习方法。

3.企业主导合作研发课程

目前，由研学教育机构或旅行社主导、学校配合共同研发研学旅行课程的模式比较普遍。一般来说，这些具备课程开发能力的企业负责研学课程体系的构建，包括研学主题的确定、研学课程的定位、线路和基地的选择等。通常，在基本方案完成后，通过招投标等方式呈报给学校，学校再结合教育教学的具体要求，让企业进一步完善产品。在合作研发研学课程时，校方需要做到在整体认识上定位明确，凸显教育性和公益性，引导合作企业在产品研发过程中贯彻教育性原则，立足于学生全面发展，按照培养目标、办学特色、学段特点和课程计划开发层次分明而又衔接紧密的研学课程；同时，学校要营造公平公正、开放透明的招投标环境，探索建立研学旅行课程合作准入标准、退出机制和评价体系，引导参与合作的企业开展良性竞争，遵照一定的服务规范，选择证照齐全、合法经营、信誉良好的企业合作。企业主导合作研发课程，减少了学校的工作量，学校和企业分工明确，学校做好研学目标、研学方案的整体规划把关，旅游或教育企业根据学校的需求设计专业的研学课程，提供标准化研学服务。

案例分析1-4

北京中凯国际研学旅行股份有限公司专注于中小学生综合实践、研学旅行、国际游学业务，是国内领先的研学旅行课程服务机构。公司经过长期的实践与总结，创建了以“86433研学产品体系”、“365全视界课程新地图”以及“世界10大研学文化圈”为主导的完备的研学课程体系，满足了从幼儿园到高中阶段的全学龄素质教育需求，致力于用体验式教育培养每个孩子的社会实践能力。

一、86433研学产品体系

2016年，公司以《中国学生发展核心素养》为指导，自主研发了“86433研学产品体系”。其囊括了8大必读——中华文化、6大必看——花样民族、4大必学——华夏地理、3大必知——时代风尚和3大必谈——燕赵乡情，以满足中小学校校外教育综合诉求。

二、365全视界课程新地图

2018年，公司将国内研学课程体系再升级，推出了“365全视界课程新地图”，根据研学资源的分布区域及主题，研发了“中华文化寻根”系列主题项目，以树立青少年的文化自信心；通过“一带一路”主题活动，引导青少年树立为“中华民族伟大复兴”而读书的中国梦；通过“红色革命经典”系列主题活动，唤醒青少年的家国情怀；通过“科学考察”主题活动，培养青少年的观察分析能力，践行实践育人的教育理念。

三、"世界10大研学文化圈"国际研学课程体系

基于《中国学生发展核心素养》提出的"文化基础、自主发展、社会参与"三个领域，公司将"全球视野、文化品格、跨文化能力"定义为国际学生发展核心素养，并以"研当有法、学必有得"为宗旨，用丰富的形式、比较的视角、探究的精神，搭建了涵盖"世界文化（World Culture）、世界课堂（World Class）、世界舞台（World Stage）"3个领域的"世界10大研学文化圈"国际研学课程体系，旨在让学生理解和认同中华优秀传统文化的同时，能够放眼全球，具有跨文化交流、合作乃至公平竞争的基本态度、基本知识和基本能力，形成多元文化意识，培养具有中国心的世界人。

分析提示：中凯国际自成立之日起就致力于为中小学校提供社会大课堂和社会实践活动外包服务，一直是国内领先的研学旅行和定制游学专业教育机构。通过长期的实践与总结，其开创了一套完备的研学课程体系，满足了从幼儿园到高中阶段的全学龄素质教育需求。其一直践行"打造品质成长空间，用体验式教育启发每个孩子的社会实践能力"的企业使命。

4.馆校合作研发课程

在2017年和2018年教育部公布的581个全国中小学研学实践教育基地中，就有160个博物馆（含科技馆、科学中心、自然博物馆、陈列馆），还有61个纪念馆、11个科普中心、46个青少年活动中心（基地）、9个儿童活动中心，以及科研院所、文化景区、历史故居、科普基地中包含的各类场馆。博物馆在研学实践基地中的数量相对较多。丰富的场馆研学资源，将成为校馆合作研发课程的重要支撑。

博物馆作为中小学生社会教育最重要的场所，在国家对中小学研学旅行大力支持和鼓励的当下，给了博物馆与学校加强沟通、深入合作的新机遇。博物馆根据自身馆藏的特点，可以实物教学、情景代入、自主学习、动手体验等方式设计研学课程内容，使学生在现实中找到课本知识鲜活的例证，并且能进一步巩固和强化研学知识，以实现教学目的。通过博物馆独特的资源优势培养学生的核心素养，对学生进行情感教育、态度教育和价值观教育，进而对学校教育形成强有力的有益拓展和延伸。同时，学校老师参与博物馆相关研究，能让更多的学生爱上博物馆，在博物馆教育上形成一个良性循环，让更多的人投入到博物馆公共事业中来。

当前，北京自然博物馆、上海自然博物馆、重庆科技馆、辽宁科技馆等博物馆在馆校合作上的研学比较成功。以上海自然博物馆为例，在研学产品研发中，合作双方从满足学校对学生科学素养提升的要求、满足学生的知识需求、实现博物馆自身的教育功能与社会效益三位一体的角度出发，依托上海自然博物馆场馆，对接中小学课程，运用先进的教学理念，深挖教学内容、教学方法及研学实践产品的趣味，开阔创意产品设计思路。从研学实践产品主题和内容的选定开始，馆校双方就共同研究，自然博物馆的工作人员在产品开发前期对全馆资源实施清单式梳理，即对年度教育计划、展区讲解词、图文资源等内容悉数整理；合作学校的老师结合学校的课程内容和学生认知特点，基于自然博物馆场馆资源进行拓展和延伸，从而确

定活动方向并进行方案的初步设计。馆校双方反复磨合讨论，修改定稿，最终确定活动主题和内容。研学活动前期由学校老师在课堂上进行知识的引入，待学生走进场馆时交由场馆专门讲解员进行研学实践产品的具体讲解，回到学校后由学校教师指导进行进一步的总结和深化。

案例分析 1-5

表 1-4 为上海自然博物馆研学课程设计。

表 1-4 **上海自然博物馆研学课程设计**

活动主题	中国地域文化
活动介绍	将上海自然博物馆“人地之缘”展区作为活动地点，以小组形式开展高中地理“专题 27 中国地域文化”教学，学生根据学习任务单，完成解说“头帕的秘密”、绘制地图和小报制作等活动任务
活动地点	上海自然博物馆“人地之缘”展区
适用年级	高一
活动目标	知识与技能： （1）通过小报制作，学会搜集和阅读有关资料，分析不同地域的建筑、服饰、习俗、饮食等特点及地理背景。 （2）通过绘制中国地域文化区地图，了解中国地域文化区分布及其文化
	过程与方法： 在“人地之缘”展区，小组合作完成相应文化区的资料搜集和解说，培养学生的信息处理整合、表达和自主学习能力
	情感态度与价值观： 通过包头帕、知识竞猜等互动游戏，学生可亲身体验中华民族服饰的魅力，了解民族与自然环境的关系
学情分析	通过近一年高中地理课程的学习，学生了解了高中地理课程的学习方法，对高中地理有了较深的认识，具备了一定的地理课程自主学习能力。高中地理课程强调从实践中学习，结合上海自然博物馆资源，开展中国地域文化教学，可以激发学生的学习兴趣，锻炼学生的综合能力，提升其核心素养
活动材料	活动任务单、上海自然博物馆导览手册、彩笔、大纸张
资源利用方式	网络服务、学生自主探究、博物馆人员主导的场馆活动教学
课程资源分析	博物馆内有具体的导览手册，在“人地之缘”展区有中华文明区划图、中国主要气候带分布图、中国年降水量分布图、中国主要农作物分布图等地图，设有西域风情、滇云溢彩、藏地解密、水乡人家、驰骋草原、黄土淳风等部分，每个部分有影片、解控屏、展板、实物等资源介绍该文化区域。在上海自然博物馆网站上可获取该展区的虚拟导览和影片介绍，该展区还设有“头帕的秘密”教育板块

续表

活动主题	中国地域文化
活动准备	联系馆方： 至少提前一周与馆方联系，预约博物馆讲解导览服务和两场“头帕的秘密”教育活动
	课堂准备： (1) 结合学习主题简单介绍中国地域文化，激发学生的探究欲望。就场馆内未涉及的地域文化区——东北黑土、华北平原、四川盆地、华南妈祖等地域文化开展教学。 (2) 初步了解自然博物馆。通过网上虚拟导览和上海自然博物馆导览图介绍场馆基本情况和活动场馆情况。告知学生上海自然博物馆微信公众号，方便学生获取场馆资讯和各种信息；使用语音导览功能，深入了解展品，获取更多相关知识。 (3) 分组。分发任务单并分配任务，指派小组长负责各组的学习和与教师的沟通联络。 (4) 针对上海自然博物馆内的教学活动开展讲解。就博物馆内6组学生可利用的地理资源做介绍，让学生提前上网了解国内不同民族的头帕样式
活动过程	活动1：介绍中国地域文化。各小组设计解说稿，每组负责西域风情、滇云溢彩、藏地解密、水乡人家、驰骋草原、黄土淳风中的一个展区，通过观看区域影片介绍、展馆资源等，分析不同地域的建筑、服饰、习俗、饮食等特点及地理背景；每组有30分钟时间收集资料，并设计互动问题或相关活动。各组解说本组负责的中国地域文化区，博物馆专家点评和补充学生的不足
	活动2：博物馆“头帕的秘密”教育活动
	活动3：绘制小报。各组自由参观，绘制中国地域文化区地图，并针对每个区域制作有关建筑、服饰、习俗、饮食等特点及地理背景介绍的小报
	活动4：自由参观。学生可自行选择自己感兴趣的展区进行参观，以小组形式开展相关活动
活动总结与反思	(1) 结合各组的解说情况进行评价和评分，颁发金牌解说小组等奖项。 (2) 各组小报展示，评选前三组并给予一定的奖励。 (3) 结合入馆所见提出感兴趣的问题并加以解决。 (4) 交流参观感受，学生向老师提出意见或建议

资料来源：周雨婷.科技场馆地理课程资源开发与利用方案设计——以上海自然博物馆为例［C］. 面向新时代的馆校结合·科学教育——第十届馆校结合科学教育论坛论文集，2018.

分析提示：在研学产品研发中，合作双方能从提升学生的科学素养、满足学生对知识的渴求、实现博物馆本身教育功能与社会效益三位一体的视角出发，依托上海自然博物馆场馆，对接中小学课程标准，运用先进的教学理念，深挖教学内容、教学方法及研学实践产品的趣味，开阔创意产品设计思路。从研学实践产品主题和内容的选定开始，馆校双方就共同研究，自然博物馆的工作人员在产品研发前期对全馆资源实施清单式梳理，将包括年度教育计划、展区讲解词、图文资源等在内的内容悉数整理好；参与合作的学校的老师结合学校课程的内容和学生的认知特点，基于自然博物馆场馆资源进行拓展和延伸，从而确定活动方向并进行方案初步设计；馆校双方反复磨合讨论，修改定稿，最终确定活动主题和内容。研学活动前期由学校老师在课堂内进行知识的引导，待学生走进场馆时交由场馆专门讲解老师进行研学实践产品的具体讲解，回到学校后由学校教师指导进行研学实践产品的进一步总结和深化。

步骤三：掌握研学旅行课程开发原则

研学旅行课程开发的原则指对研学旅行课程所包含的事实、原理、情感、经验以及学习环境中非预期性的知识、态度、价值观等进行设计时所坚持的准则。

（一）整体化原则

研学旅行课程开发是一项系统工作，须遵循“整体论”中的方法论，以整体的思路，对所有产品的设计、实施、评价及其相关因素与条件进行整体构建，在时间、内容、总体目标、形式和方法上进行全面的规划，注重各种活动形式的有机结合，综合运用各种教学方法和手段。整体目标应当阶段化，使得目标更加明确并具有可操作性，以提升产品的整体价值，促进学校与学生的最佳发展。

（二）教育性原则

研学旅行课程开发必须把教育性原则放在首位，充分考虑课程目标和课程资源、课程活动环节选择的教育性。课程内容安排要遵循教育规律，实现“行有所研，研有所获”。

（三）个性化原则

研学旅行课程开发要充分考虑参与学生的知识基础、兴趣爱好等实际情况，为不同类型的学生设计不同的学习方法，充分尊重学生的主体地位。

（四）安全性原则

安全性是研学旅行课程开发的重要考虑因素。研学旅行作为校外活动，其范围广，开放性强，中小学生的安全意识薄弱，集体出行管理难度大，诸多不可控因素使研学旅行活动的开展难免存在安全隐患，如走散、摔伤、拥挤、踩踏等安全事故。因此，研学旅行课程开发必须充分考虑安全因素，选择安全的目的地，设计安全性高的研学旅行课程，制定切实可行的安全措施及必要的应急预案，确保研学旅行全过程每个环节的安全性。

（五）融合性原则

研学旅行课程的内容本身超越了学科边界，融多种学科于一体，这决定了其课程目标制定、资源开发与选择、研学内容和活动环节设置需注重融合性。应针对不同学段目标，有针对性地开发自然类、历史类、地理类、科技类、人文类、体验类等多种类型的研学课程体系。在进行研学课程开发时，应充分调动学校周边资源进行有效整合，不仅要注重校内和校外资源的整合、多学科和跨学科的融合、学科产品和实践活动的结合，还要注重课程内容选择的多样性和丰富性，以充分发挥研学旅行课程实践育人的功能。

（六）体验性原则

研学旅行课程改变了传统的教学模式，以学生活动、动手操作、共同讨论、合作探究为主要形式。首先是空间上的实践性。通过自然环境、社会生活、工业生产等元素营造的空间情境，因地制宜，让学生在实际情境中感受、认知和探究，从而亲近自然、了解社会、认知自我。其次是内容上的实践性。根据不同学段的研学课程目标，有针对性地设计自然、历史、科技、人文等各类体验项目，让学生身体力行地参与实践，在实践中去感受、感悟和探究。

（七）生活性原则

研学旅行课程是课堂教学和生活教育相衔接的综合性产品。在进行研学旅行课程开发之前，要结合中小学生的身心特征、兴趣爱好和课堂知识基础等，根据中小学不同学段的教育目标，系统设计研学旅行课程目标；引导学生通过观察走向生活、感受生活，激发学生对生活的兴趣，在生活中开阔眼界，增长生活知识，丰富生活经验。通过思考和探究，将研学体验融合到各门科目的知识中，加强相关科目之间的联系和渗透，促进书本知识和生活经验的深度融合。

任务评价

通过实施以上步骤，是否达成了该项任务目标呢？请对完成任务的情况作出评价（见表1-5）。

表1-5 本任务评价参考表

实施步骤	完成情况			
	优	良	中	差
明确研学旅行课程属性				
梳理研学旅行课程类别				
掌握研学旅行课程开发原则				

随堂练习

一、单项选择题

1.研学旅行课程从性质上看属于活动产品，与学科产品相比，偏重动态，主要借助（　　）来完成。

A.课程　　　　B.教科书

C.理论　　　　D.实践

2.研学旅行课程要注重对学生进行（　　）的培养，在注重知识性、科学性的同时，也要注重过程中的趣味性。

A.爱国主义　　　　B.社会主义核心价值观

C.学科内容　　D.创新能力

3.优秀传统文化课程能引导学生传承中华优秀传统文化的核心思想理念、中华传统美德、中华人文精神，有助于学生坚定文化自觉和（　　）。

A.爱国热情　　B.文化自信

C.社会主义核心价值观　　D.奋斗精神

4.依照（　　），研学旅行可以划分为教育部门主导统一研发课程、学校主导自主研发课程、企业主导合作研发课程、馆校合作研发课程。

A.资源单位属性　　B.研学资源类型

C.研学旅行参与主体　　D.研学旅行课程开发主体

5.研学旅行课程开发必须把（　　）放在首位，充分考虑课程目标和课程资源、课程活动环节选择的教育性。

A.整体化原则　　B.教育性原则

C.个性化原则　　D.体验性原则

二、多项选择题

1.研学旅行课程的指导思想是以立德树人、培养人才为根本目的，要解决的根本问题有（　　）。

A.培养什么人　　B.培养哪些人　　C.怎样培养人

D.在哪培养人　　E.为谁培养人

2.研学旅行课程的基本理论可以综合（　　）共同构建。

A.陶行知的生活教育理论　　B.泰勒的现代课程理论

C.多尔的后现代课程理论　　D.苏霍姆林斯基的全面和谐教育理论

E.马斯洛的需求层次理论

3.泰勒的现代课程理论作为西方课程理论的主导范式，揭示了课程编制的四个阶段，即（　　），这是现代课程理论最有影响力的理论构架，对我国课程理论研究和实践工作具有重要的借鉴意义。

A.确定目标　　B.选择经验　　C.组织经验

D.评价结果　　E.及时反馈

4.多尔的后现代课程理论具有（　　）的特点，顺应了人本化、个性化时代的特点和需求，是对泰勒现代课程理论的一种发展和补充，也是研学旅行课程个性化、人本化的重要理论依据。

A.生成性　　B.开放性　　C.对话性

D.选择性　　E.互动性

5.研学旅行课程整合了教育教学的内容和方式，鼓励学生综合运用各学科知识和方法思考、认知和解决问题，要求学生综合考虑（　　）的关系。

A.与自然　　B.与他人　　C.与社会

D.与国家　　E.与自我

三、判断题

1.研学旅行课程作为一门实践活动课程，必须把课程理论作为其最基础的理论

依据。（　　）

2.在研学旅行课程开发过程中，应将课堂教学内容引申应用到研学旅行实践过程中，实现课内与课外的贯通。（　　）

3.研学旅行课程开发的原则指对研学旅行课程所包含的事实、原理、情感、经验以及学习环境中预期性的知识、态度、价值观等方面进行设计所坚持的准则。（　　）

案例共享

中学地理课程与研学旅行资源最佳整合，发挥研学旅行最大价值！

地理学以其区域性和综合性的学科特征，充分发挥了在研学旅行方面的优势。在研学旅行中，研学是目的，旅行是手段，基地是依托。为了避免研学旅行出现“知行不一”“有旅无研”等问题，学校等相关部门需要依据课程选择有学科特色的研学基地。地理学科是一门兼顾自然和人文的综合性学科，内容涉猎广泛，基地选择面广。笔者依据高中地理课程的实践要求将课程基地归为五类：

一是场馆类实践基地，如地质博物馆、科技馆、天文台、规划馆等。此类基地专业化程度高，适合高一自然地理和高二人文地理专题研学，实践难度小。

二是技能培训营地，如户外拓展训练基地、军队夏令营基地等。此类基地适合野外生存（气象常识、生物识别、医疗急救）和体能训练，可作为高一入学前的前期培训基地。

三是自然综合实践基地，如世界自然文化遗产、国家地质公园、国家森林公园等。此类基地最适合高一年级自然地理综合考察，实践难度大。

四是人文专题实践基地，如特色小镇、工业园区、生态农场等。此类基地适合高二年级人文地理专题研究。

五是区域综合实践基地，在不同尺度的区域内综合考察人地关系。此类基地适合高三年级综合实践。

鉴于地理学科实践基地的类型众多，囊括的课程资源非常丰富，而且实践基地开发的广度和深度将直接影响研学旅行的价值，笔者根据每类研学旅行基地的特点，设计了以下基地课程资源的整合开发方案：

1.与旅行社合作寻找优质资源

在互联网+旅游的背景下，旅行社多年深耕的各级各类风景区成为研学旅行的优质资源。教育部门应与旅游部门联合，将旅游产品课程化、书本学习游戏化，开发有创意的高品质研学旅行课程。以镇江地区为例：茅山风景区是国家5A级景区。这里植被茂盛，是典型的亚热带山地植被，低山丘陵和岩溶地貌发育，山中有迎客泉，游客鼓掌则泉水汩汩上涌。此外，这里还是道教文化发源地和新四军革命纪念地，基础设施完善，周围配套设施齐全，可以开发为自然地理研学旅行基地。结合高中地理课程，可以设计的研学项目有：定向徒步穿越（地图使用）；亚热带植被标本收集与介绍（植被特征与气候关系）；土壤样本收集与实验分析（认识土壤）；典型地貌摄影作品展（地貌认知）；迎客泉的秘密探知（水循环与地下水的形成）；

影响旅游资源开发的因素探究等。

2.与企业合作形成专题研修园

企业作为经济部门的同时也担负着社会责任，欧美日很多著名跨国企业（如瑞士钟表行业、日本的休闲农业）都设计了专供游客参观的生产流水线，参观不但能让游客了解产品的生产过程和企业文化，也成为企业重要的利润增长点。

政府可以出台政策，鼓励工业园区与教育部门联合开发工业主题的研学旅行基地。以镇江地区为例：大港化工园区集中了金东纸业、奇美化工等一大批外资化工企业，可以通过开展参观园区和访谈管理者活动，让学生了解工业的区位选择原理和工业集聚的原因；通过参观流水线，探索不同生产要素在生产中所起的作用；通过操作环节展示，让学生感受劳动与创作。在乡村振兴战略下，我国农业正处在转型升级期，继观光农业、生态农业、休闲农业后又兴起了文创农业，教育部门可以与乡村一起打造农业主题研学旅行基地。例如，位于镇江丹徒新城西郊的长山农业生态园是现代农业和乡村旅游相结合的体验考察型农庄。研学旅行可以通过设计农事体验项目，让学生了解农业生产过程；设计采摘、钓鱼等娱乐活动项目，让学生感受农业与第三产业融合；设计访谈项目，印证影响区位选择的因素；设计观察项目，让学生了解农业布局和生态农业发展模式。

3.与军体部门合作建设技能营

研学旅行（尤其是自然地理综合考察）需要充沛的体能和一定的野外生存技能（安全保障），教育部门可以与体育院校或驻地部队联合建设野外生存技能拓展营地，对学生进行前期培训。以镇江地区为例：世业洲青少年综合实践基地内有户外拓展训练基地、青少年航空飞行营地、镇江“三怪”文化体验馆等场馆。将这里选作学校的军训基地，由部队负责，通过体能训练和野外生存技能培训等项目增强学生的体质和自理能力、生存能力，培养自律习惯和拼搏、团结精神，为研学旅行做好体能及精神准备。

4.与场馆合作开发虚拟基地

我国拥有丰富的场馆，但分布极不均衡，大城市资源集中，乡村几乎没有。许多场馆拥有丰富的优质教育资源，但受场地限制，资源利用效率非常低。目前，全国大多数场馆都在进行资源的数字化配置，通过增强现实技术（AR）或虚拟现实技术（VR），利用这些数字资源构建沉浸式学习场景，可以突破时空和经济限制，为边远乡村提供优质教育资源，部分实现研学旅行功能。

小结

随着教育教学改革和综合实践活动的深入，研学旅行课程的系统化研究也将逐步成形，研学活动必然会引起教育主管部门和学校的高度重视。重视学科研学基地课程资源的整合，并依据课程要求和研学主题为学生选择合适的基地、设计与主题吻合的活动内容、规划科学的线路等，是保证研学旅行活动有效开展的前提。

资料来源：研学头条.中学地理课程与研学旅行资源最佳整合，发挥研学旅行最大价值！

[EB/OL]. [2022-08-15]. https://zhuanlan.zhihu.com/p/91620730.

请思考：研学旅行对中学生地理核心素养构建的意义有哪些？

分析提示

思而行远

让研学游更好地贴合传统文化

近年来，研究性学习和旅行体验相结合的研学旅行成为一种趋势。每到暑期，中国各大高校、博物馆、科技馆里，随处可见浩浩荡荡的“研学大军”，那些加入传统文化元素的研学游，更成为当下的热门之选，受到许多家长和孩子的青睐。

“研学游”变成“研学热”，其背后的原因是多方面的：既有国民生活水平的提高，又有家长望子成龙的心理，同时也与学校对素质教育的重视、学生对摄取知识的渴望有关。

从活动的导向来看，研学游是值得鼓励的。它以天地为课堂，以社会为学校，以历史文化和自然风光为老师，通过调动眼耳口鼻多种感官，让学生们走出闭门读书的窠臼，使“行万里路”与“读万卷书”得以完美结合，在研学中开阔眼界、增广见闻，更好地感知这个世界的过去和未来、文化的传承与发展。但是，也有一些旅游公司和培训机构“唯利是图”，让很多研学旅行变了味道，出现了重游轻学、只游不学、游而乱学的现象。

研学指的是探究性和研究性学习。可见，学习是研学的根本，而“游”只是一种形式，是寓教于乐的载体。这提醒我们，在研学游推进的过程中一定要避免本末倒置，不可让研学流于形式，更不可让它误入歧途。我国的传统文化博大精深，其精髓绝非道听途说就能轻易领悟。与之相应，学生在研学过程中需要专业的讲解和引导，如果打着研学旗号，给予的却是“半吊子”式的讲解，灌输的是些错误的知识，那这样的研学之旅不仅毫无意义，还会起到反作用。

想要让研学游保持旺盛的生命力，让更多的人参与其中，需要丰富它的形式，更要充实它的内容。惟其如此，才能激活人内心的向往，吸引更多人参与。针对部分机构和个人相关知识的匮乏，作为活动基地的博物馆、美术馆等场所可组织开展专门的培训，先让研学的组织者和讲解员知其然且知其所以然，从而避免知识、信息的传递陷入错误的恶性循环。当然，场馆本身亦可通过免费的馆内展陈、团队讲解、智能导览，拓宽学生获取知识的渠道，并通过预订活动档期、追责非法研学，疏堵结合，给参观学习的学生更好的研学体验。

对青少年来说，最好的老师莫过于兴趣。想要激发孩子们对传统文化的兴趣，就要增强研学过程中学生的参与度与体验感，针对孩子的年龄特点定制不同的课程。比如，对传统技艺进行场景重现，让学生看完瓷器制作、古法造纸后动手加以实践，从而更好地感悟匠心传承，体会传统文化的魅力。一言以蔽之，就是通过形式多样、创意十足的内容，循循善诱、讲演结合的方式，让孩子们在游中学、在学中研，在实践中感受学习的乐趣，提升研学与传统文化的贴合度。

同时，活动的开展需要兼顾研学的公益属性。当下，一些机构和个人组织的研学活动动辄几千、数万元的花费，对很多家庭来说都是不小的负担。从某种角度来说，虚高的价格已经背离了研学旅行纳入中小学教育教学计划的初衷。“走出去”不一定非得走出国门，“请进来”也不一定非得请专家教授，关键在于培养孩子学习的积极性，让他们研有所得，学有所获。唯有规范市场秩序，导正研学的公益属性，让更多学生能够参与其中，让更多免费开放的公共资源能够为研学服务，传统文化才能借助研学这座桥梁，抵达更多人的身边，走进更多人的心里。

资料来源：潘玉毅.让研学游更好地贴合传统文化［N］.人民日报（海外版），2020-08-31.

任务拓展

材料 1

参观中国人民解放军海军博物馆，前往国家海洋局海洋环境监测中心站了解大气监测和水文监测情况，学系帆船绳结、与大海亲密接触；跟随古脊椎动物专家的步伐，参观遗址博物馆，寻找恐龙和恐龙蛋化石，学习科学采集和修理化石；深入国外大学校园，感受中西教育异同……近几年来，自然观赏型、知识科普型、体验考察型、文化康乐型、励志拓展型等各种各样的研学旅行活动，在我国许多城市的中小学广泛开展。

我国的研学旅行最早可追溯到春秋战国时期的“游学”，那时多指士人学子远游异地，从师学习，以所学游说诸侯，求取官职。两汉承继战国游学之风，学子们远行访师问道，既求闻达也求仕途。唐代旅行学习之风日盛，众多士子走出书斋，多作郊游、远行、交友、边塞之旅。及至宋代和明清，书院盛行，学子们穿行于不同学院的不同学派之中，广采博收，士人旅行制度化，“读万卷书，行万里路”的主流意识逐渐形成。

20世纪30年代，著名教育家陶行知先生组织“新安旅行团”作长途修学旅行，开创了现代我国修学旅行的先河。受外来的修学旅游理念影响，从20世纪90年代开始，一些教育理念较开放的学校开始组织学生修学旅游、出境游学。

2013年，国务院办公厅发布《国民旅游休闲纲要（2013—2020年）》，首次提出“研学旅行”的概念，随后在河北省、上海市等省市试点推行研学旅行。2016年，国家旅游局发布《研学旅行服务规范》，从服务提供方、人员配置、研学产品、研学基地、安全管理等各个环节规范研学旅行服务流程，让研学旅行开始有规可依。此后，教育部发布的《中小学综合实践活动课程指导纲要》《中小学德育工作指南》等一系列文件，为研学旅行的规范化发展、标准化建设、品质化推广提供了有力的政策支持。

2016年12月，教育部等11部门联合发布《关于推进中小学生研学旅行的意见》（以下简称《意见》）。《意见》指出：“中小学生研学旅行是由教育部门和学校有计划地组织安排，通过集体旅行、集中食宿方式开展的研究性学习和旅行体验相结合的校外教育活动，是学校教育和校外教育衔接的创新形式，是教育教学的重要内容，是综合实践育人的有效途径。”《意见》明确要求各中小学要结合当地实际，把研学旅行纳入学校教育教学计划，与综合实践活动课程统筹考虑，促进研学旅行和学校课程有机融合。学校根据学段特点和地域特色，逐步建立小学阶段以乡土乡情为主、初中阶段以县情市情为主、高中阶段以省情国情为主的研学旅行活动课程体系；规定研学旅行不得开展以营利为目的的经营性创收。自此，研学旅行在全国中小学全面推行，各省市也纷纷出台配套文件及细则。比如，2019年1月17日，成都市教育局、成都市发展和改革委员会、共青团成都市委等11个部门联合发布了《成都市教育局等11部门关于推进中小学生研学旅行的指导意见》。

材料2

2018年12月，S市河西小学开展了题为“寻找儒家文化之根，做骄傲中国人”的主题研学活动，大约300名五年级学生在学校老师的带领下，走进孔子故里，感悟儒家文化。此次研学活动是学校为培养学生的综合实践能力和创新能力而设计的“博究六艺”研学课程的一部分。以下是研学活动方案的部分内容。

课程目标：通过参观曲阜六艺城，了解孔子“六艺”（礼、乐、射、御、书、数）；通过实地考察、现场体验、访谈等方式，获得语文、数学、科学等学科的相关知识；利用研讨交流、走访等学习方式，培养学生发现问题、分析问题、解决问题的能力；设计丰富的研学活动，培养学生探究合作、安全自护、健康环保、文明公德等意识和能力。

课程内容：参与古代婚俗表演等活动，让学生深入了解“礼”在民俗文化中的重要位置，引导学生接受礼仪教育，做崇德向善的有礼好少年；观看《箫韶乐舞》及民间器乐演奏节目，了解儒家文化；举行射箭比赛，了解孔子《矍相圃》观乡人射箭的原因；试乘古代马车，“穿越”到春秋末期，跟随孔子师徒周游列国；邀请当地知名书法家现场教学，带领学生学习书法知识，练习书法；参与解谜、解题等相关活动，学习体会古代数学的奥妙。此外，学习孔子“八德”思想和名人名家的家风家训。

课程保障：整合校外资源，通过公开招标的方式优化课程实施；通过“致家长的一封信”告知家长研学旅行的时间安排、出行线路等信息，签订自愿报名参加研学课程协议；对学生进行安全教育，确定安全应急预案、安全保障措施；加强对承办旅行社服务承诺落实的监督。

实施过程：下发研学手册，学生按照要求完成研学前期的知识储备及研学过程中的活动准备工作；以小组为单位探究合作，制定本小组组规；研学途中，学生身穿汉服，在教师的引领下诵读《论语》；开展孔子及儒家思想相关知识竞答活动；实地参观曲阜六艺城，体验“六艺”；开展“儒家文化大讲堂”活动，采用故事讲述、现场交流等方式，让学生感受儒家文化；研学归来，完成研学手册，各班召开主题交流会，畅谈研学感受。

课程评价：活动结束后，个人、班级、学校对活动进行全面总结，并写出总结报告。从课程目标的达成情况、课程实施过程（遵守时间、爱护环境、就餐礼仪、安全纪律、同伴关系）等方面对学生进行评价。评选出优秀研学手册、优秀小组和优秀个人，通过班会、学校微信平台、专题展览等形式进行展示。

材料3

结对帮扶、下乡送课、亲近乡土、农耕体验……海东小学五（1）班50名学生在8位老师的带领下，参加了为期4天的“走进新农村·亲近乡土文化·体验农耕生活”主题研学旅行活动。

师生们来到学校结对帮扶的石巷镇中心小学，赠送了一批文具和运动器材。在随后的几天里，两校学生一同上课、升旗、朗诵、跳舞、玩游戏，在零距离接触和玩耍中建立起友谊的桥梁。

上课之余，海东小学的学生们还随当地村民一起下地干农活——锄地种花生、下水田种莲藕、插秧。在村民们的指导下，孩子们有模有样地学起了种藕和插秧。满头大汗的小谢同学说：“插秧真的挺不容易的，农民伯伯种粮食很辛苦，我现在才明白‘谁知盘中餐，粒粒皆辛苦’的意思，以后一定会珍惜粮食的。”

研学旅行中，学生们都借宿在石巷镇中心小学的学生宿舍里。在30平方米左右的大通铺上，每个宿舍都是20多名学生“同床共枕”，大家共用一个厕所和一间浴室。这些经历都让同学们切身感受到山区小伙伴们生活、学习条件的艰苦，他们纷纷表示要珍惜自己的幸福生活，努力学习，将来帮助山区小朋友改善环境。在整个研学过程中，学生们不仅亲近了乡土自然，体验了传统农耕方式，感受了农民劳作的辛苦和快乐，更学会了观察与思考，学会了做人与做事，收获了科学知识和生活技能。

材料4

“走进古都长安，我就好像走进了一段深刻的历史中。了解了古代工匠制作兵马俑的详尽细节，又看到了现代考古人员对待修复工作的专注认真，我对历史又多了一份敬畏之情，在旅行中这种带着学习任务、探究式的学习方式给了我更多的启示。”

“西工大的航天研究真是令人叹为观止。自己亲手制作航模的过程更是令人回味——只有在一件事上专心致志地付出，才能成功；只有在一个方面用多元知识解决问题，才能有所突破。”

“这次旅行，让我感触最深的是集体游戏时一位组长替组员受罚，即使双手颤抖也坚持做完100多个俯卧撑，这让我知道何为‘责任’，何为‘团队合作’。”

这是D市实验中学几位初二同学在参加完“梦回唐朝·走近西安”研学旅行后写下的心得。

在5天的研学活动中，学生们先后参观了陕西历史博物馆、大雁塔、华清宫、陕西科学技术馆等文化景点，参与了快乐作文赛、制作陶俑、丛林探险、模拟红军护送伤员翻越夹金山、穿越天网等一系列丰富有趣的拓展体验活动。一路走来，学生们或沉醉于历史博物馆的文化底蕴，或感慨历史的兴衰荣辱，或沉浸于秦风唐韵等古文化的博大精深，或惊艳于科技馆的光华璀璨，赏美景、吃美食、观历史、品文化、学写作，紧张而充实。

校教务处丁主任介绍说，学校把研学旅行纳入了学生的课程体系中，研学的内容本身就是课程的一部分，注重在生活中教育、在自然中教育，做到知行合一。此次研学旅行活动由多个不同学科的老师共同设计，也充分听取了学生家长们的意见，根据西安的城市特点，融入了语文、历史、英语、科学等多个学科的内容。除此之外，还加入了校外实践、拓展课程的部分内容。

学生家长李女士作为家长代表全程参与了此次研学旅行。在她看来，这次活动真是让她大开眼界。“之前我也带过孩子来西安旅游，也参加过旅行社组织的游学项目，但和学校组织的研学旅行的性质完全不同，孩子们在旅行中主动学习，掌握了很多书本以外的知识，也提高了生活自理能力。”

资料来源：2019年公务员多省联考《申论》真题。

问题：根据以上给定的4个材料，概括目前我国中小学开展研学旅行活动的特点。

要求：全面、准确、有条理，不超过200字。

模块二 开发研学旅行课程

在精品的研学旅行中，历史知识不再是历史书上沉闷的文字，而是变为博物馆里各种刻有历史印记的遗物、带着斑驳印记的历史古迹，透过它们，更能让孩子了解真实的历史。想要了解各地风情，那就去品尝各个地域的美食；去看各具特色的建筑；参观不同的宗教现场，了解不同的信仰；听不同的方言；感受不同的气候，这些体验更能让孩子深入了解当地文化。

任务一　调研研学需求

任务概述

研学旅行课程源于教育的需求，因此在进行研学旅行课程开发时，首先需要对将要开展的研学活动进行不同维度的、详尽的需求调查和分析工作，以此解释研学课程中“是什么”“为什么”“怎么做”的问题。这是后期研学方案落地的基础和关键，也是衡量研学课程方案合格与否的先决条件。

素质目标

1. 培养科学调研和实事求是的态度。
2. 提高服务意识。
3. 增强职业认同感。

知识目标

1. 掌握研学需求调研的概念。
2. 了解研学需求调研的特征。
3. 理解研学需求调研的意义。
4. 明确分析调研结果的目标。

能力目标

1. 能够独立设计研学需求调研表。
2. 能够组织开展研学需求调研工作。
3. 能够对研学需求调研结果进行科学分析。
4. 能够指导工作人员根据实际情况开展研学需求调研及研学需求调研结果分析。

理论知识

一、认识研学需求调研

（一）研学需求的概念

微课2-1

研学需求调研

研学需求源于教育需求。教育需求，就社会而言，指在一定时期内国民经济各部门以及社会各方面对各类专门人才和受过一定教育的劳动者的数量、质量和结构等方面的要求。就个人和家庭而言，指个人和家庭为满足某种精神和物质需要，对接受各级各类教育的要求。

研学需求是教育需求的重要组成部分。研学需求，又称研学课程需求或研学旅行需求，是指为了广大中小学生在与平常不同的生活中拓展视野、丰富知识，加深与自然和文化的亲近感，增加对集体生活方式和社会公共道德的体验，而产生的对研学课程或研学旅行这种校外教育活动的实际需求。

（二）研学需求调研的概念

研学需求调研，是指在设计研学课程或组织研学旅行之前，通过科学设计，运用特定的方法和手段，收集调研对象或调研地区关于研学需求的信息资料，并对其作出描述和解释的一种自觉的认识活动和过程。

（三）研学需求调研的特征

研学需求调研属于社会调查范畴，除了满足普通社会调查所具备的社会性、针对性、真实性以及典型性等特征之外，还具有其独特性。

1.调研对象相对聚焦

研学旅行产品主要用于服务中小学校及中小学生，因此，研学需求的调研对象主要聚焦于组织开展研学旅行课程的主管领导、相关教师以及参与研学旅行课程的广大学生，体现出调研对象的聚焦性。

2.调研内容多样

研学需求调研的内容主要包括调研单位和调研对象的基本信息、课程需求、接待标准、以往案例等，体现出研学需求调研内容的多样性。

3.调研范围广

研学需求调研不管采用何种调研方式，往往在整个地区（县、市、省）、整个部门的范围内进行，有时还做跨地区、跨部门的调研。

二、研学需求调研的功能与意义

（一）研学需求调研的功能

研学需求调研作为一种自觉的认识和实践活动，具有多方面的功能。

1.描述功能

研学需求调研是正确了解研学需求的基本途径。了解和描述研学需求，是人们寻找研学资源，开发研学旅行产品，设计研学课程的基础。研学旅行产品开发的途径有很多，主要有参加研学实践、学习书本知识、进行研学需求调研等。但是，只有通过研学需求调研，人们才可以突破自身实践经验的局限性和书本知识的滞后性，科学地获得真实、动态、有效的研学需求，使我们对研学旅行产品的设计更符合客观需求。

2.解释功能

研学需求调研是掌握研学需求机理的基本方法。如果说研学需求调研这种描述状况的作用可以理解成研学需求“是什么”或“怎么样”这类问题的话，那么，研学需求调研的另一个作用——解释研学需求产生的原因或动机，就可以理解成回答研学需求“为什么会产生”或“为什么是这样”这样的问题。显然，这一作用比起单纯地描述状况要更为深入一些。它使得研学需求调研能够被用来探讨不同研学需求现象之间的关系，探讨这些现象发生的原因。

3.预测功能

研学需求调研是预测研学需求发展趋势的基本保证。除了对过去和现在的研学需求现象进行描述和解释外，研学需求调研还可以对研学政策实施绩效及社会发展趋势作出一定的预测，当然这种预测要以对这一现象的准确描述和正确解释作为基础。

（二）研学需求调研的意义

研学旅行产品的开发源于现代教育的需要，具体的研学课程方案来自学校对研学课程的实际需求。所以在进行研学课程方案设计之前，应把研学课程需求调研作为第一步，脱离需求谈课程方案犹如空中楼阁，只有将需求全面细致地调查清楚，才能设计出有针对性、有实用价值的研学教程方案。

任务实施

研学需求调研是开展研学旅行产品开发设计的基础，调研成果的真实性与准确度会直接影响研学旅行产品开发设计的策略与要点。一般而言，研学需求调研主要包括明确调研内容、确定调研对象、选择调研方式以及分析调研结果四个方面。在进行需求调研时，可以将调研的内容按照一定的要求设计成简洁的表格，以便于实际操作。同时要注意根据调研对象、调研地区的不同，选择合适的调研方式，以得到最合理、准确的调研结果。

步骤一：明确调研内容

明确研学需求调研的具体内容是开展需求调研外业工作的重要基础。一般而言，研学需求调研主要包括基本信息、课程需求、接待标准、以往案例四个方面。基本信息指学校和学生的基本信息等；课程需求指学校开展研学课程的最初动机和最终目标；接待标准指对研学课程活动中服务保障环节的要求标准，反映了学校对研学课程服务品质的要求；以往案例指学校以前开展过的研学课程案例，它们不仅反映了学校组织研学课程的经验和标准，我们还能从中了解设计研学课程方案时需要注意避免的问题，是设计研学课程方案的重要参考。四个方面的需求调研内容一般为：

（一）基本信息

需求调研的基本信息包括：

（1）学校名称、学校地址、学校级别；

（2）研学课程的出行日期和出行天数；

（3）出行人员情况，如出行人员的数量、结构、职务等内容；

（4）校本课程、校内实践课程等的开设情况，对研学课程的了解程度等。

（二）课程需求

需求调研的课程需求包括：

（1）研学课程的主题、目标、内容；

（2）行前课程的要求与内容；

（3）研学旅行手册的形式和内容要求。

（三）接待标准

需求调研的接待标准包括：

（1）对研学课程用餐、住宿、大交通的要求等；

（2）物资需求，如研学课程组织实施中需要配备的讲解器等设备；

（3）对本次研学课程的预算要求；

（4）一些关于接待工作的特别要求。

（四）以往案例

需求调研的以往案例包括：

（1）以往开展的研学课程的主题和内容；

（2）以往开展的研学课程的接待标准和费用情况；

（3）以往开展的研学课程存在的优点和不足。

以上基本涵盖了研学需求调研的主要内容，研学旅行产品开发者或课程设计者可以根据实际情况进行增减。确定调研内容后，可按照一定结构设计成便于理解和使用的表格或问卷，一是便于将想要了解的信息清晰地呈现在受访者和使用者面前，二是调研结束后能够将需求信息直观、清晰地传递给研学旅行产品开发者或课程设计者。

这里提供一个研学课程需求调研模板（见表2-1），供参考。

表2-1 研学需求调研表

<table>
<tr><td rowspan="8">基本信息</td><td>学校名称</td><td colspan="2"></td><td>学校地址</td><td></td></tr>
<tr><td>出行日期</td><td colspan="2"></td><td>出行天数</td><td></td></tr>
<tr><td>出行人员</td><td>年级</td><td>班级</td><td>人数</td><td>其他情况</td></tr>
<tr><td>学生</td><td></td><td></td><td></td><td rowspan="2"></td></tr>
<tr><td>教师</td><td></td><td></td><td></td></tr>
<tr><td>学校特色</td><td colspan="2"></td><td>社团课程</td><td></td></tr>
<tr><td>校本课程</td><td colspan="2"></td><td>综合实践课程</td><td></td></tr>
<tr><td>是否听说过研学旅行</td><td colspan="2"></td><td>是否参加过研学旅行</td><td></td></tr>
<tr><td rowspan="14">课程需求</td><td>研学课程主题</td><td colspan="4"></td></tr>
<tr><td>研学课程目标</td><td colspan="4"></td></tr>
<tr><td rowspan="4">研学课程内容</td><td colspan="4">研学地点：</td></tr>
<tr><td colspan="4">关联学科：</td></tr>
<tr><td colspan="4">学习组织方式：</td></tr>
<tr><td colspan="4">其他活动：</td></tr>
<tr><td rowspan="4">行前课程</td><td colspan="2">主题</td><td>开课时间</td><td>形式</td></tr>
<tr><td colspan="2">安全知识培训</td><td></td><td></td></tr>
<tr><td colspan="2">文明旅行培训</td><td></td><td></td></tr>
<tr><td colspan="2">研学技能培训</td><td></td><td></td></tr>
<tr><td rowspan="3">研学旅行手册</td><td colspan="2">常规学习手册</td><td></td><td></td></tr>
<tr><td colspan="2">研究性学习手册</td><td></td><td></td></tr>
<tr><td colspan="2">其他</td><td></td><td></td></tr>
<tr><td>组织形式</td><td colspan="4"></td></tr>
</table>

续表

接待标准	用餐		住宿	
	大交通		车辆	
	研学指导师（数量、级别）			
	物资需求（含横幅、音响等）			
	预算			
	其他			
以往案例	研学课程名称			
	研学课程内容			
	研学对象		研学天数	
	用餐情况		住宿情况	
	交通情况			
	收费情况			
	课程优点			
	存在问题			

步骤二：确定调研对象

确定好研学需求调研的内容，设计好研学需求调研表之后，还需要进一步明确调研对象。调研对象主要有三类：

（一）学校主管领导

学校主管领导指学校组织开展研学课程的主要负责人，通常由学校的校长或副校长、德育主任担任。通过对学校主管领导开展研学需求调研，了解学校开展研学课程的主要动因、基本原则和教学目标，另外还应了解学校领导对以往研学课程组织实施情况的看法，以及对今后研学课程的期望和建议等信息。

（二）相关教师

相关教师主要指参与研学课程的相关教师，可以是随行的年级组长、班主任、任课教师，也可以是研学课程的带队教师等。对相关教师的需求调研主要包括三个方面：首先，了解出行学生的能力、素质、特点等信息，在研学旅行产品设计中，要对这些情况进行合理的、人性化的安排；其次，与任课教师针对研学课程涉及的知识进行沟通探讨，以便将研学课程与在校课程的知识内容有效衔接，更好地发挥研学课程对课内教学的补充作用；最后，通过与经验丰富的带队老师沟通，学习以往组织研学课程的经验，收集对研学课程的建议。

（三）参与学生

在征得学校同意的情况下，可以对参与研学课程的学生进行需求调研。一是可以了解学生对研学课程的认知、理解、需求以及期待，有助于设计出学生真正感兴趣、适合学生特点的研学旅行产品与研学课程，提升课程效果；二是有助于了解学生特点，有利于课程的组织实施管理。

在实际工作中，需要在对学校充分了解的基础上精准地确定调研对象，进而根据不同的调研对象选择合适的调研内容。例如，对学校主管领导的调研要注重以往研学经验和对研学课程的建议等方面；对相关教师的调研要注重学生能力、素质、特点等方面；对参与学生的调研则要强调用餐、交通、住宿、学习方式设计等方面。根据调研内容选择调研对象，这样才能更加科学、准确、全面地获取信息。

步骤三：选择调研方法

为了较为准确地呈现调研结果，在明确调研对象之后，还要选择科学、恰当的调研方法。科学是指研学需求调研作为社会调查的一种，在调研方法的选择和使用上，要选择一般社会调查常用的调研方法，运用一般社会调查的原理开展调研工作；恰当是指要根据实际情况选择最有利于实现调研目的的方法。这里主要介绍四种常用的调研方法：

（一）专题会议法

组织开展研学课程的专题会议进行需求调查，尽可能邀请学校中与研学课程相关的领导和教师参与，由浅入深、从整体到细节对本次研学课程进行探讨，并将内容汇总到研学课程需求调查表中。召开专题会议的优点是得到的信息比较全面，因为在发言交流中大家会得到同伴的启发和借鉴，这也是最容易达成共识、快速明确工作方向的一种方法，可以说是最理想的调查方法，但现实中不易实施，可以请学校领导协助召开或者采取灵活便利的会议方式进行。

（二）访谈法

通过访谈法进行研学需求调研，可以进行面对面访谈、电话访谈、邮件访谈等，也可以进行一对一或一对多的访谈。访谈可以采用结构化访谈、半结构化访谈以及非结构化访谈等形式。这种调研方法的优点是可以结合受访者的态度与动机等深层次的内容比较详细地了解其需求；运用面广，能够简单而迅速地收集多方面的资料；使工作分析人员了解到专题会议法不容易发现的情况，有助于调研者发现问题。在访谈中要注意技巧，调研者要注意辨别受访者的哪些回答掺杂了主观意识，这个问题需要调研者妥善解决。

（三）问卷调研法

问卷调研法也是一种较为常用的调研方法，它的形式是一份精心设计好的问题表格。通过问卷调研的方式开展研学需求调研工作，就是将提前准备好的研学需求调查表发放到特定的调研对象手中进行调研工作，也可以将需求调查表通过电脑软件、手机程序等进行编辑，通过网络进行在线需求调研。问卷调研法的优点是调研覆盖面广，收集的信息量大，调研效率较高。其缺点是需要对海量的问卷信息进行识别、处理及统计分析，对调研人员的要求较高。

（四）资料分析法

资料分析法是指对调研学校已有的校本课程、校内综合实践课程、以往案例等现成的资料通过收集、整理来获取研学需求的调研方法。相比前三种调研方法，它是一种间接获取需求资料的手段，优点是省时省力，可以对通过会议、访谈、问卷等形式获取的资料进行验证。其缺点是资料数量有限。

微课2-2

研学旅行调研结果分析

步骤四：分析调研结果

通过上述方法进行研学需求调研得到的资料和数据往往是海量的、多元的、模糊的，甚至有些是错误的。调研人员掌握这些资料和数据之后，需要通过自己的专业知识和经验，根据实际情况，作出判断、调整或整合，使需求调研结果既能满足学校的需求，又能更精确地为研学旅行产品开发、研学课程设计服务。

根据步骤一中提供的研学需求调研表，下面从五个方面来开展研学需求调研结果分析。

（一）基本信息分析

首先，对研学需求调研表中“基本信息”一栏的信息进行分析。关于这个方面，将通过以下案例来展开分析。

案例分析 2-1

表 2-2 为某学校研学需求基本信息分析表。

表 2-2　某学校研学需求基本信息分析

基本信息	学校名称	××中学		学校地址	××路××号
	出行日期	3月下旬出发，4月初返回		出行天数	4~5天
	出行人员	年级	班级	人数	其他情况
	学生	七年级	1~3班	120人	1.男女比例1：2； 2.有2名学生有紫外线过敏反应
	教师			5人	

分析提示：

（1）案例中的出行日期和出行天数不够精确，需要跟校方进一步确认具体的出行日期及出行天数。

（2）根据校方给出的出行日期和天数，调研者可以给出具体的出行日期和天数供校方选择，以免后续变更出行时间。

（3）出行学生为120名七年级的中学生，学生年龄合适，已有较强的认知能力和较好的知识储备，在研学旅行产品开发与课程设计的过程中要选择有一定挑战和难度的项目，但要注意不能设计过于复杂和难以理解的项目。

（4）带队教师人数偏少，也没有说明有无校方领导参与研学旅行过程。建议校方增派带队教师，并且选派一名校方领导作为现场负责人。

（5）学生中女生所占的比重较高，建议校方选派的教师中有2~3名女老师；在研学课程的设计和选择上也要适当考虑女生所能够参加的项目。个别学生有紫外线过敏的情况，因此在出行过程中要配备相应的物资，如太阳伞、药品等，准备特异体质学生备案登记表，进行备案登记。

通过这个案例可以看出，基本信息的调研对研学旅行产品的设计与研学课程的开展至关重要。如确定出行时间至关重要，变更出行时间可能会给研学旅行产品的选择、课程的设计带来很多困难。因为研学旅行是一种户外教学活动，整个教学活动受到气候、交通、节假日等因素的影响。时间计划变更，整个研学活动的节奏都会随之改变。再如，在调研中要明确出行人数，确保合理的人员结构，出行人数越多，工作量越大，人员结构不合理会影响研学课程的具体实施和实施效果。

（二）学生学情分析

学生学情分析主要指对学生的基础知识、认知能力、生活经验以及身心特征等的分析。调研的地域不同，调研学校的层次不同，调研的学生年龄段不同，所得到的学生学情都有所区别。因此，学情分析是进行研学旅行产品设计与课程开发的重要环节，主要从五个方面来进行分析：

1.学生的基础知识

可以通过了解学生在学校设置的国家课程、地方课程、校本课程、实践课程、特色课程中学到的基础知识作出初步的判断，最简单的办法就是依据他们所使用过的教材、教案等。如人教版（部编）六年级上册语文教材中有一篇重要文章《我的战友邱少云》，那么在给使用该版本教材的六年级学生设计研学课程的时候，可以加强相关内容的挖掘与拓展，加强学生对革命烈士的认识与缅怀。再如，人教版（部编）三年级下册中有《海底世界》一文，同样也可根据学生的情况，设计以海岛求生体验活动为主的研学课程。

2.学生现有认知能力

不同年龄段学生的基础学习能力是不同的，基础学习能力指在学习过程中获取知识的能力，包括收集、处理信息的能力和动手操作的能力等。例如，小学生年龄较小，感知事物比较笼统、不精确，感觉、知觉、观察、注意、记忆、思维和语言的发展水平都没有达到高峰，那么在进行研学课程设计时要设置更多体验性、互动性、趣味性强的内容。而对高中生来说，他们已经具备一定的自学能力，有一定的阅读能力、观察力、洞察力、思维能力、分析问题的能力等，意志力也更坚定，在研学课程方案的设计中，就可以设置更多需要学生自主阅读、观察、分析、交流，兼具一定研究性的内容。

3.学生的身心特点

不同年龄段的学生身体和心理都有其各自的特点，这些特点直接影响他们在研学课程实施过程中的表现和研学课程学习目标的实现。例如，初中学生研学旅行课程学习内容的设计不再像小学生那样较多受到心理认知与思维发展水平的限制。依据皮亚杰的认知发展阶段理论，初中学生已经达到了形式运算阶段，他们的心理认知与思维水平都有了长足的发展。因此，初中学生研学旅行课程的学习内容与形式可以是多样化的，学习内容可以是超出他们的观察面的，甚至是研学过程中生成的新知识、新内容等。此外，初中学生研学旅行课程的学习内容也可以是课本知识与实际情境的融合，即把各学科的课堂知识搬到研学旅行过程的实际情境中，在实践中取材，进行理论与实践相结合的有效教学。研学旅行课程内容的难度、广度、深度则可依据初中学生的“最近发展区”，确立研学目标主题，选择核心知识，继而提炼核心问题，设计适合的活动，进而优化活动，形成序列课程内容体系。

4.学生的情感因素

情感因素是伴随着知识经验的掌握、观念的形成以及内部智力的成熟而发展起来的，它对外部智力的形成和创造能力的发展起着决定性的作用。小学生积极活泼，乐于参与活动，比较容易调动，但持久性不强；初中学生往往开始比较羞涩，但是熟络后容易调动；高中生比较自我，要靠研学课程内容本身的吸引力、研学指导师的个人魅力以及活动实施者的组织能力来调动。

5.学生原有的生活经验

不同地域的学生，或者是相同地域、不同学校的学生，往往在生活经验上有着很大的差异，即便是相同学校的学生也有各自不同的生活经历和观点，这些原有的经历、经验和观点对于将要进行的研学课程的学习和生活都具有深刻的影响。因此，必须有所了解，既要有全面的了解，也要有重点的关注，这也是学情分析中一个重要的环节。

（三）课程需求分析

通过对研学课程需求调查可以了解学校对研学课程的构想，这也是进行研学课程内容设计的依据。调查的结果可能不够完整和精确，但足以指示研学课程的设计方向，设计者需要对这些信息进行分析，以实现学校的课程要求并实现相应的教育目标。

案例分析 2-2

表 2-3 为某学校研学需求课程需求分析表。

表 2-3　某学校研学需求课程需求分析

课程需求	研学课程主题	华北地区传承红色基因研学课程		
	研学课程目标	1.感悟历史，学习了解红色文化 2.通过研学课程，培养学生的观察能力、组织合作能力、独立思考能力 3.增强民族自尊心、自信心和自豪感，激发爱国主义情怀		
	研学课程内容	研学地点：淮海战役纪念馆、台儿庄大战纪念馆		
		关联学科：语文、历史		
		学习组织方式：体验、观摩		
		其他活动：研究、比赛等		
	行前课程	主题	开课时间	形式
		专题课	行前两周	讲座
		安全知识培训	行前一周	讲座
		文明旅行培训	行前一周	讲座
	研学旅行手册	常规学习手册	√	
		研究性学习手册		
		其他		
	组织形式	体验式学习+探究式学习		

分析提示：

（1）关于研学课程主题，学校初步拟定为“红色基因”。主题较为明确，但可以开展以“红色基因”为主题的研学地点很多，“红色基因”也可以从不同角度去进行研究学习。因此，在选择研学资源、设计研学课程时要根据具体的研学内容，将研学课程主题具体化，尽量使研学课程主题准确规范、新颖有趣。

（2）关于研学课程目标，课程需求分析表给出了三个研学课程目标，但由于确定研学目标时，主题尚未明确，后续还应根据研学课程目标确定的原则规范制定与研学课程主题相契合的研学课程目标。

（3）关于研学课程内容，表中提出了两个研学地点，但两个研学地点位于不同的省份，相距较远，可行性较差。应根据研学课程主题和研学课程目标，选择同一个城市或相距较近的两个城市为主要目的地进行研学课程设计，同时要注意选择的研学地点与研学课程主题的关联性。

（4）关于行前课程，上述行前课程是一般研学课程必备的。行前课程的形式、开课时间均符合要求。行前课程是研学旅行课程的重要环节，它的顺利开设为后续外业研学课程的开展提供了坚实的保障。

（5）关于研学旅行手册，本次选择了常规学习手册，学校没有给出其他的要求，应进一步咨询学校有无其他要求。研学旅行手册作为研学课程学习中的“指导教材”，非常重要，学校通常会对研学旅行手册提出具体的要求，如内容、版式等，研学课程设计者应分析这些要求的目的，根据要求设计研学旅行手册，才能达到较好的研学效果。

（6）关于组织形式，学校初步确定为“体验式学习+探究式学习”，应根据研学主题和目标与学校确定更合适的研学组织形式。

（四）接待标准分析

接待工作是保证研学课程质量的重要因素之一，接待工作不能达标的研学课程注定是失败的。学校通常都会结合以往经验和事先准备的信息提出一些接待方面的需求，从吃、住、行到物资准备、研学指导师，这些需求会非常具体，应当引起注意。但是，由于地域性的差异，一个研学课程的接待标准不一定具有普遍适用性，需要根据实际情况来判断学校的需求在本次研学课程中能否得到满足，需要哪些条件。如果实际情况与需求不符，要及时发现并提出解决方案，再与学校沟通。

案例分析 2-3

表 2-4 为某学校研学需求接待标准分析表。

表 2-4　　某学校研学需求接待标准分析

接待标准	用餐	10 人一桌 10 菜 1 汤	住宿	四星级双人标间
	大交通	高铁	车辆	53 座大巴，每班一车
	研学指导师（数量、级别）	每班一名高级研学指导师，外加一名当地优秀辅导员		
	物资需求（含横幅、音响等）	横幅、小礼品、课程结业证		
	预算	3 000 元/人		
	其他	暂无		

分析提示：

表中接待标准符合华北地区研学课程的实际情况，也符合该校学生的特点。但根据该校的研学课程内容和接待标准，预算无法支持6~7天的研学课程时间，建议学校提高预算或者缩短研学时间为5天。

研学课程内容和接待标准决定了预算，在分析研学需求调研表时，一定要将这三者结合起来考虑，在预算不足以支撑研学课程内容和接待标准时，要与学校沟通提出相应的调整方案。

（五）以往案例分析

学校以往组织开展的研学课程案例，不仅反映了学校对研学课程的认识与要求，还能展现出学校组织研学课程的经验，对于研学课程设计者来说，是学习经验、避免问题的捷径，因此，一定要足够重视并进行研究。

案例分析 2-4

表2–5为某学校研学需求以往案例分析表。

表 2–5　**某学校研学需求以往案例分析**

以往案例	研学课程名称	齐文化博物馆研学旅行课程		
	研学课程内容	1. 了解齐国兴衰史；通过了解馆内陈列的文物名称与用途，让学生了解古人的生活智慧，为古代工匠的精湛技艺点赞。 2. 通过齐国成语大赛，培养学生们的竞争意识和文化底蕴。 3. 通过组织励志教育，激发学生的爱国热情和“为中华崛起而读书”的精神		
	研学对象	初一	研学天数	2天
	用餐情况	每桌12菜1汤	住宿情况	四星级
	交通情况	高铁，53座大巴		
	收费情况	学生：1 500元/人；教师：1 200元/人		
	课程优点	组织的活动比较丰富，趣味性较强，学生对接待工作较为满意		
	存在问题	研学课程的内容较为简单，缺乏探究性内容		

分析提示：

上述案例是针对初一学生的研学活动，根据收费情况，接待工作一般不会出现问题。但针对初一学生，研学课程的内容除了有趣味性以外，还应该设计一些富有挑战性和探究性的内容。通过以往案例的分析，可以从中吸取一些经验，重视以往存在的问题，有助于设计出更加符合学校预期和需求的研学旅行产品。

（六）结果分析

通过对研学课程需求调研的分析，基本能够实现以下目标：

（1）确认本次研学课程的主题；

（2）确定研学课程的接待标准；

（3）明确本次研学课程的方向；

（4）勾勒出本次研学课程的内容轮廓。

接下来的任务就是通过对以上调查结果的分析和思考，结合研学课程设计者的知识与经验，通过一定的方法，把需求逐渐变成可落地执行的方案。

任务评价

通过实施以上步骤，是否达成了该项任务目标呢？请对完成任务的情况作出评价（见表2-6）。

表2-6　本任务评价参考表

实施步骤	完成情况			
	优	良	中	差
明确调研内容				
确定调研对象				
选择调研方法				
分析调研结果				

随堂练习

一、单项选择题

1.下列不属于研学需求调研特征的是（　　）。

A.调研对象相对聚焦　　B.调研方法日益多元

C.调研内容日益多样　　D.调研范围日益扩大

2.研学课程的组织形式最好采用（　　）。

A.讲授式　　B.自组织形式

C.探究式　　D.合作式

3.基本信息的调研主要包括学校的基本信息和（　　）。

A.学生的基本信息　　B.家长的基本信息

C.研学目的地的基本信息　　D.研学企业的基本信息

4.下列不属于访谈法主要形式的是（　　）。

A.电话访谈　　B.面对面访谈

C.邮件访谈　　D.微信访谈

5.研学需求调研分析的目标之一是（　　）。

A.明确参加研学课程的学生　　B.勾勒出本次研学课程的内容轮廓

C.明确研学旅行的目的地　　D.了解研学课程的主要内容

二、多项选择题

1.研学需求调研的功能包括（　　）。

A.描述功能　　B.交流功能　　C.解释功能

D.预测功能　　E.展示功能

2.研学需求的调研对象主要包括（　　）。

A.学校主管领导　　B.相关教师　　C.学生家长

D.参与学生　　E.研学企业负责人

3.研学调研的方法主要有（　　）。

A.定量分析法　　B.专题会议法　　C.访谈法

D.问卷调研法　　E.资料分析法

4.学生学情分析的主要内容包括（　　）。

A.学生的基础知识分析　　B.学生现有认知能力分析

C.学生的身心特点　　D.学生的情感因素

E.学生原有的生活经验

5.下列不属于课程需求分析的是（　　）。

A.研学课程主题　　B.研学课程目标　　C.研学目的地

D.研学课程效果　　E.研学课程学生手册

三、判断题

1.研学需求调研是开展研学产品开发设计的基础。（　　）

2.研学需求调研可以设置在研学旅行之前或之后。（　　）

3.只要有利于开展研学需求调研，调研的方法可以不受限制。（　　）

案例共享

在前文明确研学需求调研对象时，我们确定了学校主管领导、相关教师、参与学生。其实，除上述三方面的调研对象之外，在条件允许的情况下，学生家长也可以列入调研对象。对学生家长的调研，我们可以采用问卷抽样调查的方式来进行，下面列举了一份针对学生家长的调查问卷。

研学旅行需求调查问卷

尊敬的家长您好，2016年12月，教育部等11个部门发布了《关于推进中小学生研学旅行的意见》，指出研学旅行是由教育部门和学校有计划地组织安排，通过集体旅行、集中食宿方式开展的研究性学习和旅行体验相结合的校外教育活动。为全面了解我市中小学生对研学旅行的需求情况，我们特发放此调查问卷。

1.您平常通过什么渠道了解研学旅行活动？

A.广告　　B.亲友介绍　　C.学校宣传

D.家庭组织　　E.其他

2.您是否愿意您的孩子参加研学旅行活动？

A.非常愿意　　B.愿意　　C.无所谓

D.不愿意　　E.非常不愿意

3.您认为研学旅行对常规的学习会造成什么影响？

A.严重干扰　　B.轻度干扰　　C.没有影响

D.相互配合　　E.弥补其不足

4. 您认为研学旅行中需要加入学习任务吗？

A.非常需要　　B.需要　　C.一般

D.很不需要　　E.根本不需要

5. 您希望一年参加研学旅行几次？

A. 1次　　B. 2次　　C. 3次及以上

6. 您希望每次研学旅行的时长是：

A.1~2天　　B.3~5天

C.6~7天　　D.8天及以上

7. 您希望研学旅行的目的地是：

A.本市　　B.本省

C.省外　　D.国外

8. 以下研学旅行的供给和保障中，您最需要的是：

A.有效的组织工作　　B.专业的研学指导师

C.舒适的交通食宿　　D.优美的景色

E.安全保障　　F.购物项目

9.以下研学旅行的主题，您认为什么类型更适合您的孩子？

A.知识科普型：博物馆、科技馆、动植物园、主题展览

B.自然观赏型：山川湖海、草原、森林、沙漠

C.体验考察型：农庄、作坊、实践基地

D.励志拓展型：大学校园、红色教育基地、国防教育基地

E.文化康乐型：主题公园、文化创意园

10.以下研学旅行的学习内容中，您认为您的孩子最需要的是：

A.爱国主义、民族精神　　B.安全知识、意识　　C.历史文化知识

D.自然科学知识　　E.生态环保知识、意识

11.以下研学旅行的课程目标中，您认为您的孩子最需要的是：

A.健身：徒步、露营、拓展、生存与自救训练

B.健手：综合实践、生活体验、内务整理、手工制作

C.健脑：参观、讲座、诵读、阅读

D.健心：思想品德教育活动、情感互动、才艺展示

12. 您认为研学旅行还需要哪些方面的保障？请按您的需要写出来。

请思考： 针对学生家长的调研主要集中在哪些方面？

分析提示

思而行远

河南洛阳：文化赋能，乡村掀起“研学热”

读万卷书，行万里路。随着文旅融合的不断发展，不少创新旅游产品应运而生。近年来，河南省洛阳市伏牛山区域依据当地特色量体裁衣，推出研学游项目，寓学于游，吸引了众多游客，如图2-1所示。

特色文化赋能乡村旅游

包槲包、粗布印染、品茶、插花……在栾川县伊禾女子学堂，游客正在体验非遗项目。

图2-1　游客在伊禾女子学堂品茶

该学堂负责人王丹凤介绍，每逢假期，以家庭为单位的组团旅游成为常态，游客已不单满足于欣赏优美的自然风光，更多人是为沉浸式体验特色文化慕名而来，“文旅融合推动了研学游的繁荣，研学游也促进了文旅融合的发展”。

汝阳恐龙国家地质公园是远近闻名的研学旅游基地，该基地为各年龄段游客设计了不同的体验路线。该基地相关负责人说，通过乡村旅游与科普教育相结合，研学游已成为乡村游发展的新支点，为伏牛山乡村旅游高质量发展作出积极贡献。

美丽乡村变身为研学基地

河南省栾川县潭头镇大王庙村，古宅间、古桥上、古井旁都有游客拍照“打卡”。该村整村运营师洛阳百芳研学旅行服务有限公司总经理石彩芳介绍，依托传统文化、红色文化两大优势，该村开发人文涵养、红色文化等题材的研学课程，吸引了不少游客前来体验。2021年至今，该村研学实践教育基地已开展中小学生社会实践活动40余次，参与者8 000余人次，被洛阳市教育局评定为“中小学生社会实践活动基地”“洛阳市红领巾校外活动基地”；开展机关企事业单位思政教育160余次，参与者2万余人次……

工业文化同样是研学游的一大特色。位于栾川县冷水镇的西增河村，依托当地丰富的钼矿资源，打造工矿研学基地。该项目负责人介绍，特色工矿研学已成为乡村研学游的重要补充，开发以工业生产地风貌、生产过程、生产者生活场景为内容的研学产品，有助于传承工业精神、发扬工业文化、讲好工业故事，进一步增强研学旅游的知识性、趣味性和体验性。

业内人士表示，伏牛山区域自然风光优美、文化资源丰富，为研学游打下了坚实的发展基础，但现阶段仍存在资源开发不充分、市场化程度不高、没有龙头研学品牌等短板。

让“研学热”带火乡村游

如何促进研学游高质量发展，为乡村旅游增色？业内人士表示，应因地制宜，构建定制化、差异化的产品体系，同时整合开发，打造研学游“大品牌”。

洛阳理工学院经济与管理学院旅游管理系主任闫玮建议，要做到两个“平衡”，即旅游与教学的平衡、特色与整体的平衡。研学游具备教学和旅游观光两项功能，其产品要兼具娱乐性和教育性。各地依托当地特色开发研学游产品，有利于打造研学游品牌，同时要着眼于整体，做大做强一批伏牛山区域研学游的龙头品牌。

洛阳市文化广电和旅游局相关负责人表示，洛阳将进一步丰富研学游产品，依托竹海野生动物园、红二十五军长征等特色资源，以及河大抗战办学旧址、老君山、白云山、抱犊寨等研学营地基地，将研学游与亲子教育结合，开发自然科普、人文涵养、劳动教育、红色文化等题材的研学课程，推出优质研学旅游产品；持续深化“研学营地共建，教育理念、课程体系和国际资源共享”的全流程合作模式，围绕亲子互动等新兴消费需求，发展研学产业；同时，强化研学游管理评价体系，加强研学游人才培养，为研学游提供强大的人才支持，让“研学热”带火乡村游。

资料来源：梁笑宇.文化赋能，乡村掀起“研学热”[N]. 洛阳日报，2022-07-20.

任务拓展

围绕全国范围内的世界遗产地（包括自然遗产、文化遗产及双重遗产），依托世界遗产地的核心自然资源或者人文资源，开展研学旅行课程活动设计，请谈谈如何开展研学需求调研。

任务二 梳理研学旅行课程资源

任务概述

研学旅行课程资源的选择关系到研学旅行目标能否实现及其实现程度，也是研学旅行设计中关键的因素。研学旅行课程资源就像一块块积木，将它们按照一定规律排列组合，就能搭建出研学旅行课程的基本内容。而首先要做的，就是从丰富多彩的研学旅行课程资源中选择出最适合的。

素质目标

1. 培养亲近和探究自然、接触和融入社会的意识。
2. 培养社会即课堂、万物为书本的理念。
3. 引发家国情怀、民族自豪感，树立文化自信。

知识目标

1. 掌握研学旅行产品资源的概念。
2. 熟悉研学旅行产品资源的特点。
3. 掌握研学旅行产品资源的类别。

能力目标

1. 能够掌握研学旅行产品资源查找的方法。
2. 能够掌握研学旅行产品资源筛查的办法。
3. 能够根据主题对研学旅行产品资源循其脉络，删繁就简，去芜存菁。
4. 能够按照规律建立研学旅行产品资源库。

理论知识

微课2-3

研学旅行资源的概念

一、研学旅行课程资源的概念

研学旅行课程资源具有广义和狭义之分。广义的研学旅行课程资源指有利于实现研学目标的所有因素；狭义的研学旅行课程资源指有利于实现研学旅行目标的直接因素。按照研学旅行课程资源的功能特点，研学旅行课程资源可以分为素材性资源和条件性资源；按照空间分布的不同，研学旅行课程资源又可以分为校内研学资源和校外研学资源。

本教材认为目前研学旅行课程资源特指广义概念下的研学旅行课程资源，其属于一种校外资源，指有利于实现研学旅行目标的所有因素和条件的总和，包括研学参考资料资源包、学科专家、学校教师、研学指导师、学生、导游等，以及促进研学旅行实施服务的必要而直接的条件。

以博物馆资源为例，在进行研学旅行课程开发时，课程设计者可选择馆藏文物、文献记录和反映本区域政治、经济、历史、文化、自然和地理等可以体现出独特的所在地历史文化的内容作为开发研学旅行课程的资源，将其整合、转化为教学资源，再转化为教学课程。

二、研学旅行课程资源的范围

可供研学旅行所用的资源就是现实的研学旅行课程资源。“所用”的具体要求是指具备接待研学旅行的服务条件（包括人员和服务内容）和设施条件（包括各类场所和设备）。目前，业界对研学旅行课程资源的认知比较模糊，范围界定过于泛化，几乎将所有的自然、人文及其他旅游资源，各种类型的研学基地、营地都纳入其中。实际上，相当一部分旅游资源是不具备开展探索性学习考察活动的空间或设施条件的，也有相当一部分研学基地或营地承担研学活动服务的条件是缺失的。利用这些资源开发的研学旅行课程必然比较粗放，研学旅行效果难以保证。这就要求我们在选择时制定相关的研学旅行资源标准，明确研学资源的范围与分类，据此有针对性地利用研学资源，做好研学资源分类与赋能工作，打造高质量研学旅行课程。

研学旅行课程资源可以分为以下三类：

第一类是自然研学旅行资源，主要包括各种具备研学旅行接待条件的自然保护区、风景名胜区、森林公园、地质公园等；

第二类是人文研学旅行资源，主要包括各种具备研学旅行接待条件的文化遗产地（如古楼阁、名人故居、古寺庙等）和当代人造文化景观（如博物馆、奥运场馆、科技场馆等）；

第三类是社会研学旅行资源，主要包括各种具备研学旅行接待条件的农业科技园、工业厂区、知名院校和科研院所等。

这些研学旅行资源中有一部分是评上了研学旅行基地或建成了研学旅行营地的，因此只需要加强旅游服务元素的渗透，提升软件服务能力。对于大部分没有评上基地或建成营地的资源地而言，研学旅行资源利用主要有以下思路：第一，设置专门的研学活动场所。不论哪一类研学活动，均是以集体活动的形式开展的，需要特定的研学空间。建议在资源地设置相应的研学旅行专区，并设置相应的标识。第二，提升员工的研学服务能力。建议各类研学旅行资源地加强对员工的培训，包括教育学、旅游学知识培训和服务能力培训。第三，借助科技力量拓展研学活动的功能。运用VR等各类技术提升游客的体验感，做到传统“游”与现代“学”的有机融合。

三、研学旅行课程资源的特点

研学旅行课程资源的开发实质上是针对研学旅行课程资源的特点，探寻一切有可能设定进入的课程与教育教学活动联系起来的方法，并对课程资源进行充分挖掘，实现教育教学的目标价值。总体上，研学旅行课程资源有如下六个特点。

1.资源校外化

研学旅行作为校外教育被纳入常规教育教学任务，其实践教育的目标在于拓展学校的教育空间，即课程资源校外化，使学生的身心在校外场所的实践中获得发展。基于学生立场开发研学课程是推动研学实践教育科学化、规范化、常态化的必要保障，跨界挖掘和整合研学旅行课程资源，搭建课程资源共享平台，组建专业化的研学课程开发团队，并以课程审议的方式评价和改进研学课程，是未来研学课程开发的可行路径。

2.资源多样性

研学旅行课程资源绝不仅仅是文本资料，也绝不仅限于学校内部，研学旅行课程资源涉及学生学习与生活环境中所有有利于研学课程实施、有利于达成研学课程目标的教育资源，它弥散在学校外大千世界中的各个角落。因此，研学旅行课程资源具有丰富性和多样性。不同地域、不同学校，可供开发和利用的课程资源不同，其构成形式和表现形态也各异；在不同的文化背景下，由于教育者的价值观念、道德意识、风俗习惯、宗教信仰等具有差异性，所以其认定的课程资源也各具特色。不同的主体，各自拥有不同的人生经历、知识水平、教育观、课程观等，对课程资源的筛选和评价也不同，从而形成了课程资源开发利用形态的多样性。

3.资源基地化

资源基地化指开展研学课程实施的场所，将逐步趋向教育部批准的实践基地，即各地、各行业现有的，适合中小学生前往开展研究性学习和实践活动的优质资源单位，研学实践教育基地是学生研学旅行过程中开展研究性学习的主要场所。这些单位结合自身资源特点，因地制宜开发不同学段（小学、初中、高中）与学校教育内容衔接的研学实践课程。目前国家级全国中小学生研学实践教育基地共582个，除了文化资源、国情教育资源、革命传统资源、国防科工资源、劳动实践国家级基地资源外，部分省、自治区、直辖市还出台政策，设立了相应级别其他资源，供学生开展研学旅行活动使用，以践行研学课程的教育宗旨。

4.资源营地化

资源营地化指开展研学课程实施的可住宿场所，将逐步趋向教育部批准的研学实践教育营地，即具有承担一定规模中小学生研学实践教育的活动组织、课程和线路研发、集中接待、协调服务等功能，能够为广大中小学生开展研学实践活动提供集中食宿和交通等服务的单位，研学实践教育营地是学生研学旅行过程中开展研究性学习和生活住宿的大本营。

这些单位结合自身资源特点，因地制宜开发不同学段（小学、初中、高中）与学校教育内容衔接的研学实践课程。目前国家级全国中小学生研学实践教育营地共40个，覆盖全国2/3的省、自治区、直辖市，主要是教育系统所属的公益性青少年校外活动场所、综合实践基地等，其研学旅行教育资源丰富，周边有若干个研学实践教育基地或教育资源，能够满足学生2～5天研学实践教育活动的需求。同时，研学实践教育营地除了正常安全运行1年以上外，还要有至少同时接待1 000名学生集中食宿的基本条件。除了国家级营地资源外，部分省、自治区、直辖市还出台政策，设立了相应级别研学营地，供学生开展研学旅行活动使用，以满足研学旅行课程实施的需要。

5.资源规范化

研学旅行实践从区域试点到各地积极响应开展，历时7年，对各类研学旅行课程资源的要求越发规范，从各地积极推动中小学生研学实践教育活动的开展可以看出，各地教育部门根据“十三五”期间中央支持未成年人校外教育项目工作安排，在按标准所遴选的“全国中小学生研学实践教育基地”和“全国中小学生研学实践教育营地”设立省级、市级基地、营地。比如，2022年12月山东省教育厅联合省发展改革委、省文化和旅游厅印发《山东省省级中小学生研学基地、营地管理办法》，明确了基地、营地要从计划制定与实施、课程开发、财务规范、第三方资质和服务把关等方面加强管理，基地、营地实行年度审核和周期管理，明确了给予黄牌警示和撤销称号的几种情形。资源环境作为研学课程最重要的教育资源，必须遵循各地规范化要求，通过对包括自然环境、资源的创设和利用，有效地开展研学课程实践活动，以促进中小学生全面的发展。

6. 资源安全化

拥有健全的安全保障体系是选择研学旅行课程资源最重要的条件，课程资源安全化是对开展研学旅行课程的基本要求。保障课程资源的安全化，需要课程资源（营地、基地）的教学、实践、生活、娱乐、出行、食宿等有完整的安全责任分工、明确的管理制度并且落实到人。基地、营地建立了与教育、发改、公安、财政、交通、文化、食品药品监管、旅游和共青团等部门定期联系沟通的反馈机制；基地、营地定期开展安全意识教育，定期组织处置特情演练；基地、营地有醒目规范的安全警告和逃生通道标志、标识。

任务实施

步骤一：查找研学旅行课程资源

微课 2-4

如何选择研学旅行课程资源

根据研学课程的主题和目标，结合学生学情分析，以省为单位，对研学目的地与之相关的一切可能用于研学旅行课程的各种资源、场景进行信息搜集和整理。为了方便资源搜集，可以根据资源的某种属性将之分类，再逐一搜集。分类的方式多种多样，视实际工作需求而定。

（一）按照资源自身的属性

（1）名胜古迹类，范围广泛，容易搜集，是最主要的研学旅行课程资源。

（2）博物馆类，包括科技馆、展览馆、美术馆等。

（3）工厂企业类，包括各种企事业单位、工作室、农场等。

（4）科研院所类，包括科研院所、大专院校等。

（5）自然生态类，包括山地、江、湖、海、草原、沙漠等自然资源。

（6）基地营地类，包括国防教育基地、素质拓展基地、综合营地等。

（二）按资源主题分类

（1）传统文化类。

（2）革命教育类。

（3）科技艺术类。

（4）自然生态类。

（5）创意思维类。

（6）运动拓展类。

（7）实践体验类。

（8）劳动教育类。

完成资源分类后，主要利用互联网搜索、查找参考书、根据个人经验和他人口碑完成对研学旅行课程资源的搜集。

通过细致全面地搜集，会得到大量的研学旅行课程资源信息，需要注意的是，搜集研学旅行课程资源信息的目的是判断研学旅行课程资源是否符合本次研学旅行课程的内容，所以关注点应该放在研学旅行课程资源的内容和特点上，这就需要对所有信息进行梳理和完善，选取所需要的，然后以表格等形式归纳，以便完成进一步的筛选工作。

表 2–7 为某校以南京市为研学目的地设计研学旅行课程分类查找资源时的部分信息。

表 2–7 南京市研学旅行课程资源表

研学旅行课程资源类型	代表景区
明文化	明故宫、明孝陵、莫愁湖、天妃宫、郑和宝船遗址公园
民国文化	总统府、中山陵、南京 1912、颐和路公馆
科举文化	夫子庙、中国科举博物馆、江南贡院
城墙文化	台城、明城垣史博物馆、中华门城堡、中山门、玄武门、光华门、神策门、东华门、四方城
红色文化	侵华日军南京大屠杀遇难同胞纪念馆、江苏国家安全教育馆、雨花台烈士纪念馆、梅园新村、渡江战役胜利纪念碑、南京抗日烈士纪念馆
科研高校	南京大学、东南大学、南京师范大学、南京航空航天大学、河海大学、南京林业大学、南京理工大学、南京艺术学院等
科普场馆	南京博物院、南京民俗博物馆、江宁织造博物馆、南京科技馆、江苏科技馆、南京天文历史博物馆、南京地震科学馆、南京图书馆、铁心桥水科学与水工程实验基地、南京市未成年人社会实践行知基地
乡村体验	黄龙岘茶文化村、谷里薰衣草庄园、巴布洛生态谷、石塘人家、八卦洲、傅家边农业产业园

步骤二：筛选研学旅行课程资源

（一）核实信息

通过上面的步骤确定可以为研学旅行课程服务的课程资源，下面就需要进一步对这些研学旅行课程资源进行筛选，以选择可行的、最佳的研学旅行课程资源。

确定课程资源后，需要进行信息核实。可以利用电话或者电子邮件等方式，联系研学旅行课程资源的负责方进行询问。研学旅行课程资源的负责方可能是研学旅行课程资源本身的负责方，也可能是旅行社这样的第三方机构，只要最终能掌握有效的课程资源即可。进行信息核实的目的有两个：一是考察研学旅行课程资源是否能满足研学旅行课程内容的需要，二是为进行下一步实地考察做准备。

（二）实地考察

当信息核实完成后，需要前往研学资源地进行实地考察。考察的目的有两个：一是考察研学旅行课程资源是否与信息核实内容相符；二是对研学旅行课程资源的实用性、可行性、安全性进行考察。如果研学旅行课程资源符合研学产品内容的需求，则可以在接下来的研学课程内容设计中使用该资源。

现以南京博物院为例说明研学旅行资源实地考察核实的信息（见表 2–8）。

表 2-8　　**南京博物院课程资源信息核实表**

<table>
<tr><td rowspan="2">接待人数</td><td colspan="2">需要提前预约，按人数分组进入</td></tr>
<tr><td colspan="2">说明：研学课程设计必须明确研学地点的接待人数和接待方式，如不符合研学团组学生人数要求，则需要调整行程，错峰进入</td></tr>
<tr><td rowspan="2">接待时间</td><td colspan="2">周二—周日，9：00（开馆）—16：00（停止检票）—17：00（闭馆）</td></tr>
<tr><td colspan="2">说明：由于研学团组的性质，必须提前明确接待时间，以便根据接待时间安排行程</td></tr>
<tr><td rowspan="4">馆内课程</td><td colspan="2">课程 1.活动主题：孩子们看得懂的山水画——“万水千山”特展儿童导览
活动内容：南京博物院精心挑选馆藏历代山水画佳作近百件，勾勒宋元以来跌宕的山水画发展之路。孩子们一起来南博，以研学的形式，从时代背景、作者生平、中国画的构图和笔墨技巧、名画细节等多方面领略山水意境，感受中国传统文化的魅力，抒发对祖国河山的热爱和赞美之情</td></tr>
<tr><td colspan="2">课程 2.活动主题：古代服饰文化课程——2022 年夏令营
活动内容：章服之美，礼仪之大，谓之华夏。中国自古就被称为“衣冠上国、礼仪之邦”，中国服饰文化是我国文明史的重要组成部分，一锦一缎一霓裳尽显中国古代艺术魅力。随着织绣印染技术的发展，服饰越来越华美，其作用不再仅是御寒遮体，更能表现古人的审美情趣。《古代服饰文化》主题系列课程以立德树人为第一要义，使学生认知规律和博物馆资源有机结合，旨在使学生了解中华传统文化的历史渊源、发展脉络、精神内涵，促进学生全面发展、健康成长</td></tr>
<tr><td colspan="2">课程 3.活动主题：走进大明王朝进阶课程——2022 年夏令营
活动内容：“江南佳丽地，金陵帝王州”，明朝初期建都南京，东连钟山，西据石头，南贯秦淮，北带玄武，城周 33.68 千米，规模盛大，气势磅礴，不仅为我国现存的第一大城，也是世界最大的一座砖石城。盛世之下，百姓安居，商业、手工业初露繁荣。你想不想穿越回大明，感受大明的辉煌？这个夏天让我们再次在南京博物院的夏令营中相聚，一起去触碰真实的明城砖，感受城墙厚重的历史文化；再去看看那些 600 年前就开始守卫明朝皇陵的忠实神俑；翻阅明朝典籍，徜徉在富有传奇色彩的中国传统文学的意趣之中。让我们从南京博物院出发，在南京城内让时光“倒流”，感受大明风华</td></tr>
<tr><td colspan="2">其他：
1. 探索长江文明之水文科学篇
2. 探索长江文明之文史篇
3. 行走博物院课程
……</td></tr>
<tr><td rowspan="4">设计课程</td><td>课程内容</td><td>“国家宝藏”</td></tr>
<tr><td>课程形式</td><td>任务驱动式参观</td></tr>
<tr><td>课程时长</td><td>2 小时</td></tr>
<tr><td colspan="2">说明：如果研学资源地本身不提供研学课程或者提供的课程达不到研学旅行课程的目标，需要执行自己设计的研学课程内容，事先必须征得研学资源地的同意</td></tr>
<tr><td rowspan="2">费用情况</td><td colspan="2">基本陈列（免费参观）
中文讲解：早上 10：00，下午 2：00，免费讲解
导览器租赁：提供语音导览 20 元/台，智慧导览 30 元/台</td></tr>
<tr><td colspan="2">说明：该博物院不需要门票，特展需要费用。要对研学资源地的费用情况进行详细全面的了解，比如收费区域和免费区域、个人价格和团体价格、淡旺季价格等，为研学课程预算提供依据</td></tr>
<tr><td rowspan="2">交通情况</td><td colspan="2">南京市内，地铁、公交交通便利
设有大巴车及小车停车场。小车停车场处于南京博物院西门</td></tr>
<tr><td colspan="2">说明：研学资源地是否具备良好的交通和停车条件也是设计研学课程方案的重要因素，如果不具备条件，需要提前准备解决方案</td></tr>
<tr><td rowspan="2">安全设施</td><td colspan="2">4A 级旅游景区，符合接待学生安全标准</td></tr>
<tr><td colspan="2">说明：安全设施核实根据接待学生团组的标准及《研学旅行服务规范》进行</td></tr>
<tr><td rowspan="2">对接人（单位）及联系方式</td><td colspan="2">南京××旅行社，×经理，联系方式：××××××××</td></tr>
<tr><td colspan="2">说明：对接单位不是博物院而是当地旅行社，只要能够达到目的、把握资源、解决问题，特别是能够第一时间找到负责人，都是可以选择的课程资源对接人（单位）</td></tr>
</table>

步骤三：剖析研学旅行课程资源结构

研学旅行课程资源是研学课程的核心要素，也是研学旅行可持续发展的物质基础。作为研学课程供给的重要载体和空间布局的主要依托，其资源结构是课程资源的空间分布、网络结构等空间属性及品质、数量等物质的组合关系。剖析这些资源如何为研学旅行产品开发所用，使其成为研学旅行的知识点，常用的办法就是从教材内容中剖析，从课程资源中倒推，从现有课程中分析。

（一）从教材内容中剖析

从教材内容中剖析是一种最基础、最有效的办法。将教材、教纲一节节捋过去，找出适合的知识点作为研学旅行资源的内容。

目前，研学、游学机构的发起方在设计研学课程的时候，比较常用的方法就是直接从教材中找到那些知识点，然后围绕这些知识点去设计研学课程环节，把这些课程环节套用到具体的研学课程场景中，组成一个大的体系。

以四年级科学中的一篇课文《美丽的月亮》为例。《美丽的月亮》是一篇介绍月亮的课文，拎出来作为一个单独的教材点，提炼知识点、设计相关环节，内容会比较单薄。所以，需要去充实相关内容。继续剖析同年级的其他科目，在四年级语文中，有一篇《走月亮》，内容上与它相关联。在四年级数学中，《大数的认识》介绍了一种具体的技术方法。科学、语文、数学这三者可以串联到一起来。于是可以设计一个或者几个研学课程环节——陪伴我们的月亮。

根据四年级的课程标准，可以确定研学目标：了解月球与太阳系；建立大数在生活中的应用和基本认识；阅读有关的故事、童话、传说（如图 2-2 所示）。

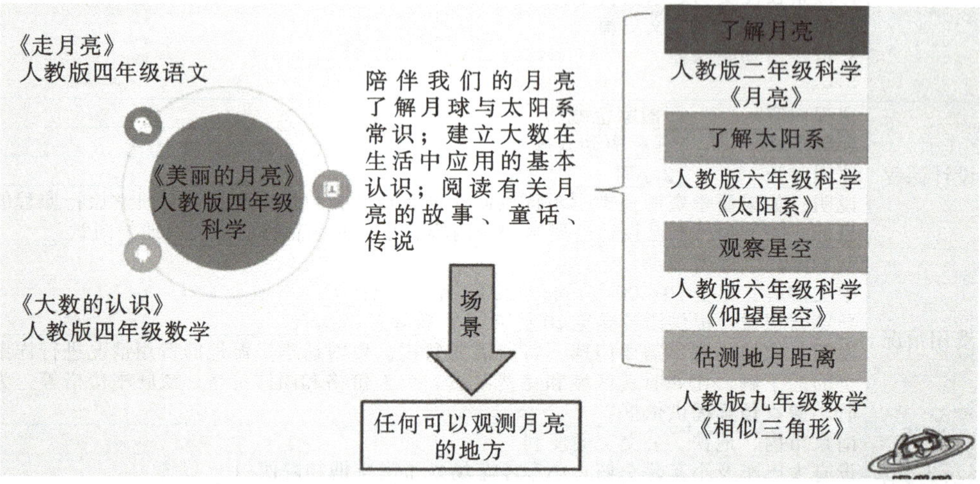

图 2-2 “陪伴我们的月亮”研学课程体系

“陪伴我们的月亮”这个研学课题应用场景非常宽泛，任何可以观测月亮的地方都可以。当然，还要考虑它在整个研学课程体系中的位置。如果是以航空航天或宇宙探索为主题，那么“陪伴我们的月亮”可以放在一个非常核心的位置，承上启下；如果是自然探索，或者是地理探究内容的课程活动，“陪伴我们的月亮”可以放到比较次要的地方；如果是历史探索、红色教育，月亮相关课程环节就不合适。当找到了教材、知识点，设计出了课程环节，还要把“月亮”放在合适的场景下、合适的体系中，让它显得不那么突兀，让它成为整个体系中一个有机的组成。

（二）从课程资源中倒推

根据现有的课程资源倒推，搜索相关知识点，关联相关教材章节。以最近几年较为火热的课程资源安徽黄山为例（如图2-3所示），黄山有两个非常典型的课程资源，即建筑和传统文化。

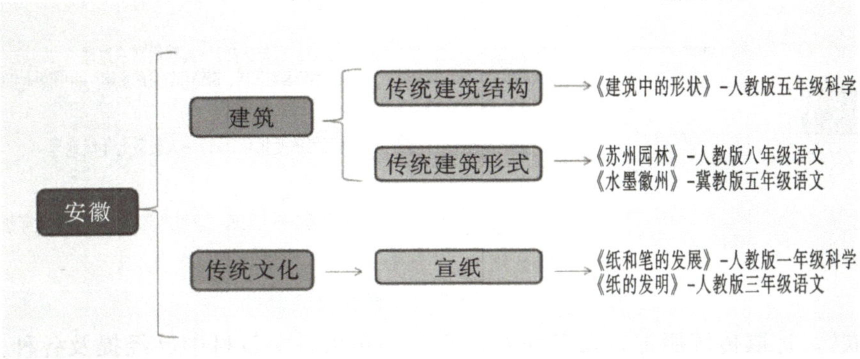

图2-3 安徽黄山建筑和传统文化课程资源

1.建筑

（1）传统建筑结构。它的内在是传统的木质建筑，它是如何搭建到一块的？工人用了什么样的方法？原来的木匠是怎样加工的？

（2）传统建筑形式。它的外观有什么特点？它为什么具有这样的特点？为什么其他地区的房屋没有这样的特点？

这些是研学课程可以进行探讨且便于操作的，可以做成一个课程环节。

那如何去关联教材呢？在搜索教材时发现，人教版五年级科学中讲到了建筑的形状和建筑的形式；人教版八年级语文《苏州园林》可以和徽派建筑进行对比。再深度挖掘，可以从审美、历史演变继续延伸。冀教版五年级语文《水墨徽州》是从一个更全面的角度去描述安徽，这可以训练学生的描述能力。

2.传统文化

传统文化代表之一是宣纸。宣纸作为文房四宝之一，是非常重要的传统文化。宣纸，不管是它的演变还是它的制作工艺，都可以跟教材关联上。通过人教版一年级科学《纸和笔的发展》，学生们了解了纸和笔大致的发展历程；人教版三年级语文《纸的发明》简单描述了纸的发明过程以及它的材料和原始制作工艺。但是，如果给高年级学生设计相关内容，他们就缺乏兴趣了，这就需要作出改变。可以从纸的发明开始，从纸的原始制法入手，让学生先去体验，然后去了解现代纸张的制作方式。这样课程内容就逐渐填满充实了。

这是一个思路，通过已有的课程资源倒推，来寻找可以关联、可以使用的知识点，盘点现有的课程资源，选出经典的、有代表性的、可操作的内容来设计研学课程。

（三）从现有课程中分析

从现有的课程中分析。以西安为例，西安作为历史古都，也是非常热门的研学旅行地点。各家机构手中都多多少少有一些西安的成熟的课程方案和课程体系，这些现有课程中哪些能关联相关教材呢？可以选择基础四点——衣食住行，既可以关联民俗，也可以挂钩历史，涉及面很广，如图2-4所示。

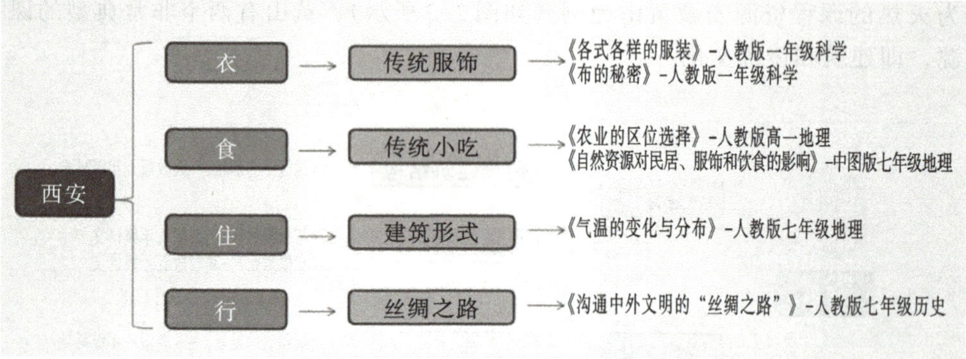

图2-4　西安研学旅行课程关联教材

“衣”，选取传统服饰以及其原料。小学一年级科学教材中已经提及各种各样的服装，以此为基础，可以开展相应的课程。同样，如果在这方面已经有了课程环节，那么就可以把这方面的知识点衍生过来，作为课程点去做相关新的课程。

“食”，吃的这个东西原料是什么？为什么要选用这种原料？为什么要选择某种特定的加工工艺？为什么有一些特殊的口味癖好？可以选择跟地理相关的内容，如地理中农业的区位选择，自然资源对民居、服饰、饮食的影响。跳出原本仅仅在课程介绍中的一行字“品尝西安特色小吃”，挖掘更多更有意思的内容，让课程更加充实。

“住”，联想到窑洞。这里关联地理方面的气温的变化与分布。是因为气候的原因人们才选择住窑洞吗？什么样的气候影响了人们的选择？为什么窑洞没有在其他地方出现？为什么窑洞最为集中的是陕西地区？

“行”，能关联的相对较少，多考虑交通方式。变换角度，放宽视野，选择大尺度上的新丝绸之路，关联七年级历史《沟通中外文明的“丝绸之路”》，可以用这个点把有关历史串联起来，让课程体系变得更加紧密，有机联系。

这几种方法是相对而言比较有效的方法，在已有资源的基础上找到相关联的教材，再找到这些教材中的知识点。

案例分析2-5

初中历史课程研学资源的开发

李军在《近五年来国内研学旅行研究述评》中提出对于研学旅行的课程化构建，可开发自然类、历史类、地理类、科技类、人文类等主题的研学课程。他以初中历史课程研学资源的开发为例剖析研学旅行资源结构。

根据人教版新课标初中《历史与社会》七至九年级课程中部分章节，针对初中历史教学中具有实地研学教学价值以及具备研学教学条件的课程，与第一批浙江省中小学生研学实践教育基地名单相对照（见表2-9），既能够体现历史学科的研学价值，又能为初中历史教学提供一些参考。

表2-9　第一批浙江省中小学生研学实践教育基地课程对照表

初中《历史与社会》分册	教材相关章节	研学实践基地所在区域	基地名称	旅游资源分类
七年级	第二单元第三课 世界大家庭	杭州市萧山区	浙旅院国际教育旅游体验区	人文类
	第三单元 各具特色的区域生活	衢州市常山县	常山国家地质公园研学基地	自然类
	第五单元第二课 山川秀美	杭州市临安区	临安天目山风景区大地之野基地	自然类
	第六单元第二课 南方地区	衢州市江山市	江山秀美耕读研学基地	自然类
	第八单元第三课 中华文明探源	宁波市余姚市	余姚市河姆渡遗址博物馆	人文类
八年级	第一单元 中华早期国家与社会变革	杭州市西湖区	下城区浙江省博物馆	人文类
	综合探究二 从宗教景观看文化的多样性	宁波市江北区	宁波古建筑博物馆研学基地	人文类
	综合探究三 探寻丝绸之路	宁波市北仑区	宁波中国港口博物馆	人文类
	第四单元第二课 隋唐：开放革新的时代	台州市天台县	天台山优秀传统文化研学基地（浙东唐诗之路）	综合类
	第四单元第三课 宋元：多元文化的碰撞交融与文明高度发展	丽水市龙泉市	龙泉青瓷文化旅游度假区研学基地	综合类
	第五单元第二课 新旧交织的明清文化	湖州市南浔区	南浔古镇教育基地	人文类
九年级	第二单元第四课 中国新民主主义革命的开始	嘉兴市南湖区	嘉兴南湖革命纪念馆	人文类
	第二单元第五课 开辟革命新道路的艰难历程	丽水市遂昌县	王村口红色教育研学基地	人文类
	第三单元 中国抗日战争与世界反法西斯战争	宁波市余姚市	浙东（四明山）抗日根据地旧址群	人文类
	综合探究六 走在复兴之路上：感受新中国的精神力量	金华市东阳市	横店影视城影视旅游文化研学基地	人文类
	第七单元第四课 当代科技革命与社会生活	温州市鹿城区	温州市科技馆	人文类

资料来源：任宇鹏.研学课程资源的开发与运用案例探究［D］. 温州：温州大学，2020.

分析提示：研学的本质是教育。教育需要跨界、整合、协作，研学旅行同样需要。对课程研学资源的开发与利用，首先就需要对现有的各类资源进行整合。如何能更好地让广大青少年在研学旅行过程中实现对“中国特色社会主义道路自信、理论自信、制度自信、文化自信”的理解和认同，只有考虑对资源进行跨区域的整合，更巧妙地凸显研学旅行的特色，才能最大程度地实现研学的教育价值。

任务评价

通过实施以上步骤，是否达成了该项任务目标呢？请对完成任务的情况作出评价，见表2-10。

表2-10 **本任务评价参考表**

实施步骤	完成情况			
	优	良	中	差
查找研学旅行课程资源				
筛选研学旅行课程资源				
剖析研学旅行课程资源结构				

随堂练习

一、单项选择题

1.（　　）是学生研学旅行过程中开展研究性学习和生活住宿的大本营。

A.研学实践营地　B.研学实践基地　C.研学场馆　D.学校

2.（　　）是对开展研学旅行课程的基本要求。

A.资源规范化　B.资源多样性

C.资源基地化　D.资源安全化

3.（　　）资源范围广泛，容易搜集，是最主要的研学课程资源。

A.博物馆类　B.科研院所类

C.自然生态类　D.名胜古迹类

4.研学旅行（　　）是研学课程的核心要素，也是研学旅行可持续发展的物质基础。

A.课程资源　B.研学场馆

C.研学机构　D.研学师资

5.剖析研学旅行课程资源结构最基础、最有效的办法是（　　）。

A.从教材内容剖析　B.从课程资源中倒推

C.从现有课程中分析　D.融会贯通相关课程

二、多项选择题

1.研学旅行课程资源按照空间分布的不同，可分为（　　）。

A.校内研学资源　　B.营地研学资源　　C.基地研学资源
D.户外研学资源　　E.校外研学资源

2.研学旅行课程资源的开发实质上是针对研学旅行资源的特点，探寻一切有可能设定进入的课程与教育教学活动联系起来，并对课程资源进行充分挖掘，实现教育教学的目标价值。研学旅行课程资源的特点是（　　）。

A.资源校外化　　B.资源多样性　　C.资源基地化
D.资源营地化　　E.资源规范化

3.研学旅行课程资源分类方式多种多样，属于按资源主体分类的有（　　）

A.传统文化类　　B.运动拓展类　　C.革命教育类
D.自然生态类　　E.基地营地类

4.完成研学旅行课程资源分类后，主要利用（　　）完成对研学旅行课程资源的搜集。

A.互联网搜索　　B.查找参考书　　C.个人经验
D.直觉　　E.他人口碑

5.剖析研学旅行课程资源如何为研学旅行产品开发所用，使其成为研学旅行的知识点，常从三本书中寻找，即（　　）。

A.研学旅行手册　　B.教辅资料　　C.教材
D.课程标准　　E.教师用书

三、判断题

1.研学旅行课程资源考察的目的是考察研学旅行课程资源是否与信息核实内容相符，以及对研学旅行课程资源的实用性、可行性、安全性进行考察。（　　）

2.研学旅行课程资源作为研学课程供给的重要载体和空间布局的主要依托，其资源结构是课程资源的空间分布、网络结构等空间属性及品质、数量等物质的组合关系。（　　）

3.搜集研学旅行课程资源信息的目的是用来判断研学旅行课程资源是否符合本次研学课程的内容。（　　）

案例共享

四川：盘活资源打造研学旅行新高地

45个省级地学类研学旅行实践基地、112个红色教育研学旅行实践基地推出，研学旅行相关标准发布……近日，由四川省文化和旅游厅、四川省教育厅、乐山市政府联合主办的四川省首届研学旅行大会举办，标志着四川研学旅行迈入新的发展阶段。

近年来，四川以统筹协调、整合资源为突破口，遵循“社会即学校，实践即育人”的思路，大力推动全省中小学校组织开展研学旅行实践活动，已经初步形成具有四川特色的研学旅行实践模式。下一步，四川将进一步推动研学旅行大发展，为传承弘扬中华文明发挥积极作用。

制定相关标准

近几年，四川在发展文化和旅游过程中，高度重视研学旅行各项标准的制定与实施，为推动研学旅行高质量发展奠定了坚实基础。

6月1日，由四川省文化和旅游厅、省教育厅牵头制定的省级标准《研学旅行基地（营地）设施与服务规范》和《研学旅行实践活动设计规范》公布，为研学旅行各参与方选择研学基地和营地、制定研学线路提供了标准和依据。

四川省文化和旅游厅一级巡视员宋铭表示，制定标准能够更好地引导、规范研学旅行基地建设和研学旅行市场发展。“下一步，四川将发布研学旅行实践基地管理办法，明确省、市、县三级创建和管理机制，建立准入和退出机制，促进研学旅行资源的开发、建设，以及主题品牌、产品设计的优化打造。”

下一步，四川将在“教育为本、安全第一”原则下组织开展研学旅行，同时建立研学旅行资质清单，加快研学旅行活动服务评价平台建设；同时，严格规范研学旅行基地创建评审标准，优化研学旅行实践课程和教材，加强相关人才培养，开展相关人员从业资格认证。

四川省首届研学旅行大会举办期间，上线运行了四川省研学旅行系统。该系统依托“智游天府”平台，面向研学旅行基地和学校，设有研学预约、学生打卡、基地展示、统计分析等功能，便于研学旅行基地做好预约管理、活动管理、课程管理、信息管理等工作，为研学旅行基地的评定评价、服务提升、产品研发等提供支持。下一步，该系统还将用于分析全省、各市州、各基地的研学旅行人次、热门研学基地、热门研学课程、研学学生画像等内容，并开展数据共享，发布研学旅行数据报告，为四川研学旅行高质量发展提供有力支撑。

完善产品体系

四川通过建设特色研学旅行基地、营地，推出研学旅行精品线路，发布课程教材等方式，推动研学旅行快速发展。

四川省首届研学旅行大会举办期间推出红军强渡大渡河纪念馆、邓小平故里、朱德同志故居纪念馆、中国两弹城等112个中小学红色教育研学旅行基地，以及龙门山国家地质公园、峨眉山研学旅行实践基地、自贡恐龙博物馆、四川兴文世界地质公园等45家地学类研学旅行实践基地。世界研学旅游组织（WRTO）执行主席、四川大学旅游学院教授杨振之认为，中小学红色教育研学旅行基地的发布是庆祝中国共产党成立100周年，推动党史学习教育向青少年延伸的有力举措。

目前，四川已将研学旅行纳入中小学教育教学计划，同时建设了一批具有地方特色的研学旅行基地、课程和线路，为四川研学旅行高质量发展奠定了良好基础。2016年，绵阳市成为原国家旅游局公布的首批中国研学旅游目的地之一；2017年，成都大熊猫繁育研究基地等成为教育部公布的首批全国小学生研学实践教育基地之一；2019年，世界研学旅游组织总部落户乐山市。据统计，目前，四川已有国家级研学营地2个、国家级研学基地19个、省级研学营地12个、省级研学基地114个。

目前，四川省发布地方课程教材《可爱的四川》，并将于今年秋季学期投入使用。该教材根据中小学生身心发展规律和认知特点，精选具有代表性和典型性的研学实践基地，成为学校研学实践课程的配套教材。翻开《可爱的四川》，巍峨的高原、雄伟的雪山、富饶的平原、珍奇的动植物等展现了四川的“自然之美”；古蜀文明、三国遗址、文学巨匠足迹、民居民俗特色介绍了四川的“人文之美”；伟人将帅故里、红军长征足迹、革命英烈纪念馆体现了四川的“红色之美”；两弹摇篮、航天科技、乡村振兴、产业升级等介绍了四川的“发展之美”。

四川省委教育工委副书记、教育厅副厅长崔昌宏说：“配合该教材，我们已经推出了地学研学线路、红色研学系列精品线路。今后，还将陆续推出工业文明研学旅行线路、诗歌文化研学旅行线路等，进一步完善四川的研学旅行产品体系。”

发展潜力巨大

“从读万卷书，行万里路到现代自然教育，研学旅行一直都是国民教育的重要基因。”杨振之认为，研学旅行串联了学生教育和家庭亲子游消费市场，是“教育+旅游”的最佳组合，市场潜力巨大。

近日，四川省教育厅等14部门发布的《关于进一步推进中小学生研学旅行实践工作的实施意见》提出，全省各地要把研学旅行实践作为推进中小学素质教育的重要手段和载体抓细抓实，各地中小学每学年要组织1至2次研学旅行实践活动，并逐步将学生研学旅行实践评价结果纳入学生学分管理体系和学生综合素质评价体系。

新华文轩出版传媒股份有限公司总经理李强说：“研学旅行的发展将进一步发挥四川红色旅游资源的育人功能，有利于传承红色基因、弘扬时代精神。我们将依托自身优势，建成覆盖全省的劳动与实践教育服务体系。”

成都市茶店子小学校党总支书记蒋娅认为，研学旅行将让孩子们更加热爱国家和城市，有助于丰富体验、提升审美情操。该校将结合成都公园城市建设，创新推出绿道研学“课程群”，打造学生成长的“栖息地”。

近两年，广元市示范性综合实践基地管理中心接待了来自陕西、浙江、新疆、青海、四川等地的学生研学团队共计4万余人次，近60个代表团前来考察学习。该中心主任侯兴龙说：“研学实践教育是国家教育改革的新举措，我们正在探索创新发展之路。”

四川省副省长罗强表示，研学旅行具有社会、经济、人才等综合效应，在增强学生实践能力、提升素质教育水平、激发旅游市场活力等方面具有重要作用，是新形势下推动教育事业及文化和旅游产业发展的重要抓手。四川将进一步把研学旅行工作推向深入，推动建设教育强省、文化强省、旅游强省。

资料来源：白骅.四川：盘活资源打造研学旅行新高地［N］. 中国旅游报，2021-06-17.

请思考：如何提高研学旅游资源投入教学应用的可行性？

分析提示

思而行远

学在旅途 游在其中——山西太原暑期研学实践旅游线路一览

研学旅行是感悟文化的过程，不仅能最大限度地满足学生的好奇心和求知欲，还能释放压力，增长见识。

暑期来临，为让孩子“学在旅途，游在其中”，山西省太原市文旅局推出研学实践旅游线路，让孩子们放下厚重的书包，带上简便的行装，来一场“寓教于游”的锦绣太原研学之旅。

寻·革命足迹 续·红色血脉

彭真生平暨中共太原支部旧址纪念馆—山西国民师范旧址革命活动纪念馆—高君宇故居—阳曲店子底支前纪念馆—古交关头晋绥八分区旧址革命活动纪念馆

历史是最好的教科书。该线路是为喜迎党的二十大、助推太原清廉校园建设而设计的，让孩子们重温红色历史，学习革命先烈的奋进精神。孩子们可走进彭真生平暨中共太原支部旧址纪念馆、山西国民师范旧址革命活动纪念馆，追寻革命先烈的足迹，探求革命真理；通过瞻仰、参观高君宇故居，深入学习他“以天下为己任”的豪情壮志；走进阳曲店子底支前纪念馆，追忆艰苦的支前岁月，珍惜当下幸福生活；在古交关头晋绥八分区旧址革命活动纪念馆里了解先烈的丰功伟绩，亲自体验热血捍卫下的“钢铁走廊”。

游·绿色田园 学·农耕文化

稻田公园—华辰农耕园—太原植物园—青草坡乡村庄园

来到稻田公园，在稻田艺术体验馆，沉浸式体验晋祠大米的春生夏长、秋收冬藏，领悟“粒粒皆辛苦”的内涵；在晋祠米铺里研习米文化系列课程，亲手制作可口的晋祠米糕；华辰农耕园乡土气息浓厚，可体验新鲜瓜果蔬菜尽收篮中的喜悦，还可了解珍稀动物的生活方式，感兴趣的话，不妨坐在湖边过一把“愿者上钩”的瘾；在太原植物园秀丽的美景中科普植物花草，收获课本中学不到的知识，激发学习兴趣；带上小朋友入住青草坡乡村庄园冬暖夏凉的特色窑洞，体验田间采摘的乐趣，接受中国农耕文化的熏陶。

探·工业文明 解·工匠精神

1898兵工厂文化产业园—东湖醋园—六味斋云梦坞文化产业园—紫林醋工业园—中国煤炭博物馆

1898兵工厂文化产业园是全国首批140个科学家精神教育基地之一，参观这里，让爱国情怀和机械知识暴涨；东湖醋园是山西省科普教育基地、山西省中小学质量教育社会实践基地，在这里可欣赏600年前传统陈醋酿制技艺，深入感受传统文化；六味斋云梦坞文化产业园是一个党性教育基地，现代化标准生产线将传统工艺演绎得淋漓尽致；紫林醋工业园可以让游客了解醋的前世今生、使用价值和保健养生功效；中国煤炭博物馆是全国研学旅游示范基地和全国中小学生研学实践教育基地，可在“煤海探秘”中了解煤炭的历史文化和科学技术。

访·名寺古刹 读·府城历史

文庙—纯阳宫—崇善寺—双塔寺

走进文庙，在布局完整、规模较大的孔庙建筑群中，领略儒家思想；进入纯阳宫，感受山西历史人文和古建艺术的魅力；来到崇善寺，在崇善“三宝”的佛学世界里，品读山西历史文化精髓；观“凌霄双塔”，在厚重的人文底蕴中感受太原府城的历史文化。

走·历史街巷 品·古韵文脉

拱极门—府城文道—晋阳古城—太原古县城

拱极门是山西省太原市至今唯一保存完整的古城门，见证了山西太原600年间的历史风华。穿过雄伟古朴的城门，可到浸润着“山西味道”的府城文道，寻找心中那份历史情结；探古迹知史实，则可到晋阳古城，在斑驳的墙壁上，阅读尘封已久的古老故事；一街五千年，一城看山西，太原古县城是2 500年晋阳古城文脉的延续，漫步古街古巷，通过老店铺、青砖小瓦、古式木质板门，依稀可见当年商贾云集、游人如织的繁华。

进·文博院馆 追·文明之光

晋商博物院—山西博物院—山西地质博物馆—山西青铜博物馆—太原科技馆

进入晋商博物院，从汇通天下的光辉历史中追寻晋商足迹；参观山西博物院，找寻悠远的历史记忆，解读博大精深的华夏文明密码；到山西地质博物馆，了解亿万年间山西的时空变迁；走进山西青铜博物馆，探寻中国青铜文明的脉络，领略华夏古文明的辉煌乐章；在太原科技馆，感受宇宙的神奇奥妙和融入人们生活的现代科技。

资料来源：栗美霞.学在旅途 游在其中——山西太原暑期研学实践旅游线路一览［N］.山西经济日报，2022-07-19.

任务拓展

以本地区自然地理或者自然生态关联中学地理或者生物知识，尝试进行相关资源结构的剖析。

任务三　提炼研学旅行课程主题

任务概述

开发研学旅行产品，应当涵盖研学主题与路线、资源与旅游行程、注意问题等，需要着重强调与展示本地特色与文化内涵，针对小、初、高各年龄阶段的参与对象，设计出适应各个阶段学生成长情况，且操作简单，易于实现研学旅行目标的研学旅行产品。

学生通过研学走出校园，在空间上实现了拓展。但是由于各个研学基地的主题和性质差异，如果只是按照时间顺序，或是地点顺序孤立地在空间的各个点行走，就会导致研学中走马观花、只游不学或是难以深入学习的问题。因此，研学旅行必须有明确的主题，而研学产品设计有必要从学生认知规律的角度出发，将一个个孤立的研学资源点通过一定的“逻辑”串联起来，整合成一条具有“核心主题”的线路，让行走过程有主线，让学习过程有焦点，让素养形成有脉络。

素质目标

1. 培养对问题的综合思考和解决能力。
2. 培养解决问题的独立思维和创新精神。
3. 提高语言表达和书面表达能力。
4. 培养团队协作意识和沟通技巧。

知识目标

1. 掌握研学旅行产品主题的特征。
2. 熟悉研学旅行产品主题的类型。
3. 知晓研学旅行产品主题设计的原则。

能力目标

1. 能够精准定位研学旅行产品的主题。
2. 能够准确定位研学旅行产品的内容。
3. 能够合理设计研学旅行产品主题的名称。

理论知识

一、研学旅行课程主题类型

研学旅行主题决定了整个课程的内容和方向。按照主题的类型，可以分为单一主题、综合主题和分类主题三大类。

（一）单一主题

单一主题是指研学旅行中以某个明确的主题作为学习的核心目标或内容展开活动。单一主题可以针对某方面特定内容，如关于中草药主题的研学旅行。无论是对医学研究院所、药用植物园、制药厂的参观，还是对药用植物的栽培试验，抑或是对药用植物生长环境的考察，都是针对“中草药”这个明确的主题开展的。研学旅行也可以运用某种考察探究方法进行，如运用抽样调查法调查研究某一水域的不同鱼类的数量、不同种类滩涂上鸟类的多样性现状。

单一主题的特点是主题突出、内容明确、目的性强、实践操作性强。由于研学内容或考察探究方式比较明确，学生在研学过程中研究问题的确定和调整也相对缺乏自主选择性。单一主题的研学旅行比较适合短期的科学探究类和自然考察类研学。

（二）综合主题

综合主题，顾名思义，是多个单一主题的融合。一般情况下，课程设计者会依托地域特色设置研学综合主题，如陕西研学。陕西有中国地理南北的分界线秦岭，可以作为自然地理类的探究学习对象；陕西作为秦汉文明的发源地，有多彩的民俗艺术，可以作为艺术赏析的资源地；省会西安市作为十三朝古都，有丰富的历史人文考察资源。这种没有明确区分主次的，多角度、多方式、多内容的主题设计研学就是综合主题的研学旅行。综合主题的研学旅行内容是并列的、独立的，不存在逻辑和顺序先后的关系，可根据开展活动的时间长短进行内容上的添加和删减，并不会影响整体研学旅行活动的开展。

一般情况下，主题是按照层次设计的，主题的层次越高，范围越大，内容就越丰富。有时主题在前期并没有明显的层次划分，但在大主题被确定后，需要引导学生不断地将主题范围缩小，逐步确定学生真正具体学习和研究的内容。可以说，研学旅行课程是通过体验性活动，让学生根据主题，不断地缩小关注点，最终确立自己的研究小课题，获得知识，提升能力，增强体验。

（三）分类主题

分类主题是在综合主题之下，针对不同类别，侧重某方面内容的一种综合主题设计。从大的方向来看，可以分为历史文化类、科技创新类、自然教育类、艺术审美类、体育健康类、职业体验类和可持续发展类。不同类别的研学旅行主题需要运用的学科知识和能力不同。例如，历史文化类主题的红色文化研学旅行，需要学生亲临爱国主义教育基地，了解红色文化，体会革命先烈在战争年代经历的艰难困苦和峥嵘岁月，提升民族自信和爱国热情。这样的主题主要涉及学生的历史知识、地理知识、文学知识等，通过参观展览、实地观察、交流心得等学习形式完成活动。可持续发展类的环保主题设计，如研究海滨旅游区的塑料垃圾问题，可以通过多样化方法对沙滩上的塑料垃圾进行估算统计，了解沙滩上的塑料垃圾对海洋生物和人类的危害，形成前期资料，通过专家指导，开展小组活动，设计出防止塑料垃圾出现在海滩上的方案，对方案加以汇总修正形成倡议书，呼吁游客妥善处理生活垃圾。

二、研学旅行课程主题特征

一个好的研学主题，会带活一次研学旅行。一个鲜明的研学主题，就像画龙点睛，会点亮一次研学旅行。研学旅行主题要“量体裁衣”，紧密结合不同学段特点、教育目标和地域特色，多层次、分梯度、多维度地设计研学旅行产品，好的研学课程主题基本符合以下三个特征：

（一）注重教育性和知识性

研学旅行课程本身是一种教育向旅游行业延伸的产品。研学旅行课程设计除了要求具有传统旅游产品设计思维外，更要立足教育层面，以实践育人为导向，把课本知识活动化，把活动教育化；要遵循教育内在规律，既要注重旅行形式的趣味性、旅行过程的知识性、旅行内容的科学性，也要注重培育学生良好的人文素养、品格习惯。研学旅行课程需要教师/研学指导师全程参与，引导青少年学生通过活动真正获得知识、提升认知。

（二）注重地域性和体系性

针对当前研学旅行市场课程同质化现象，各地应充分发挥本地研学资源优势，设计主题化、体系化的地域研学旅行课程。如山东曲阜儒源集团将传统国学培训与曲阜三孔结合起来，开展国学主题研学；河南少林寺将武术培训与弘扬少林文化结合起来，开发少林武术主题研学；常熟根据本地特色，把青少年研学旅行产品分成“常熟——江南国学之塾”“常熟——科普教育之塾”“常熟——江南耕读之塾”“常熟——江南手作之塾”“常熟——户外体验之塾”五大主题。

（三）注重开放性和灵活性

培根在《论旅行》中提到“旅行是年轻人教育的一部分”。研学旅行的国际化理念倡导人们通过教育旅行活动，理解、接纳、关心、尊重不同国家和地域的文化差异，提高国际认知能力和理解能力。注重开放性、灵活性的研学旅行课程设计，改变了学习的一般形态和方式，扩大了学生视野，更能激发他们的创作热情和创新意识，提升他们的创新能力，适应国家培养创新型人才的内在需求。

三、研学旅行课程主题设计原则

（一）教育性原则

教育性原则是研学旅行的基本原则，研学旅行的活动课程要结合学生的身心特点、接受能力和实际需要，注重系统性、知识性、科学性和趣味性，着力培养学生的社会责任感、创新精神和实践能力。只有把教育性原则放在第一位，我们才能避免只旅不学或者只学不旅的现象。

（二）实践性原则

研学旅行是研究性学习和旅行体验相结合的一项校内外结合教育活动。研学是目的，旅行是载体。通过开展各种活动和学生的亲身体验来实现研学综合育人的目的，课程的设计和实施，要充分促进学生知与行、动手与动脑、书本知识与生活经验的结合统一。

研学旅行需要行走，在行走中发现想要研究的问题，进而去解决问题。所以，主题的设计必须有可操作的内容，避免学生在学校里以单一的学科课堂知识接受为基本方式、以知识结果直接获得为目的的学习活动。研学旅行课程强调超越教材、课堂和学校的局限，在活动时空上向自然环境、生活领域和活动领域延伸，加强学生与自然、社会、生活的联系。

（三）融合性原则

研学旅行要以统筹协调、整合资源为突破口。从立德树人、培养人才的根本目的出发，站在综合育人的高度，基于核心素养的形成来进行统筹、设置和实施，在此过程中就要进行资源的梳理、整合，甚至跨界整合。比如自然文化遗产、红色教育资源、综合实践基地，包括科技馆、知名院校、工矿企业、科研机构等都可以进行充分挖掘、整合可利用资源。

研学旅行课程应该模糊学科的界限，因为在社会大课堂中学习，学习的内容一定是多元的、整合的，会联系到多个学科的知识，也会应用到多个学科。如怀柔野外生存之旅，既会涉及地理学科中的地形地貌、地质灾害的认识与考察，也会涉及生物学科的植物、动物、生态环境的研究，还会涉及语文、历史、美术等学科范畴的相关问题。

（四）开放性原则

作为考察探究类的活动，研学旅行的主题应该是开放的、可生成的，应该是让学生能够充分参与的。研学的过程发生在旅行中，发生在社会大课堂中，研究和体验不是孤立开展的。研学旅行的整个过程是个体经验、社会生活和自然体验的融合过程。学生可以主动探究研学课程的主题，累积知识、生活经验和社会经验。

任务实施

研学旅行行程安排既要保证学生能有研学收获，还要保证学生能体验旅行的快乐，所以行程安排就需要张弛有度，其中的细节把控非常考验研学旅行设计者的能力，鉴于气候、路况等突发因素，还需要对行程进行不断地调整，那么行程安排就需要有预案。研学旅行行程设计最好的方式就是拆分和模块化设计，只有这样的方案设计，才能在研学旅行过程中将活动安排得行云流水，遇到特殊情况时临时改变也能游刃有余。

研学旅行课程的主题是研学旅行的关键所在，课程主题确定关乎后来研学旅行课程的设计以及后期的研学旅行活动的顺利进行，研学旅行在开始之前就必须做好研学主题方面的内容。因此，在行程安排前，首先就要提炼出研学旅行的主题。结合研学旅行的主题分类、服务对象以及市场调研情况，我们可以将此工作过程细分为以下步骤。

步骤一：明确研学旅行课程主题方向

研学旅行重在“研学”，“学什么”“怎么学”是研学旅行的核心，旅行是促成学习的一种手段。主题的确定不是随意而为的，在研学活动组织的起始阶段，就要经历一个系统的思维过程，将若干重要的问题理清楚，确定一个最恰当的主题。研学旅行的主题是一次研学活动的灵魂，一般会提炼出独特的思想和文化教育内容作为主题。一个好的研学主题，要体现出线路资源特色和独特教育价值，既能表现地域特点，又能表达资源价值、学习内容或者核心素养导向。

研学旅行课程主题分类没有固定的标准，主要是指研学的各个地点或资源之间存在一定共同的知识层面的特征，从而形成了一定的联系。这种共同特征不是简单的时间或地点上的共同特征，而是某种具体知识层面上的。遵循一定逻辑、符合教育目的、以研学旅行课程内容或课程领域作为主题来分类，表述简洁，更加易于理解。

（一）历史文化类

历史文化类研学旅行课程包括以重要历史事件发生地和著名文化遗产地作为研学目的地而构建的课程类型，主要目的是丰富学生的历史知识和文化素养，建立现代社会生活与历史事件、传统文化的联系，培养学生的人文底蕴和文化理解能力。

（二）科技创新类

在学生发展核心素养框架中，培养学生的科学精神和实践创新素养被作为重要的文化基础和社会参与方面的支撑。科学精神要求具有理性思维、批判质疑和勇于探究的精神；实践创新素养要求学生具有解决问题和技术应用能力。科技创新类研学课程整体指向科学精神和实践创新能力的培养，对培养学生的探索精神、热爱科学的情感、严谨认真的态度都具有积极的促进作用。在研学过程中，尤其是行前课程中，应该安排一定的创新思维与方法训练、科技知识讲解或讲座、科技类课题选题、科技企业或场馆参观考察等，研学返校后，对科技创新类小课题研究的指导也要持续跟进。

（三）自然教育类

中国幅员辽阔，南北气候特征差异明显，地形地貌丰富，自然植被和野生动物种类繁多，适合学生进行考察和探究活动。自然教育类的研学课程主要是让学生了解所处的户外环境，了解一般性的户外地质考察的方法。此类研学课程使学生在真实环境中考察的情况与课堂所学的内容相互联系、相互验证，有助于加深学生的理解和认识，促进学生的思考。通过研究性学习，探究有意义的自然地理类小课题，有助于学生深入思考问题、研究问题。这些小课题可能是环保类的，也可能是自然灾害类的，甚至可能仅仅是对一块岩石形成的研究。每一个小课题都包含着对家、国、世界和大自然的热爱和责任。

（四）综合发展类

随着课程改革的深化、2017年版普通高中课程方案和课程标准的出台，素质教育的脚步日益加快，进程日渐深入。近年来，我国教育从面向考试的培养转向面向素养的培养，研学是课堂教育的延展，是为了更好地提高学生的素养。随着中考、高考模式的改革，学生自主选择未来人生方向的时间也大大提前。因此，艺术审美、体育健康、职业体验类的研学课程也变得日益重要。目前艺术审美相关研学课程已经比较成熟，如很多学校组织学生去西安研学，碑林博物馆几乎是必去的学习目的地，在西安碑林博物馆制作拓片就是一种艺术研学课程。同样，在景德镇陶瓷体验基地学习拉坯、制模、施釉、彩绘等一系列传统陶瓷工艺的制作过程，亲手创制属于自己的餐具或杯子等陶瓷作品。通过与技艺传承人交流，学生可了解各种手工艺品的文化背景和制作过程，参与制作，提高动手实践能力，激发对传统手工艺的热爱，提高艺术鉴赏能力。

表2-11简要概括了研学旅行课程的主题类型及其特色。

表2-11　研学旅行课程的主题类型及其特色

研学主题大类	研学主题方向	研学旅行课程的主题及其特色
历史文化类	文化遗产	党的二十大报告指出，加大文物和文化遗产保护力度，加强城乡建设中历史文化保护传承，建好用好国家文化公园。文化遗产类研学课程的目的地通常是一些著名的古都或历史文化名城，此类研学旅行课程设计应兼收并蓄，立足教育性、突出融合性、兼顾趣味性，结合研学目的地的文化特色，深度挖掘其独特的文化价值与传统特色

续表

研学主题大类	研学主题方向	研学旅行课程的主题及其特色
历史文化类	红色教育	红色教育一直是学校爱国主义教育中的一项重要内容。将爱国主义教育和革命传统教育转化为学生感兴趣的研学主题，让学生通过亲历感悟、实践体验、行动反思等方式，在红色教育基地缅怀历史、致敬先烈、坚定信仰，是德育教育的一种有效途径。通过了解老一辈革命者的英雄事迹，让青少年树立正确的人生观和价值观
	历史考察	历史考察类的研学重在通过对历史古迹、博物馆、展览馆的参观考察，重温历史，梳理历史，感悟历史，发现历史。学生可以结合历史课上的知识和课外知识，在研学地点针对感兴趣的文物和历史事件的起源等，从时间、地点、背景、过程、结果、影响等方面进行分析，也可以对历史文化遗迹背后的故事进行挖掘，或者图解一些重大的历史事件等。这类研学旅行无疑是对校内历史教育的有效补充
科技创新类	航天科技	中国发展航天事业已60余载。航天领域有许多高新技术，无论从动力学角度还是从材料能源的角度都可以与中学物理、化学等学科产生联系，作为课堂知识的补充。如果条件允许，可以带领学生进入实验室参观，甚至可以让学生动手体验。了解中国航天的发展史，可以让学生感受到一代代航天人对航天精神的传承和践行
	天文科技	天文科技类研学一般比较高端，在现有的国家课程中很难找到与之相对应的课程，天文设备多精密昂贵，学校鲜有购买的。但是人类对浩瀚宇宙的探索却一直在继续，神秘的星空下到底隐藏着怎样的秘密，一直是学生的好奇心所在。天文科技类的研学多是观星，也有参观一些天文高科技新设备的
自然教育类	地球科学	地球科学类研学也可以简称地学，主要关注与地理课堂教学内容的结合，在大自然中运用所学的地理知识，如对地图信息的读取、在户外对方向的辨别、对地形地貌简单的分析、对一些自然现象简单的解释判断等。这类研学课程要体现出与课堂内容的结合，有学生可以拓展的知识空间和可以实地探究的内容
	生物科学	生物科学类的研学旅行主要关注动物和植物的种类、形状、生活和生长习性，了解生物圈，了解大自然，是真正的回归大自然之旅。自然界每类生物都有自身的生长、繁衍、进化规律，并且符合自然界的生存法则和运行规律。通过观察生物，了解生物科学技术方法以及开展一些科学实验，感受生物科学的奥秘和神奇

续表

研学主题大类	研学主题方向	研学旅行课程的主题及其特色
综合发展类	艺术审美	艺术审美类课程作为学生全面发展的基础课程，此类课程的设计注重体验，注重学生身体的协调和鉴赏能力的提升。艺术审美类课程可以是戏剧欣赏或体验活动，可以是美术工艺制作类实践活动，还可以组织学生在户外写生、摄影、制片，用画笔或镜头记录美好的生活，也可以带领学生开展行为艺术活动等，内容十分丰富
	体育健康	体育健康类课程与国防教育、心理教育密切相关，常见于青少年营地，课程既可以侧重体能训练和拓展，也可以侧重团队合作和心理游戏。体育健康类的研学可以在登山、野营、攀岩等户外运动和户外技能方面进行课程设计。体育健康类课程可以很好地弥补城市学生生活空间的不足，让孩子们暂时放飞身心，在广阔的大自然中和集体活动中陶冶情操、磨炼意志
	职业体验	职业生涯规划教育正在逐步走进各个学校，大多数中学已经配有专职或兼职的学习指导和生涯规划导师。当前的中高考科目，考生有了更多的选择性，而做选择的依据是学生自己的体验，因此学生需要更多的职业体验课程。研学旅行兼具研究性、体验性和实践性，恰恰是一个非常好的载体，让学生体验不同的职业，思考自己的职业兴趣和未来发展方向

步骤二：匹配研学旅行课程主体特征

研学旅行涵盖的产品形态广泛，涉及的群体差异化大，在研学旅行主题设计时不仅要对受众群体进行细分，还要对资源进行细分，以供需端的双重匹配为前提进行主题设计。不同年龄段的研学旅行受众群体在认知、需求上具有很大的差别。针对不同人群的研学旅行主题要素会呈现出较大差异。

（一）结合研学学段的身心特征和接受能力

进行研学旅行主题要素选择时，要结合中小学生的身心特点和兴趣爱好，对研学内容、时间安排、活动距离、线路规划等进行充分考察和验证。针对不同学段的身心特征和接受能力，掌握不同学段的心理，会让研学旅行活动中的沟通更顺畅、更有效。

研学旅行活动是将学校教育与社会教育结合起来的实践体验活动，在进行主题要素选择的过程中，除了要关注学生的科学素养，还要关注此时反映出的身心特征和接受能力，对此进行有效分析和引导，以便促进学生整体核心素养的发展，也能有效激发学生积极的心理状态。

表2-12、表2-13分别为小学生和中学生的心理特征分析。

表 2-12　**小学生的心理特征分析**

领域	心理特征
感知、注意、记忆	小学生从只能笼统、不精确地感知事物的整体，渐渐发展到能够较精确地感知事物的各部分，并能发现事物的主要特征及事物各部分间的相互关系。小学生的注意力不稳定、不持久，且常与兴趣密切相关。小学生的记忆仍以无意识记、具体形象识记和机械识记为主
想象、思维	小学生的想象从形象片段、模糊向着越来越能正确、完整地反映现实的方向发展。低年级的小学生，想象具有模仿、简单再现和直观、具体的特点，到中高年级，他们对具体形象的依赖性会越来越低，创造思维开始发展
情感	随着年龄的增长，小学生的情感也逐渐变得更加稳定、丰富、深刻。低年级小学生虽已能初步控制自己的情感，但还常有不稳定的现象。到了中高年级，他们的情感更为稳定，自我尊重、希望获得他人尊重的需要日益强烈，道德情感也初步发展起来
意志	小学生的身体各器官、系统都生长发育得很快，他们精力旺盛、活泼好动，但同时因为他们的自制力还不强，意志力较差，所以遇事很容易冲动，意志活动的自觉性和持久性都比较差，在完成某一任务时，常是靠外部的压力，而不是靠自觉的行动
性格	小学生的自我意识在不断发展，自我评价的能力不断提高。随着年龄和见识的增长，他们已不再完全依靠教师的评价来估计自己，而是能够把自己与别人的行为加以对照，独立地作出评价。因而在小学阶段进行有效的教育，使学生形成良好的性格是非常重要的

表 2-13　**中学生的心理特征分析**

领域	心理特征
认知能力	中学生观察的目的性、自觉性提高了，观察的时间更为持久，在概括性和精确性上有所提高。中学生思维已由具体的形象思维发展到抽象的逻辑思维，并且由经验型转向理论型，表现在逻辑思维的组织性、敏捷性、灵活性、深刻性、批判性的发展上。中学生在面临问题时能够较快地从根本上抓住矛盾焦点，能够独立、批判地思考，对同学、老师、家长、书本有自己的认识和看法。中学生喜欢争论和怀疑，敢于发表自己的观点，不迷信权威
情感	中学生的情感丰富、高亢而热烈，富有朝气，容易动感情，也容易被激怒，情感体验比小学生深刻。中学生对未来充满了憧憬和幻想，具有活泼愉快的心境。中学生自我调节和控制能力提高了，情感有时带有矛盾性和两极性。中学生好交往、重友情，能快速发展出友谊。中学生由于性发育和对未来的向往，在异性交往中有时会感到困惑
意志	中学生意志特点主要表现在目的性、果断性、自制力几个心理品质上，能够有目的、自觉地作出意志决定和努力，在果断性上有了显著发展，自控能力不断增强
人生观、价值观	年龄的增长、视野的开阔及受教育年限的延长，使中学生开始对人生及世界进行思考和探索
道德品质	中学生的品德有一个完整的结构，即道德认知、道德情感、道德意志和道德行为，它们相对独立又彼此联系，密不可分。道德认知表现在道德思维的发展和道德观念的建立上；道德情感是人的道德需要是否得到实现而引起的主观的内心体验，它伴随着道德认知的发展而加深；道德意志表现为战胜非道德的动机、排除内部障碍和外部困难的决心；道德行为是个体在一定的道德意识支配下表现出来的对他人和社会的有道德意义的活动

（二）根据研学对象的兴趣爱好

“兴趣是最好的老师”，在多元选择的时代，学生在面临选择的时候，很容易陷入迷茫。而没有兴趣爱好是迷茫的根源，因为对知识的喜爱程度是学习内动力产生的源泉。支撑学生进行非正式学习的正是对某一领域的爱好，当学生由内而外地爱上某一领域，成为这一领域的爱好者，便能够激发其自主学习和终身学习。比如语言培训类、科技探索类、非遗传承类，以及以地域优势为背景开发的草原文化、海洋探秘、沙漠穿越等都是比较理想的研学活动选择。

通过正确选择研学活动，可以让学生学习到课本以外的知识，从充实的旅行生活中，学会待人接物的应有态度，并建立正确的价值观及良好品格，培养独立生活的能力、增强自信，最终达到丰富人生经历及社会阅历的目的。

通过主题要素的选择，我们可以说研学旅行无疑是既能培养青少年的兴趣爱好，又能提高青少年的动手能力、表达能力、自理能力等综合素质的最好方式之一。让参与者突破课本和学校给他们自身带来的局限性，在一次次参观体验中，在一次次社会实践中，在一次次动手锻炼中找到自我、提升自我，将学生们从书本上学习到的知识与个人实践经历相结合，选择符合孩子兴趣的主题要素，让孩子感受研学旅行独特价值，真正有“游”有“学”，表2-14为某校“敦煌主题”研学旅行兴趣板块。

表2-14　某校“敦煌主题”研学旅行兴趣板块

课程板块	课程内容
艺术文化课程板块	1.对比四大石窟中作品的艺术特点，比较分析不同石窟作品的区别
	2.了解侵蚀原理，探究不同侵蚀类型对石窟作品保护的危害
	3.探究“大漠”文学，解读诗歌中的边塞意象
航天科技课程板块	1.了解中国四大卫星发射中心的地理位置，探究卫星发射中心修建选址原理
	2.对比分析各国航天发展历史，探究中国航天发展与中国经济发展的关系
	3.通过模型制作，探究不同飞行器的动力差异
丝绸文化课程板块	1.对比海上丝绸之路与陆上丝绸之路的贸易商品，分析不同时期对外交流的差异
	2.通过网络资源查询分析陆上丝绸之路变迁与长城修建是否有关
	3.探究长城关城的军事作用
地质地貌课程板块	1.查找资料分析四十年来植树对土地沙漠化治理的影响
	2.探究土壤颜色与土壤成分的关系
	3.分析不同气候带气候特征对自然环境的影响
体验课程板块	1.壁画临摹
	2.风雨雕制作体验
	3.丝路篝火晚会，烧烤大会
	4.户外生存体验

步骤三：提炼研学旅行课程主题内容

（一）研学旅行课程主题的提炼原则

研学旅行课程主题是研学旅行的灵魂，好的主题名称最基本的标准应该是具体明了、富含哲理，能体现对学生发展的定位和活动的侧重点，基本遵循以下四个基本原则：

微课 2-5

研学旅行产品主体特征分析

1. 呈现课程核心内容

课程主题名称应能呈现课程的核心知识，能够清晰准确地表明课程的具体内容，学生通过研学旅行课程主题就能够知道自己将要去学习什么内容，基本格式是标签、知识点，如表 2-15 的研学活动可以命名为“寻根陕西”。

2. 呈现课程主要目标

在呈现研学旅行课程核心内容的基础上加一点收获，能够让学生进一步知道自己在哪些方面会有收获，这样的标题会更具有吸引力，例如“寻根陕西，重温‘辉红’”（这里取的是“辉宏”的谐音）。

3. 便于学习者记忆

原则 1 和 2 强调的是研学旅行课程的产品功能属性，原则 3 和 4 要强调的是传播属性。传播首先要解决学生的记忆留存问题，也就是研学旅行课程主题名称要让学生过目不忘，便于记忆。用到的主要方法有：添加数字，如“五日寻根陕西，重温‘辉红’”；口诀缩写，如“双 A 寻根之旅，重温‘辉红’”（双 A 指延安和西安中两个“安”的拼音首字母）。

4. 便于学习者理解

好的研学旅行课程主题名称，应该易于理解，一看主题名称便能大体上明白研学旅行课程的主要内容，用到的主要方法是营造画面感（产品主题名称本身是一个具象化物品或画面）和类比比喻。但更多的是两者结合使用，因为要形成画面感，经常要类比具象化的物品或画面，如“千年盛世，红色摇篮”。

（二）研学旅行课程主题的提炼思路

1. 围绕研学内容提取

先对研学旅行课程方案的内容进行大概设计，设计内容完成之后，深度研读研学旅行课程方案，抽取关键内容，通过交流讨论等对研学旅行课程主题的提炼进行头脑风暴。

例如，某学校陕西研学旅行课程的主要内容见表 2-15：

表 2-15　某学校陕西研学旅行课程的主要内容

	研学地点	研学内容概况	形式
延安	宝塔山	“重走长征路”开营仪式	体验式学习
	杨家岭革命旧址	了解整风运动和解放区军民大生产运动的时代背景，以及革命人士筹备召开中共七大，带领中国人民最终取得抗战胜利的革命光辉历史事迹	参观式学习
	延安革命纪念馆	采用声、光、电等现代化表现手法，以 700 余幅照片及近千件革命文物、雕塑、油画、图表、场景复原等方式，生动地再现党中央及老一辈无产阶级革命家在延安领导中国革命的艰苦岁月	参观式学习
	枣园革命旧址	实景教学，展现中国革命光辉历史事迹，感知枣园革命文化发展经历，诠释革命传统的根本意义	参观式学习
		实景演出《延安保育院》	体验式学习
	黄帝陵	通过走进黄帝陵，寻根问祖，感受作为中华儿女的自豪	参观式学习
		黄帝陵寻根祭祀仪式	体验式学习

续表

西安	碑林	通过参观碑刻艺术，感受中国国学与书法艺术，提升中国文化鉴赏能力，积累传统文化底蕴，增强民族非遗认知	参观式学习
	陕西历史博物馆	通过馆内丰富的文化遗存和文化积淀，了解华夏文明的诞生和陕西独特的历史文化沿革，了解周、秦、汉、唐等13个王朝的兴衰历史，感知“古都明珠，华夏宝库”的寓意	参观式学习
	秦始皇帝陵博物院	通过参观秦始皇帝陵博物院，了解秦始皇陵及兵马俑坑的历史价值，感知中国古代帝王墓葬所带来的震撼、神秘气息	研究性学习
	华清宫	通过华清宫的地理位置分析温泉形成的原因，感受历朝历代的历史遗痕，了解和发掘华清宫所承载的历史典故	参观式学习
		观看《1212西安事变》影画剧	体验式学习
	汉城湖	“我的青春，我的梦”闭营仪式	体验式学习

通过内容大致可以看出，以上研学旅行课程主要内容是历史和红色教育，历史内容涉及范围较广，几乎囊括了整个中华文明的历史。红色教育的重点集中在延安的指挥抗战阶段。对两个内容体系分别进行抽取，可以得出下列标题：“寻华夏根，铸民族魂”“华夏历史，延安精神”“穿越古都千年，追寻红色记忆”等。

2. 融入研学资源特征提取

如何给一个研学旅行课程主题命名，很大程度上是一件创新的事情。而创新的关键在于与时俱进。设计者可以对研学资源地的文化特点进行深度剖析，并与当前的时政要闻或当下的热点互相融合，围绕研学旅行课程内容发挥想象进行创作，例如，2021年正值中国共产党建党100周年，可以给上述例子的研学旅行课程主题命名为“千年风雅长安行，百年延安革命路”“穿越千年古都，走进百年延安”。

步骤四：完善研学旅行课程主题名称

研学主题的基本内容明确后，我们可以对这些内容进一步加工创作，形成一个简洁、精练而又蕴含哲理的、极富吸引力的名称。

（一）研学旅行课程主题的命名技巧

研学旅行课程主题的命名与其他领域主题的命名有一些共通之处，所以在命名过程中也经常采用以下方法：

1. 谐音法

谐音法是灯谜常用的猜制法门之一。它主要是利用汉语标题同一读音往往有多个形义不同的汉字的特点，采取声东击西、偷梁换柱的手法，假借此字之声音而指彼字之形义，从而达到面底相扣的目的。研学旅行课程主题命名可以借鉴这种方法，例如上例中“寻根陕西，重温‘辉红’”，这里利用“红”“宏”的谐音，更贴切地体现出研学旅行课程主题。

2.指代法

指代的意思是用抽象概念代替具体事物，例如，上述研学旅行课程主题名称可以定为“穿越古都千年，追寻红色记忆”，这里面的“古都”指代的是陕西，“红色”指代的是中国共产党，这样的方法往往能使标题的立意更加凸显。

3.嫁接法

这里所说的嫁接法指把一个或多个研学内容嫁接到一个研学旅行课程中，从而使得研学旅行课程主题名称更加丰满鲜明，例如上述研学活动可以命名为“重走长征路，再望盛世城，连梦新时代，学校陕西研学之旅”，将整个研学旅行课程方案中涉及的主要内容嫁接在一起，这样人们就能很清楚地知道此次研学旅行课程的主题了。

（二）研学旅行课程主题的命名方法

研学旅行课程往往是以一个主题为主，但因需求不同，也会出现多主题的情况。因此，研学旅行主题的命名方法，既有区别也有联系，主要有以下三种：

1.递进式

这一类的活动都是围绕一个总主题展开，分成若干次主题，将总主题逐步推进，不断升华。例如：小学三年级研学旅行课程总主题为“我和食物交朋友”，其次主题分别是：我的“朋友”哪里来，我与“朋友”同行，我为“朋友”添美色，“朋友”为我添光彩。这种形式，每个层次之间必须能够衔接、推进、升华，顺序不能颠倒。这样层层推进、环环紧扣、由浅入深、由感性到理性、由一般活动到高潮活动，很快把主题揭示出来。

2.综合式

这类活动主题，涉及方方面面，可调动学生学过的学科知识，很符合活动产品强调综合性的特点。所选择的内容越丰富，就越能表现主题。例如：为初中三年级学生设计“我们生存的这块土地”课程，可以联系土地利用、森林保护、水资源的净化、海洋合理利用、太空开发等方面。这项活动涉及多种学科的原理和方法，涉及环境科学、海洋科学、太空科学、生物科学、化学科学等知识。活动所涉及的内容，根据情况可以增减，增减后不影响活动的正常开展。在有限的活动时间内，学生可以学到多方面的知识，达到活动设计的目的。这些内容之间是并列的、独立的，不存在先后顺序和逻辑关系，活动之间无须机械地排列组合。

3.探究式

研学旅行课程要把研究未知和创新列为探索内容。在研学旅行课程实施中，要发挥学生的创造性，使他们勇于独立思考，标新立异，掌握从不同角度观察、思考和解决问题的方法，启发学生的创造意识。对于人类未来劳动形态及社会形态、科技发展对社会提出的新问题，如宇宙探索、地球系统科学、生命与智力起源、奇异的飞碟等，学科课不好涉及的问题，综合实践活动课都涉及。例如，研学旅行产品为小学六年级设计“未来爱迪生”、初中一年级设计“异想天开”等活动，就是为了激励学生勇于接触未知领域，开拓未来，创造未来。此类活动颇受欢迎。现有的综合知识技能，也是要通过学生探究，才能更好地综合掌握。我们体会到，传统教育主张接受式的学习方式，现代教育主张研究式的学习方式。研究式实际上属于新型的现代学习方式，所有的综合实践活动课都应设计成这种学习方式。

综上所述，递进式一般是生活、社会实践活动内容居多，特点是纵向发展；综合式一般是生活、社会实践，尤其是科技的内容居多，特点是横向联系；探究式一般是对未知领域而言的，或者从已知到未知，因此，既有纵向发展，也有横向联系。当然，所有主题都不应脱离探究性学习方式。

任务评价

微课2-6

研学旅行产品主题命名技巧和方法

通过实施以上步骤，是否达成了该项任务目标呢？请对完成任务的情况作出评价（见表2-16）。

表2-16　本任务评价参考表

实施步骤	完成情况			
	优	良	中	差
明确研学旅行课程主题方向				
匹配研学旅行课程主体特征				
提炼研学旅行课程主题内容				
完善研学旅行课程主题名称				

随堂练习

一、单项选择题

1.研学旅行（　　）决定了整个课程的内容和方向。

A.主题　　B.性质　　C.定位　　D.目标

2.研学旅行（　　）的特点是主题突出、内容明确、目的性强，研究性学习的实践操作性强。

A.单一主题　　B.综合主题　　C.分类主题　　D.多元主题

3.注重（　　）的研学旅行课程设计，改变了学习的一般形态、方式，扩大了学生视野，更能激发他们的创作热情和创新意识，提升他们的创新能力，适应国家培养创新型人才的内在需求。

A.教育性和知识性　　B.地域性和体系性

C.开放性和灵活性　　D.创新性和创造性

4.研学旅行课程主题名称定为“穿越古都千年，追寻红色记忆”，这种命名技巧是（　　）。

A.谐音法　　B.指代法　　C.嫁接法　　D.吉语法

5.（　　）主题是指研学旅行课程围绕一个总主题展开，分成若干个次主题，将总主题逐步推进，不断升华。

A.递进式　　B.探究式　　C.综合式　　D.升华式

二、多项选择题

1.研学旅行主题要“量体裁衣”，紧密结合不同学段特点、教育目标和地域特色，(　　) 设计研学旅行产品。

A.多层次　　B.分梯度　　C.多维度
D.有重点　　E.有创意

2.研学旅行课程主题特征包括(　　)。

A.教育性　　B.知识性　　C.地域性
D.体系性　　E.开放性

3.研学旅行课程主题设计原则有(　　)。

A.教育性原则　　B.创新性原则　　C.融合性原则
D.开放性原则　　E.实践性原则

4.研学旅行主题要素选择时，要结合中小学生的身心特点和兴趣爱好，对(　　) 等进行充分考察验证。

A.研学内容　　B.时间安排　　C.活动距离
D.线路规划　　E.研学指导师

5.好的研学旅行课程主题是研学旅行的灵魂，好的名称最基本的标准应该是具体明了、富含哲理，体现对学生发展的定位和活动的侧重点，遵循的基本原则有(　　)。

A.呈现课程核心内容　　B.呈现课程主要目标　　C.便于学习者记忆
D.便于学习者理解　　E.富含哲理

三、判断题

1.综合主题的研学旅行内容存在逻辑和顺序先后的关系，根据开展活动的时间长短进行内容上的添加和删减，会影响整体研学旅行活动的开展。(　　)

2.作为考察探究类的活动，研学旅行的主题应该是开放的、可生成的，应该是让学生能够充分参与的。(　　)

3.一个好的研学主题，要体现出线路资源特色和独特教育价值，既能表现地域特点，又能表达资源价值、学习内容或者核心素养导向。(　　)

案例共享

贵州：研学旅行拓宽旅游发展空间

作为旅游业态的一个重要增长极，研学旅行近年来方兴未艾。

今年2月，贵州省研学旅行协会公布首批十大研学旅行基地，包括阳明文化园、十二背后景区、四渡赤水纪念馆、平坝塘约村、织金洞景区、百里杜鹃景区、棉花山·柑子冲研学示范基地、天眼景区、二十四道拐景区和贵州省青少年活动中心，涵盖生态自然、历史人文、红色文化、农旅融合等，有力推动贵州省研学旅行持续、健康、有序发展。

科普研学吸引更多团队

位于绥阳县的十二背后景区，是教育部2018年评定的全国中小学生研学实践教育基地。该基地结合了双河洞国家地质公园、全国首个旅游地学文化村落以及诗歌文化和非遗传承等资源，根据小学、初中、高中不同学段的研学实践目标，科学系统地开发了地质科普、自然教育、探险运动、诗歌非遗四大课程体系共21个课程，吸引了贵州省内外学子前往研学。

今年，围绕中小学生研学旅行和老年人中医药康养研学旅行两个主题，毕节百里杜鹃景区推出了7条研学旅行线路，提供1天、2天、7天、15天4个不同时长的课程。课程主题包括花卉研习、传统手工艺、茶艺、农耕和中医药康养。游客可在重走长征路、体验种植杜鹃花等活动中，全方位感受百里杜鹃的自然风光和当地的民俗文化。

地处黔南布依族苗族自治州平塘县腹地的中国天眼科普基地（如图2-5所示），以“中国天眼”为核心开展的研学活动，吸引了海内外的“学生军团”。

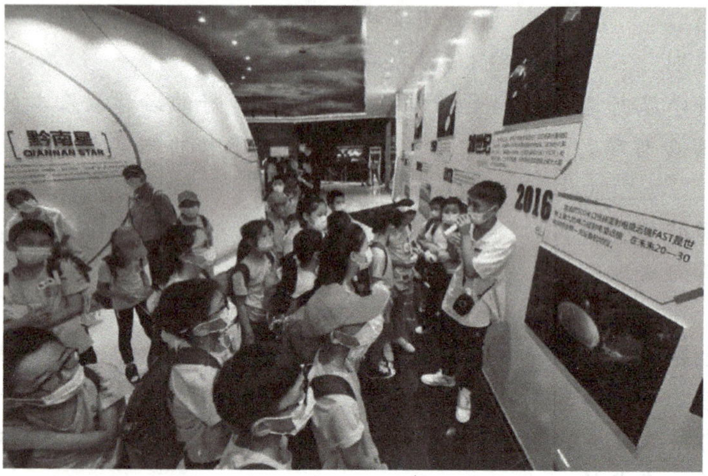

图2-5 平塘天文体验馆研学游异常火热（冯小东 摄）

该基地针对小、初、高不同年龄段学生认知特点，链接课本内容，与“蜻蜓教育”共同研发了涵盖四大类主题的12个天文相关研学课程，涵盖天文学、地质学等7个方面，确保参加研学旅行的中小学生“看有所感、学有所获、研有所得”。

基地负责人韩明陆介绍，小学研学课题名为“新球天梯”、初中研学课题名为“回望地球”、高中研学课题名为“致牛顿的信”，课程将帮助不同阶段的学生了解宇宙环境、探测宇宙的方法等。“此举填补了贵州省天文科普研学旅行的空白，为扩大科普研学旅行线路图提供了有效参考。”

开辟红色农旅多条路径

红色文化研学之旅是贵州省研学旅行的重头戏。遵义会议纪念馆红色研学很受欢迎。

2021年10月中旬，四川省泸州市第十五中学的50名学生奔赴习水县土城镇参与体验四渡赤水研学之旅。

3天时间里，孩子们以走红军路、听红军故事等为主要内容，在四渡赤水纪念馆、红军医院纪念馆等地展开场馆教学，并结合“四渡赤水”研学基地课程，通过发放任务卡的形式让小小少年积极参与各项研学课程。

从全国各地涌进四渡赤水培训学院的研学团队，让习水县土城红色旅游文化创新区亮点纷呈。记者了解到，习水县以长征国家文化公园（习水段）建设为契机，推进习水红色文化“研学旅”深度融合，充分利用四渡赤水培训学院和四渡赤水革命研究中心这两家当地的红色教育培训机构，开展拓展教学等课程研究与开发工作，着力打造“红培之都”品牌。

与红色文化研学不同，农旅融合研学更注重实地的动手动身体验。此次入选十大研学旅行基地的铜仁市棉花山·柑子冲研学示范基地，就是这样的典型。

眼下，该基地正陆续推出一系列集知识性、文化性、趣味性和互动性于一体的研学旅行线路、课程和项目，把打造特色研学旅行品牌作为首要目标。

3月11日，5辆旅游大巴将210多名湄潭一小学生带到湄潭县复兴镇随阳山村八角山景区，在带队老师组织下在茶产业示范基地开展研学活动。

在贵州全省各地，这样的农业研学镜头随处可见，各市州的种植大棚、新式农庄、花卉基地等，已成为热门打卡地。每逢假期，丹寨万达小镇非遗体验馆就会迎来“研学热”（如图2-6所示）。

图2-6　学生学做农家豆腐（黄晓海 摄）

探索贵州研学游新路

3月1日，来自北京、辽宁等地和贵州本地的阳明学专家学者、研究者以及爱好者会聚贵阳，开启本期阳明文化的贵州研学之旅。研学团队分别对贵阳阳明祠、贵州孔学堂等进行参观考察。

研学游具有市场大、延展长、可持续的特性，已成为教育旅游市场的热点，也是综合实践育人的有效途径。在研学游最集中的暑期，大量学生研学团队分赴科普、红色、农旅等基地开展活动。

携程网发布的《2021暑期旅游大数据报告》显示，研学旅行已成为暑期定制游的主力，研学旅行产品较2020年暑期增长超过650%。

马蜂窝的统计数据则表明，2021年暑期“贵州研学一日游”的搜索热度上升35%，生态环境优美、人文积淀深厚、红色文化绚烂的贵州成为人们选择的热门研学旅行目的地。

深挖研学旅游资源，进一步拉动旅游消费，已成为促进贵州省旅游发展的“驱动器”，各市（州）积极支持研学旅游产业发展，纷纷推出相关研学线路或产品，“研学+农业”“研学+科普”“研学+红色”“研学+文化”等业态缤纷呈现，极大地丰富了旅游市场产品供给。

贵州省研学旅行协会会长刘黔表示，旅游产品从早期注重接触和覆盖面的“打卡式”，逐渐向更多个性化需求转变，同时也更注重深层次、主题化等方向的变化。

贵州正着力打造一个“贵州研学”公共品牌，培育一支国内领先的高质量研学服务团队，构建一套全省研学旅行服务安全标准，研发一套特色研学课程体系，建设和运营一个研学信息服务平台，走出一条研学产业的贵州新路子。

资料来源：陆青剑.研学旅行拓宽旅游发展空间［N］. 贵州日报，2022-04-08.

分析提示

请思考：贵州能成为人们喜爱的热门研学旅行目的地，从研学旅行产品主题和线路方面给我们怎样的启发？

思而行远

红色研学旅行主题——爱国主义情怀和精神品质的媒介

红色研学旅行是由教育部门及学校安排的、通过集体旅行以及集体食宿等方式开展的集研究学习与旅行郊游于一体的一种校外教育活动。红色研学旅行具有内容广泛、形式灵活多样等特点，是学校开展爱国主义教育的重要形式，是开阔学生眼界、增长学生见识、提高学生学习能力、培养学生爱国主义情怀以及涵养学生精神品质的有效途径。

传统的爱国主义教育以教师授课为主，以爱国知识教育教材为基础，虽然可以对爱国主义进行详细讲解，但是其教学方式过于单一，且教育过程枯燥乏味，无法激发学生的学习积极性及主动性。2019年，中共中央、国务院印发《新时代爱国主义教育实施纲要》，明确要求新时代爱国主义教育要面向全体人民、聚焦青少年，建好、用好爱国主义教育基地和国防教育基地，依托自然人文景观和重大工程开展教育，寓爱国主义教育于游览观光之中。这为开展以爱国主义教育为主题的中小学红色研学旅行奠定了理论基础，肯定了中小学实践教学活动的育人功能。

中国革命经历多年风雨，蕴含着丰富的红色文化，孕育出了一大批优秀的无产阶级革命家，如毛泽东、周恩来、邓中夏等，他们的历史功绩是开展红色研学旅行教育的文化源泉。研学目的地所拥有的纪念塔、烈士陵园等为开展红色研学旅行提供了强大的物质基础。革命先辈前仆后继、舍生取义、坚持不懈的理想信念以及奋斗精神是开展红色研学旅行的宝贵精神财富。

——感受中国共产党与人民群众的深厚情谊。中国共产党的根本宗旨是全心全意为人民服务，要在研学旅行中让学生感受共产党与人民群众的深厚情谊，了解共产党员同广大人民群众荣辱与共、风雨同舟的鱼水深情，更加深刻地感受中国共产党始终依靠群众、始终为了群众的初心，从而培养学生的爱国、爱党情怀。

——感受中国共产党严明的军队纪律。学校可以通过组织学生进行红色研学旅行，感受中国共产党严明的军队纪律，让学生对党和军队有更加深入的认知。通过参观、体验，继承并发扬中国共产党的优良传统及作风。

——使中学生铭记历史，做红色基因的传承者。红色研学旅行要引导学生将爱国情、强国志、报国行自觉融入爱国主义情怀之中，做新时代的奋斗者及追梦人。

资料来源：李国帅.在红色研学旅行中培养学生的爱国主义情怀［N］. 郴州日报，2021-05-13.

任务拓展

资料： 这里是丝绸之路必经之地；这里遍布璀璨的自然、文化珍宝；这里是罕见的沙漠、戈壁、绿洲集聚地；这里是古老文化学习和体验的“博物馆”；这里展现了五千年璀璨的中华文明。这是一次充满挑战的丝路科考，这是一次解开文明及地质之谜的探索，这是一次亲临艺术殿堂的朝拜，这是一次走进远古历史的穿越，这也是一次震撼心灵的研学之旅！

当你沉浸在敦煌的文化里，已经开启敦煌研学探秘之旅，一堂别开生面的包含人文、艺术、历史、科技、公益、自然等内容的全方位研学课程，通过传统泥坯画、篆刻以及动画等手作课程，引导孩子充分发挥天真的想象力和无穷的创造力，通过沉浸式学习和丰富的研学课程，体验一场与众不同的研学之旅。

请根据所学内容，以“丝路研学”为主要内容，确定主题方向，选择主题要素，并提炼出适合的主题和宣传标题。

任务四　制定研学旅行课程目标

任务概述

一个明确的研学旅行课程目标是研学旅行有效落实的保证。进行研学旅行课程目标设计时需要关注研学旅行课程目标制定依据、研学旅行课程目标制定原则、研学旅行课程目标制定作用和研学旅行课程目标制定内容四个方面。

研学旅行课程目标指学生经过研学实践后应知道什么和会做什么的界定和表述，实际上反映了组织者对学生学习结果的期望。研学旅行课程目标要落实立德树人根本任务，实现研学实践教育的具体目的和意图，突出德智体美劳全面发展；通过阶段性研学旅行的学习，体现知识与技能、过程和方法、情感态度与价值观三维教育教学目标，突出实践育人特征，蕴含社会主义核心价值观教育要求，提升学生核心素养。

素质目标

1. 培养整体思维能力。
2. 提高综合分析能力。
3. 养成价值认同、情感内化、责任担当等意识。

知识目标

1. 掌握制定研学课程目标的方法。
2. 掌握制定研学课程目标的原则。

能力目标

1. 能够灵活运用制定研学课程目标的方法。
2. 能够针对不同学情设计研学课程目标。
3. 能够针对不同学情设计研学课程目标体系。

理论知识

一、研学旅行课程目标制定的原则

（一）政治性原则

研学旅行以立德树人、培养人才为根本目的。研学旅行是立德树人的工作，最终目的是培养新时代中国特色社会主义新人。因此，研学旅行课程目标设计必须突出思政特性，只有强调立德树人目标，才能实现教书育人目的。

（二）可测性原则

可测性原则是指我们在陈述课程目标时，应力求目标准确、具体、表达清晰，体现目标的操作性和可检测性。课程目标的表述要详细规定学生所要达到的发展水平，有明确的数据或可观测的表现，并使之具体化，便于研学指导师、学生和研学旅行活动各方管理者检测是否达成目标。

（三）全面性原则

研学旅行课程目标的全面性原则指在研学旅行课程目标的制定上既要有知识的获取，又要关注知识获取的过程与方法，能力的培养及情感、态度、价值观等方面的形成。尤其在思想政治教育方面，研学旅行以立德树人为根本目的。

（四）主体性原则

研学旅行是实践性课程，学生是学习的主体，课程目标的制定，须凸显学生主体的参与性，目标须从学生学习收获的维度制定。

（五）层次性原则

研学旅行是循序渐进的课程，不能一蹴而就，所以目标的制定应具有层次性。同时，学生个体是有差异性的，不可能要求所有的学生都能全部达成同一目标。应根据这些差异制定相应的课程目标，保障课程目标的针对性。

（六）具体性原则

研学旅行课程目标的具体性原则指在陈述目标内容时应清晰、具体、准确，体现目标的可操作性和可测性。设计者应根据课程标准的要求深入分析研学旅行活动内容，明晰学生的认知结构，把握学生的能力水平及生活阅历、兴趣等方面，尽量把课程目标具体化，便于研学指导师和研学活动各方管理者检测课程目标的达成情况。

（七）动态性原则

研学旅行是动态性很强的课程，内部及外部环境都有一定的不确定因素，因此，课程目标的设计应具有灵活性和弹性。课程目标不仅有最低限度要求、基本要求，还有符合或超出上限要求。课程目标的陈述要有一定的动态性。

（八）时限性原则

时限性是指研学旅行课程目标的制定和实施会受到时间的限制、影响和制约。一方面，研学旅行课程目标都是在特定时间内要达成的，在确定目标时必须指明其时间的区间。另一方面，在不同的时段，课程目标是发展变化的，研学旅行课程设计者要根据环境和课程内部条件的变化，及时制定出新的课程目标。没有时间限制的课程目标不仅没有办法考核，而且容易造成考核结果不公平。

二、研学旅行课程目标制定的作用

研学旅行课程目标的分析与确定是研学旅行课程设计的起点，首先，它确定了研学旅行活动中学生学习内容所达水平程度的期望，它使研学有了明确的方向；其次，它给研学任务是否完成提供了测量和评价的标准。因此研学旅行课程目标的设计是研学旅行活动的基本前提。

研学旅行课程目标是研学旅行活动的出发点和归宿，是研学指导师对学生达到的研学成果或最终行为的明确阐述。一切研学旅行活动都是围绕课程目标来进行和展开的。就其本身而言，它具备支配研学实践活动的内在规定性，起着支配和指导研学过程的作用，也是研学指导师进行研学旅行课程教学设计的基本依据。

具体而言，研学旅行课程目标在研学实践活动中主要有以下几个方面的作用：

（一）导向作用

要保证研学旅行课程目标的导向作用，必须要求目标明确而具体，这个明确而具体包含三层意思：一是目标本身没有含糊不清之处，没有不好理解的地方；二是研学指导师对目标应“心知肚明”；三是研学主体学生必须明确自己要研学的目标是什么，即研学任务的具体化。

（二）激励作用

合理的研学任务应该是符合学情，符合“最近发展区”原理的。当研学旅行课程目标与学生的内部需要相一致时，学生为了满足有关的内部需要，就会为完成研学任务（研学旅行课程目标）而努力。

（三）标准作用

标准作用即为研学评价提供评价标准的功能。研学旅行课程目标的标准作用启示我们：在研学互动过程中，要及时评价，及时反馈。首先，研学效果评价最重要的就是评判研学活动是否达到了预期的研学旅行课程目标，在多大程度上达到了预期的研学旅行课程目标；其次，研学指导师授课质量评价、研学课程评价也是评价标准。

任务实施

步骤一：明确研学旅行课程目标依据

（一）学校的既定目标

学校组织研学旅行的目的通常是学校开展研学旅行的根本出发点。通过对学校既定目标的研究，可以对其进行分解、拓展或者升华，以便在研学旅行中可以顺利地完成。

微课 2-7

研学旅行课程目标制定的依据

（二）学段学情

契合实际的目标，必须建立在正确的学段学情分析上，对于不同学段的学生，他们的身心发展水平和认知水平存在较大差异。制定研学目标时要充分考虑研学对象的知识储备、生活经验、自身能力等方面，以此来判断研学对象是否能够完成目标。

近年来中小学广泛开展研学旅行活动。在设计研学旅行目标时，教育者要考虑到学生所处的学段。一是可以参考本章中阐述的不同学段研学旅行活动总目标的整体要求，二是要根据不同学段和具体研学目的地，制定恰当的研学旅行活动的具体目标。

案例分析 2-6

中国人民大学附属小学“西安历史文化行”研学旅行目标

1.班级竞选学生项目主席，围绕研学旅行内容自主策划研学旅行项目活动方案，培养学生领导力。

2.通过走进西安，了解秦、唐历史，感悟中华历史文化的源远流长、博大精深，陶冶爱国情怀。

3.自主选择关于旅行地点的课题，初步尝试课题研究，培养研究能力。

北京师范大学第三附属中学“西安历史文化”研学旅行目标

1.通过实地考察、专家讲授、导游讲解、现场提问、调查问卷和每日课题等多种手段，将各学科知识融入研学旅行活动中，将书本知识运用到现实场景中，提高学生对知识的理解和运用能力。

2.在课题研究过程中，通过角色扮演、分小组等多种方式培养学生的团队意识和合作精神，共同完成小组目标。

3.走出校园，在与平日所处不同的地域、气候、经济、社会环境中认知世界、探索世界，促进正确的世界观、人生观、价值观的形成。

4.通过实践，面对问题时能辩证分析、独立思考，作出理性判断，提升思辨能力和综合能力。

分析提示：学情分析是研学课程教学策略选择和教学活动设计的落脚点。因为只有真正了解学生的现有知识经验和心理认知特点，才能确定学生在不同领域、不同学科和不同学习活动中的最近发展区，从而从知识、技能、能力等方面来阐述最近发展区，即教与学的目标。

（三）研学旅行主题

研学旅行主题是研学旅行的主要内容，目标的制定和主题密不可分，如果研学旅行目标的制定不符合研学旅行主题，则目标不切实际，此时就需要更改目标，或者根据目标对主题内容进行调整。

研学旅行活动的主题包括自然类、地理类、科技类、历史类、人文类、体验类等，教育内容包括爱国主义教育、传统文化教育、理想信念教育、科技创新教育、国情教育等。

案例分析 2-7

中国人民大学附属小学“武夷山研茶文化行”研学旅行目标

武夷山研学旅行活动以茶文化为主题，学生在学习、体验茶文化的过程中实现情感升华。以下为中国人民大学附属小学武夷山研学旅行的目标。

1.开展茶文化研学旅行研究，动手实操采茶、制茶、习茶，了解中国茶文化和制茶工艺。

2.寻访万里茶道的起点，游览下梅古村，了解古代贩茶、运茶的过程。

3.饱览武夷风光，探索丹霞地貌，观赏实景演出，感受祖国大好河山之美。

4.参观遇林窑，体验建盏工序的刻字、上釉，学习窑变釉的工艺制作。

北京市育英中学“西柏坡寻根”红色研学之旅目标

北京市育英中学诞生于革命圣地西柏坡，本次“西柏坡寻根”之旅的目的在于寻史、寻友、寻根。研学旅行活动目标：

1.寻访学校发源地，了解学校的发展历史，深入理解校训意义。

2.参观西柏坡纪念馆和中央机关旧址，了解中国共产党发展历史并联系教科书，感悟西柏坡精神并思考“育英人”如何将西柏坡精神发扬光大。

3.体验革命老区同龄人的学习生活环境，培养吃苦耐劳、艰苦奋斗的精神。

分析提示：研学活动涉及自然、社会、心理、艺术等各个领域，将研学主题与教学目标进行有机整合，才能为学生提供丰富的体验机会和重要的参考标准。

（四）研学旅行地点

研学旅行的一大特色是研学旅行地点千差万别，大量的研学旅行地点提供了琳琅满目的研学旅行内容，在制定研学旅行课程目标时，也应当将研学旅行地点的属性与特点考虑进去，要考虑研学旅行地点是否能提供完成研学旅行课程目标的知识与教学条件。

步骤二：选择研学旅行课程目标要素

（一）研学旅行课程目标的层次

研学旅行课程目标包括两个层次：一是总体目标；二是具体目标。

1.总体目标

总体目标是指所有的研学旅行课程都必须达成的目标，无论研学旅行的线路有何差异，学习游览的资源属性有何区别，通过课程的实施，都必须达成这样的教育目标。依据《中小学综合实践活动课程指导纲要》和《关于推进中小学生研学旅行的意见》，研学旅行课程的总体目标包括以下几个方面：

（1）研学旅行课程的根本目标是立德树人、培养人才。

（2）研学旅行课程要培养学生学习、生活、做人、做事的能力，培养研究问题、解决问题的能力。

（3）研学旅行课程要促进学生身心健康、体魄强健、意志坚强，形成健全的人格和坚强的品质。

（4）研学旅行课程要培养学生对国家的情感和文化、对历史和国家建设成就的认同，增强对“四个自信”的理解与认同。

（5）研学旅行课程要培养学生对自我、对他人、对社会和对自然的正确认知与态度，培养责任担当的意识。

（6）研学旅行课程要促进学生形成正确的世界观、人生观、价值观，培养他们成为德智体美全面发展的社会主义建设者和接班人。

2.具体目标

具体目标是依据课程的资源属性来设计的，而且每个学段目标也有所不同。研学旅行活动通常持续数日，包括出发前的准备、研学旅行和回程后的总结，因此，一次完整的研学旅行可谓一个系统工程。为了尽可能满足学生的多元发展和个性需求，研学旅行活动一般采用多条线路并行、多个年级出行的方式。因此，研学旅行活动的承办者要设计出适合全校学生的总体目标、线路目标和每日学习目标等，形成网状系统结构。

案例分析2-8

中国人民大学附属小学研学旅行活动总体目标

中国人民大学附属小学研学旅行活动总体目标：读万卷书，行万里路，成仁才，至大道，得富学，重小事，助力形成爱校、阳光、厚德、坚韧、创新、包容、凝聚的七彩附小精神，做可爱的、了不起的、有特质的人。

中国人民大学附属小学上海研学旅行活动目标

以中国人民大学附属小学为期5天的上海研学旅行活动为例，研学旅行活动具体目标为：

1.锻炼生活自理能力，初步学会理财。

2.增强课题研究意识，学习课题研究的基本方法。

3.学会从小孝敬长辈、心中有他人，感悟中华传统文化。

4.了解中共党史，学习国防知识，激发爱国、爱党的热情，坚定理想信念。

5.培养提取信息的能力，培养应用意识。

6.拍摄自己感兴趣的上海建筑，并进行深入研究，培养研究意识。

中国人民大学附属小学上海研学旅行行前目标

中国人民大学附属小学的上海研学旅行分行前、行中和行后三部分。其中行前目标是：

1.通过制定出行攻略，培养收集、筛选资料的能力。

2.通过小课题，培养发现问题、提出问题的意识。

3.通过旅行物品准备和团队特色活动策划，培养自理能力和领导力。

分析提示：研学旅行的总体目标是通过课程的实施，要达成的教育目标。具体目标则是知识性目标，能力性目标，情感、态度与价值观领域的目标以及核心素养目标。课程目标不仅要求忠实地实施课程计划，更强调课程知识的建构与开发，强调体验、领悟与内化。

（二）研学旅行课程的三维目标

研学旅行课程的三维目标指课堂教学目标的三大板块，即“知识与技能”“过程与方法”“情感、态度与价值观”（见表2-17），三维目标中的三维是一体的，相互依赖，互相促进，形成不可分割的有机整体。

表2-17　　研学旅行课程的三维目标

三大板块	概念解析		关系	立足点
知识与技能	知识	学生要学习的学科知识（教材中的间接知识）、意会知识（生活经验和社会经验等）、信息知识（通过多种信息渠道而获得的知识）	共同特点是外显，是看得见、摸得着的，我们常说“这个人知识丰富，懂得多”“这个人本事大”，都是“这个人”知识和技能外显的结果	让学生学会
	技能	通过练习而形成的对完成某种任务所必需的活动方式，分为基本技能、智力技能、动作技能、自我认知技能，是掌握和运用某种专门技术的才能，它是由知识经过实践和训练转化而成的		

续表

三大板块	概念解析		关系	立足点
过程与方法	过程	本质是以学生认知为基础的知、情、意、行的培养和发展过程，是以智育为基础的德智体美劳全面培养和发展的过程，是学生的兴趣、能力、性格、气质等个性品质全面培养和发展的过程	过去的教学重结论轻过程，现在的教学要求学生不仅知道简单的结论，更要知道一些过程。过去重教法，现在重学法。过程和方法，实质就是智力和能力	让学生会学
	方法	学生在学习过程中采用并学会自主学习的方法（问题探究的方法、问题的观察方法、思维发散的方法、合作交流的方法、解决问题的方法等）		
情感、态度与价值观	情感	人的社会性需要得到不同程度满足时所产生的态度体验	价值观强调人类的价值，更强调人类价值与自然价值的统一，从而使学生从内心确立起对真、善、美的价值追求及人与自然和谐共生的发展理念	让学生乐学
	态度	不仅是学习态度和对学习的责任，还包括乐观的生活态度、求实的科学态度、宽容的人生态度等		
	价值观	学生对教学中问题的价值取向或看法		

学生的知识越丰富，对于获取知识与技能的欲望就越强，从而获取的知识与技能就越多。而知识与技能又是在情感、态度的动力支持下形成的产物。学生的情感、态度、价值观等非智力因素直接影响到学生的智力开发和学生获取知识的深度与宽度。

概而言之，在落实三维目标的过程中，要以“知识与技能”目标为主线，渗透“情感、态度与价值观”，并将其充分体现在学习探究的“过程与方法”中。研学旅行的三维目标之间有着紧密的内在联系，认识和把握其内在联系，才能领会课程目标的实质，才能在教学设计和教学实施中取得最佳的整合效果，才能逐步实现学科素养的培养目标。

知识拓展 2-1

“知识与技能”是“过程与方法”“情感、态度与价值观”的基础。如果没有一定的知识与技能，学生就不会规范地去设计学习程序，不会有效地选择适合自己的最佳学习方法、学习策略。如果没有知识与技能做基础，情感、态度与价值观这一目标就不会达到体验的层次水平，其促进优化作用也就难以得到有效发挥。

“过程与方法”是实现“知识与技能”目标的载体，是滋养体验性目标的土壤。没有“过程与方法”，学科素养的生成就失去了凭借和依托。“情感、态度与价值观”是体验性目标，它是对所采取的“过程与方法”“知识与技能”结果性目标的逐步整合与达成，起着极其重要的促进与优化作用。

三维目标是相辅相成、相互促进的一个有机联系的整体。三维目标不是三个目标，而是一个问题的三个方面，三位一体，不可分割。

案例分析 2-9

“状元手拉手”高校校园文化研学课程方案编制

“状元手拉手”课程依托北京大学深厚的人文底蕴和丰富的自然资源，秉承核心素养三个基本要素，结合小学、初中、高中各学段的学科实践任务，将燕园的资源细分为单元设计，依据不同的属性进行课程主题类型匹配，规划不同主题课程，设计多主题、多目标的研学旅行系列课程，如燕园十二景、燕园大师、燕园生态、状元访谈等，让学生通过参与不同活动课程，对燕园历史人文、自然环境有一个直观的认识。通过状元分享主题课程，给学生呈现北大学生所具有的优秀品质，引导学生做好学习及生涯规划。课程实施设计采用三阶段、四环节、五步骤的方法，以项目式学习、主题式学习、探究式学习的教学方法，提高学生们对自身及对北大的了解，通过“引、讲、访、做、论”一体化教学模式，践行“知行合一、格物致知、学以致用”。

1. 知识目标

（1）了解燕园的前世今生和北京大学的历史人文。

（2）认识北京大学校园未名湖区域的著名历史建筑及各类场馆。

（3）观赏燕园十二景，了解燕园的生态环境。

（4）熟知北京大学“爱国、进步、民主、科学”的传统和“思想自由、兼容并包”的学术理念。

（5）认识到北京大学在中国近代历史上的独特地位和作用。

2. 能力目标

（1）通过“燕园掠影”的实践活动，培养善于感知和探索的意识，以及对校园文化的审美力。

（2）通过“燕园通关”培养学生使用简单的测绘工具，提升方向辨识能力和对地图的识图能力。

（3）通过水质取样实验，加强自然环境保护意识，培养发现问题与解决问题的能力、团队合作能力。

（4）通过“状元访谈”，培养交流表达能力、思考反省能力。

3. 情感目标

（1）通过参观科研机构和场馆，激发对名校的憧憬和探索前沿科技的兴趣。

（2）通过对北大老师和学生状元背后故事的了解，提升努力学习的动力，树立远大学习目标。

（3）通过了解北大燕园的著名历史事件和著名人物，激发忧国忧民、报效国家的责任担当意识，培养爱国主义价值观。

分析提示： 研学旅行课程目标包括两个层面：一是总体目标，二是具体目标。具体目标是依据课程的资源属性来设计的，而且每个学段目标也有所不同。在陈述目标时，常用新课程改革在基础教育领域推行的教学目标表达方法，即三维目标：知识与技能目标，过程与方法目标，情感、态度与价值观目标。为了便于理解和说明，就简化为知识目标、能力目标和情感目标，且不分学段目标。

（三）研学旅行各学段目标

课程目标是实现教育目标的重要途径，在课程体系中居首要地位，是课程实施的出发点和归宿。它确定了某一教育阶段的学生通过课程学习后，在发展品德、智力、体质等方面期望实现的目标，是确定课程内容、教学目标和教学方法的基础。研学旅行课程目标是指研学旅行课程本身要实现的具体目标和意图，它确定了中小学生通过研学旅行活动课程学习后，在发展品德、智力、体质、艺术和劳动等方面期望实现的目标。

研学旅行属于综合实践活动课程，以立德树人、培养学生综合素质为根本目标。它被称为“行走的教育”。学生通过研学旅行能够形成并逐步提升对自然、社会和自我的整体认识，培养学生价值认知、责任担当、问题解决意识及创新意识等品质，从而成为德智体美劳全面发展的社会主义建设者和接班人。

下面就小学、初中、高中三个学段，从价值认知、责任担当、问题解决、创新意识四个维度，具体介绍符合学生年龄特点及发展规律的研学旅行活动课程的学段目标（见表2-18）。

表2-18 研学旅行活动课程的学段目标

	小学阶段目标	初中阶段目标	高中阶段目标
价值认知	·通过亲历主题教育活动，参观爱国主义教育基地等，获得有积极意义的价值体验； ·了解并遵守公共场所的基本行为规范，初步形成集体思想、组织观念，培养对中国共产党的朴素感情，为自己是中国人感到自豪	·通过亲历、参与场馆活动和主题教育体验，参观爱国主义教育基地、体验红色之旅等，获得积极的价值体验，增强爱国意识； ·能主动分享自己的体验和感受，与老师、同伴交流思想认识，形成国家认同感，热爱中国共产党	·积极主动寻访红色足迹，走访模范人物故居，参观文化遗迹等，深化社会规则体验、国家认同、文化自信； ·通过职业体验活动，初步体悟个人成长与职业前景、社会进步、国家发展和人类命运共同体的关系； ·加深对中国共产党的认识，增强感情，具有中国特色社会主义共同理想和国际视野
责任担当	·围绕研学旅行活动，培养热爱生活的态度； ·学会自己的事情自己做，初步形成自理能力、自立精神	·能处理研学旅行中的基本事务； ·初步培养自理能力、自立精神、热爱生活的态度； ·形成社会公德意识和法治观念	·关心他人、集体和社会发展，热心参与志愿者活动和公益活动，增强社会责任意识和法治观念，培养主动服务他人、服务社会的意识，理解并践行社会公德，提高社会服务能力

续表

	小学阶段目标	初中阶段目标	高中阶段目标
问题解决	·能在教师的引导下，观察研学旅行的生活学习环境，不断提出问题，并大胆分享自己对问题的思考，能将问题转化为研究小课题，体验课题研究的过程，提出自己的想法，形成对问题的初步解释	·能关注自然、社会、生活中的现象，深入思考并提出有价值的问题，将问题转化为研究课题，学会运用科学方法开展研究； ·能主动运用所学知识理解与解决问题，并作出基于证据的解释，形成基本符合规范的研究报告或其他形式的研究成果	·能对个人感兴趣的领域开展广泛的实践探索，提出具有一定新意和深度的问题，综合运用知识分析问题，用科学方法开展研究，增强解决实际问题的能力； ·能及时对研究过程及研究结果进行审视、反思并优化调整，给出基于证据的、具有说服力的解释，形成比较规范的研究报告或其他形式的研究成果
创新意识	·欣赏他人的优点，有探索新事物的兴趣，大胆想象	·敢于怀疑和争论，并获得新知识，通过争论结交新朋友，发展观察力和想象力，认真观察、积极思考，提高实践创新意识和审美水平，提高创意实现能力	·寻找机会，尝试挑战，珍视反馈和每次失败给自己带来的成长经验； ·综合运用技能解决生活中的复杂问题，增强创意设计、动手操作和物化能力

知识拓展 2-2

研学旅行课程目标设计中存在的问题

研学指导师在设定研学目标时，往往只重视自己的课程目标设计是否周全。其原因还是研学指导师的教育教学理念并没有形成一种教育自觉，虽然知道学生的主体地位不容忽视，也知道研学指导师是研学活动的主导者，但是在研学目标的设置上，依然把自己放在绝对重要的位置，忽视学生的实际情况。存在的主要问题有以下几点：

1. 主体错位，目标弱化

虽然课程标准一再强调，教师是课堂的主导者，要以学生为主体。但是很多研学指导师并没有把研学目标的达成及研学行为的变化落实到学生的身上。研学指导师是“目标”动作的发出者和执行者，学生在整个研学活动过程中处于被动地位。

2. 贪多求全，目标泛化

每一次研学旅行活动都蕴含着丰富的研学教育元素。任何一个点都是研学点，这就给研学指导师设定研学目标带来了一定的困难。

所以，具体到一个研学场景，设定研学目标时不应追求很多，而应根据研学资源的价值，找准要解决的一两个问题，确立相对集中的、切合学生认知规律的研学目标，让学生可以清晰地感觉到这次研学活动真正要学会什么，而研学指导师也能做到“有的放矢”。否则，泛化的研学目标带来的就是“随意旅行”，“随意旅行”会导致未知的学习结果，未知的学习结果呈现的就是研学旅行实践活动的高耗低效。

3.脱离实际，目标异化

研学旅行是人文性与综合性极强的学习活动，社会中的大事小事都能进入研学旅行课程设计中，成为研学内容的一部分，研学旅行过程中的任何一点都可以变成研学指导师所选择的教学内容。这就造成了研学指导师在设定研学目标时极易滑向非学科的目标方向，致使其异化成其他的教学目标，压根就没有去思考自己的课堂以及自己面对的学生。

研学内容的层级性相对模糊，很多研学指导师没有根据学生的学习能力，脱离"学情"设定研学目标，进而设计出来的课程目标大多脱离学生的学习需要、学习问题、学力水平、学习起点。

4.简单叠加，目标虚化

这是许多研学指导师都会不自觉犯的错误。这样的研学目标看起来没多大的问题，可是仔细研究，对于学生来说，是不负责任的，于己于人都无益处。

案例分析2-10

研学目标：

1.知识技能目标：学习自然界的动植物，品味自然界的色彩。

2.过程方法目标：理清线索和表达的主要意思，培养欣赏自然文化的能力。

3.情感态度目标：培养学生的环保意识，引导与自然和谐相处的思想。

分析提示：这个研学旅行课程的研学目标看似很好地体现了新课程的"三维目标"。但认真思考会发现，这些虚无缥缈和贴标签式的虚幻目标是很难在短时间内达到的。实际上，研学指导师应该将研学旅行看成一个完整的系统，一个呈三维存在的立体网络结构，以及三者有所侧重的有机结合，而不是三个维度的简单叠加。

微课 2-8

撰写研学旅行课程目标内容

步骤三：撰写研学旅行课程目标内容

（一）确立研学旅行课程三维目标的基本要求

第一，制定课程目标必须依据研学课程标准、研学的具体内容和学生学情特点。

第二，研学目标的确定要具体、恰当、全面。具体，指在本节课中能够具体实现。恰当，指要求的程度符合课程标准的要求及学生的实际，过高或过低都是不科学的，目标是可操作、可观察、可评价的。全面，指必须包含研学目标的四个基本要素。

研学目标表述必须具备的四个基本要素：体现了谁（学习者——主体或对象）？做什么（可观察到的研学行为）？在什么条件下（支持研学的环境）？做到什么程度（研学行为的标准）？

研学旅行课程教学目标部分的写作有三个要求：第一，确定研学的知识目标；第二，确定研学过程所具备的能力、方法培养目标及其教学实施策略；第三，确定引导学生情感、态度与价值观目标的研学选点及其研学实施策略。

（二）正确表述研学课程三维目标的写作技巧

1. 行为主体

行为主体必须是学生而不是研学指导师，判断研学旅行有没有效益的直接依据是学生有没有取得具体的进步，而不是研学指导师有没有完成任务。所以一般在写研学课程的教学目标时，行为主体可以省略，但格式必须注意，一般可以采取以下表述：

“通过……学习，能说出……”

“通过……学习，能分析归纳……”

“能读准……”

“能熟记……”

这些都表明达成目标的行为主体是学生。通常不使用“使学生掌握”“教会学生”“让学生”“提高学生”“培养学生”等表述方式。

2. 行为动词

行为动词必须是具体可测量、可评价的，如知道、归纳、列举、感受、参加等。

常用行为动词举例：

知识：认识、学习、学会、把握、了解、熟记、理解、展示、扩展、使用、分析、区分、判断、获得、表现、扩大、拓展、评价、掌握、运用、懂得。

能力：讲述、表达、复述、写出、倾听、观察、推想、想象、转述、选择、发现、借助、捕捉、提取、收集。

过程与方法：感受、尝试、体会、参加、发表意见、提出问题、讨论、积累、体验、策划、交流、制订计划、收藏、分享、合作、探讨、沟通、组织。

情感、态度与价值观：喜欢、体会、乐于、敢于、有兴趣、欣赏、感受、愿意、体味、尊重、理解、辨别（是非）、品味、关心、养成、领悟。

3. 行为条件

行为条件指影响学生学习结果的特定的限制或范围，如“通过收集资料”“通过观看影片”“通过本次研学活动”。特别是在研学旅行过程中，我们更多时候需要表明学生在什么情况下或什么范围内完成指定的研学活动。

4. 表现程度

表现程度指学生研学旅行之后产生的行为变化的最低表现水平，用以评价研学表现或研学结果达到的程度。

比如：通过学习（行为动词）……（行为条件），能够准确描述（行为动词）……（表现程度），了解（行为动词）……（表现程度）。

（三）优化研学旅行课程三维目标的提炼技巧

首先，必须全面了解研学旅行课程目标的功能，对研学旅行课程目标的重要性有充分的认识，解决为什么要设计研学旅行课程目标的问题；其次，必须知道研学旅行课程目标的领域和范围，解决研学旅行课程目标包括哪些内容的问题；最后，必须掌握编写、表述研学旅行课程目标的方法，解决如何编写、表述研学旅行课程目标的问题。

1. 兼顾三维目标，突出综合性

研学旅行课程目标要包括知识与技能，过程与方法，情感、态度与价值观，突出综合实践活动研学旅行的特征，涵盖价值体系、责任担当、问题解决、创新意识等，突出综合性。

案例分析2-11

"走进江南——杭州"研学旅行活动研学旅行目标

1.通过观察当地风土人情、人民生活状态和城市面貌等，感受经济发展水平，了解长三角地区的发展。

2.通过实地考察、小组讨论、集体汇报等一系列研学实践活动，增强开展调查研究的能力。通过实景参观和书本知识对照，激发学习兴趣，培养自主学习能力。

3.通过感受江南水乡的人文风情和文化底蕴，增强人文情怀，激发起对美好生活的热爱与向往；通过对长三角地区经济发展水平的考察，增强富国强国、开拓创新的意识。

分析提示：本案例中研学旅行课程从三维目标角度出发，具体考虑学生的知识、能力、方法、情感、态度、价值观等，着眼于为学生的长远发展打下基础。

2.表述简洁清晰，突出实践性

研学旅行课程目标应具备表述简洁清晰、可操作、可观测的特点，突出实践性，尽量运用恰当的行为动词。例如"曲阜儒家文化行"的研学旅行目标是"通过参加拜师礼的二十二项仪式，体验和再现古代拜师礼的流程、制式、规格，表达对师道尊严的尊重和崇敬之情"。其中的"参加、体验、再现、表达"等都是行为动词；"二十二项、流程、制式、规格"等词语对拜师礼做了较为具体的描述。又例如，"通过湖口非物质文化遗产继承人的介绍，能够说出草龙的编织步骤，学会制作一个简单的草龙作品。"这套用了研学旅行目标定义的格式：通过参观……，了解……，能画出……图（讲……故事）。这种表述可使目标更便于评价。

研学旅行课程目标的制定必须兼顾三维研学旅行课程目标，考虑学生的学段特点，从发展学生的综合素养出发，表述清晰准确、可操作性强，符合研学旅行活动的要求。

知识拓展2-3

研学旅行的核心素养

"核心素养"的提出是我国培养目标的重大变化，它超越了知识与能力，着眼于每个人的终身发展。素养包括知识、能力、方法、态度、见识、习惯、修养、智慧、情感、价值观等多个方面，是一个人在德、智、体、美、劳等方面的综合表现。研学旅行这种教育形式对于培养学生的核心素养具有明显优势。

2016年9月，教育部委托北京师范大学所做的研究成果《中国学生发展核心素养》发布。"核心素养"以培养"全面发展的人"为核心，分为"文化基础、自主发展、社会参与"三个方面，综合表现为人文底蕴、科学精神、学会学习、健康生活、责任担当、实践创新六大素养，具体细化为人文积淀、人文情怀、审美情趣、理性思维、批判质疑、勇于探究、乐学善学、勤于反思、信息意识、珍爱生命、健全人格、自我管理、社会责任、国家认同、国际理解、劳动意识、问题解决、技术运用18个基本要点（如图2-7所示）。

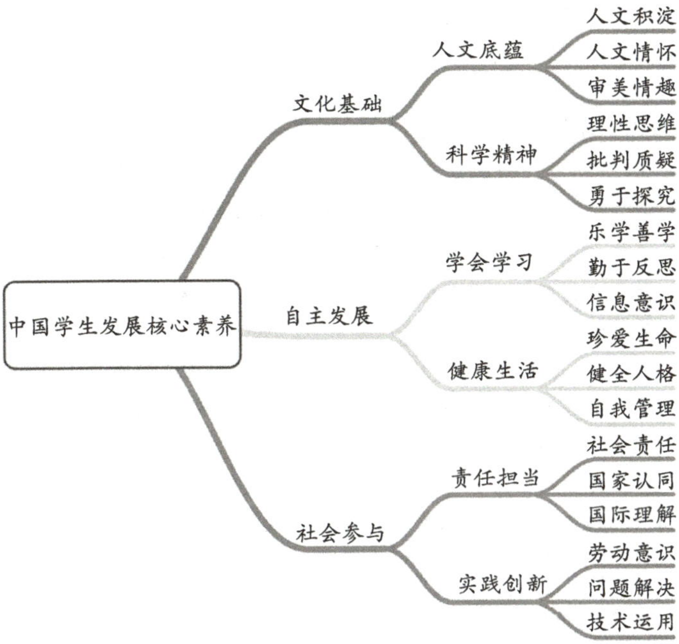

图2-7　中国学生发展核心素养

重点表现在以下三个方面：

1.提高社会责任感

社会责任感可以从自己、他人、社会三个层次来理解，通过集体生活、集中住宿活动形式来实现。研学旅行首先要使学生对自己生命、生活负责，使他们学会生存、生活。其次，让学生学会做人做事，学会与他人相处，学会与他人合作，与他人相处与合作是目前国内中小学生最缺少的，同时也是家长最期望孩子在研学旅行中提升的能力。最后，使学生形成对大自然、社会、国家、民族负责任的意识，即先有国再有家。

2.提高创新精神

创新精神在研学活动中主要通过研究性学习来达成。既要让学生获得基本的知识又要让学生保留天马行空的想象，让孩子做回孩子。可以自由活动时，就不要长时间静坐，想要表达想法时，就不能阻止发表，允许不同的声音出现，因为生动活泼的课堂总是可以碰撞出思想的火花。多元的评价方式有利于学生全面综合素质的发展。这样，教育才能回归初衷，挖掘学生潜力，培养学生探索世界的欲望。

3.提高实践能力

中国基础教育的短板是培养学生动手实践能力。有些家长为了让孩子把更多时间投入学习，连家务都不让孩子做，这导致孩子们缺乏生活经验，不会解决问题。

面对新时代的教育困惑，科学设计研学旅行活动课程，有利于促进学生核心素养目标的实现。中小学生研学旅行活动的有序开展，需要教育主管部门、学校教师和家长彻底转变教育观念，挖掘优质教育资源，将培养学生适应未来社会需要的综合能力作为教育教学的重要目标。

案例分析 2-12

表 2-19 为“千古长安望明月，十三朝诗话春秋”西安研学旅行课程目标。

表 2-19 “千古长安望明月，十三朝诗话春秋”西安研学旅行课程目标

课程目标依据	学校目标	1.通过研学课程，学习陕西的文化和历史知识； 2.培养自主学习、资料检索、信息加工以及团队协作能力； 3.树立文化自信，培养爱国精神，增强民族自豪感
	学段学情分析	1.关联学科 语文：《阿房宫赋》《六国论》《过秦论》以及唐诗代表诗人及其作品； 历史：战国时期、秦汉时期、汉唐时期的历史知识； 地理：秦岭相关地理知识。 2.学生身心发展水平 高一年级的学生已经具有相当的知识储备、实践能力和认知水平，研学形式可以以研究性学习为主，学习内容可以设置一定的难度
	研学主题	陕西文化历史
	研学旅行课程目标	1.从知识获得的角度确定 “五千年中国看西安”，说出了西安独无二的历史地位，它见证了 13 个王朝的兴衰，为学习历史知识提供了最佳条件，但西安集诸朝百代特色于一身，内容过于宽泛，可以选取最具代表性的朝代如西周、秦、汉、唐的历史作为研究对象。根据高一年级学生的特点，可以采取积极主动的学习方式以激发学生的学习兴趣，例如分组调研。 确定第一个研学旅行课程目标为：“通过分小组进行调研，研究西安在西周、秦、汉、唐的历史地位及发生的重要历史事件，并完成研究报告”。（历史知识层面目标） 诗是大家最熟悉的古代文学体裁，是中国珍贵的文化遗产，无论是对中国还是对世界都有很大的影响。诗常被说作唐诗是因为它在唐朝发展到了顶峰，属于中国文学史上最伟大的时期，而古代西安见证了这一时期的辉煌，吟诵西安的唐诗也层出不穷，来到唐诗的故地怎能不去感受这“昔在长安醉花柳，五侯七贵同杯酒”的意境？ 确定第二个研学旅行课程目标为：“以举行诗歌集会的方式，讨论学习唐诗文化，并独立完成诗歌创作”。（文学知识层面目标） 2.从学生能力的培养和提升的角度确定 学校提出了培养学生自主学习、资料检索、信息加工以及团队协作能力的要求。可以通过在研学课程中采用研究性学习的方式，进行团队配合自主学习，达到以上目标。 确定第三个研学旅行课程目标为：“通过研究性学习的方式，提高自主学习、资料检索、信息加工以及团队协作能力”。（学习能力层面目标）

<table>
<tr><td>课程目标依据</td><td>研学旅行课程目标</td><td>另外，对于高中生，还应加强其根据自身兴趣专长进行职业生涯规划和职业选择的能力，以及关心社会发展、提高社会服务意识的能力。依据研学地点的特色和学生学情，可以通过生涯规划和职业体验来达到这一目标。西安作为西北第一大城市，拥有西安交通大学、西安电子科技大学、西安卫星测控中心、西安比亚迪汽车有限公司、华为西安研究所等众多著名院校及单位，可以提供丰富的研学条件。
确定第四个研学旅行课程目标为："通过在高校听取讲座、模拟志愿填报，锻炼职业生涯规划的能力"。（认知能力层面目标）
确定第五个研学旅行课程目标为："通过参观企业、体验工作，提升职业生涯规划能力和社会服务能力"。（实践能力层面目标）
3. 从思想政治教育的角度考虑
学校提出的"树立文化自信，培养爱国精神，增强民族自豪感"目标准确地指出了本次研学课程的思政目标，这不仅符合学生学情，也符合西安这个研学地点的属性。西安是丝绸之路的起点，在古代称为长安。"九天阊阖开宫殿，万国衣冠拜冕旒"，长安在其极盛阶段一直充当着世界的中心，吸引了大批的外国使节与朝拜者的到来。"俱怀逸兴壮思飞，欲上青天揽明月"，长安向世界展现了中华民族拥有的自信、开放、大气、包容、向上的民族精神，铸造了中华儿女永远为之自豪的文化高地。所以，可以将这种思想融入整个研学课程当中，每时每刻都提醒学生作为中华儿女应具有文化自信。
确定第六个研学旅行课程目标为："通过对研学课程的学习，树立文化自信，培养爱国精神，增强民族自豪感"。（思想政治层面目标）</td></tr>
</table>

分析提示：一次策划有力、组织得当的研学实践整合了个人、社会和国家三个层面对学生发展的要求，可以让学生明白自己身上的责任，培养其独立自主的意识，为学生积累面向未来的能力，提升未来竞争力。

任务评价

通过实施以上步骤，是否达成了该项任务目标呢？请对完成任务的情况作出评价（见表2-20）。

表 2-20　　本任务评价参考表

实施步骤	完成情况			
	优	良	中	差
明确研学旅行课程目标依据				
选择研学旅行课程目标要素				
撰写研学旅行课程目标内容				

随堂练习

一、单项选择题

1. 研学旅行课程目标的（　　）指在研学旅行课程目标的制定上既有知识的获取，

又关注知识获取的过程与方法，能力的培养及情感、态度、价值观等方面的形成。

A.具体性原则　　B.可测性原则

C.层次性原则　　D.全面性原则

2.（　　）是研学旅行活动的出发点和归宿，是研学指导师对学生达到的研学成果或最终行为的明确阐述。

A.研学目标　　B.研学主题

C.研学评价　　D.研学成果

3.在落实三维目标的过程中，要以（　　）为主线。

A.知识与技能　　B.情感、态度与价值观

C.过程与方法　　D.课程目标

4.（　　）是实现教育目标的重要途径，在课程体系中居首要地位，是课程实施的出发点和归宿。

A.三维目标　　B.总体目标

C.具体目标　　D.课程目标

5.研学旅行课程目标要求之一是（　　），即指要求的程度要符合课程标准的要求及学生的实际，过高或过低都是不科学的，目标是可操作、可观察、可评价的。

A.全面　　B.具体

C.恰当　　D.有层次

二、多项选择题

1.制定研学旅行课程目标时要充分考虑研学对象的（　　），以此来判断研学对象是否能够完成目标。

A.知识储备　　B.生活经验　　C.自身能力

D.精神状态　　E.家庭背景

2.研学旅行课程目标在研学实践活动中的主要作用有（　　）。

A.导向作用　　B.控制作用　　C.激励作用

D.指示性作用　　E.标准作用

3.研学旅行课程目标制定的依据包括（　　）。

A.学校的既定目标　　B.学段学情　　C.研学旅行主题

D.创新创意　　E.研学旅行地点

4.根据不同年龄及发展规律的学生特点，一般从（　　）四个维度，设计研学活动的学段目标。

A.价值认知　　B.责任担当　　C.问题解决

D.创新意识　　E.团队协作

5.研学旅行课程目标表述必须具备的四个基本要素是（　　）。

A.体现了谁　　B.做什么　　C.在什么条件下

D.做到什么程度　　E.评价反馈如何

三、判断题

1.研学旅行主题是研学旅行的主要内容，目标的制定和主题密不可分，如

果研学旅行课程目标的制定不符合研学旅行主题，则目标不切实际，此时就需要更改目标。（　　）

2.研学活动的主体是学生也是老师，判断研学旅行有没有效益的直接依据是学生有没有取得具体的进步，以及研学指导师有没有完成任务。（　　）

3.研学旅行课程目标应具备表述简洁清晰、可操作、可观测的特点，突出实践性，尽量运用恰当的行为动词。（　　）

案例共享

避免只游不学、走马观花 博物馆研学旅行如何规范

日前，国家文物局发布了一则题为《社会机构组织博物馆研学旅行应规范管理提升质量》的文章，文章表示："对于部分社会机构、个人以'博物馆游学'之名，开展粗放、只游不学、走马观花、名不副实的'研学旅行'活动，损害中小学生利益的行为，表示坚决反对。"

依托博物馆自身资源禀赋与文化价值，组织中小学生开展研学活动，是素质教育的一种有效探索与实践。在研学活动中，如何避免流于形式、华而不实，切实提升参与学生的学识素养，达到素质教育的目的，值得各方思考。

博物馆研学旅行热，助推研学市场逐渐壮大

研学旅行是研究性学习和旅行体验相结合的校外教育活动。博物馆因其资源禀赋和独特魅力，成为各类研学旅行的重要目的地之一。如今，很多中小学校都在组织学生走进博物馆。

北京市北京中学列出了孔庙与国子监、中国科技馆等8个博物馆供学生选择，为了让学生在看到展品时有更深入的认识，"提前几天就开始为我们介绍相关背景知识与参观方法，分组布置任务。"该校初中生肖瑜玥说。而在中国文字博物馆，河北省廊坊市第六中学的学生用传统印刷工艺印制生肖图画，既能体验技艺，又能收获有纪念意义的作品。

鉴于博物馆所具有的教育功能，博物馆自身以及一些教育机构、旅行社也纷纷推出研学项目。今年暑假，适龄学生可以报名参加故宫博物院组织的6个主题、22场活动的暑期知识课程，除了解古建、珍宝、宫廷生活外，还能动手操作，创作属于自己的金瓯永固杯刮画作品。

有专家表示，随着素质教育理念深入人心，以及文化需求日益增强，研学活动越来越得到相关从业者的重视，行业内市场主体愈发丰富，这促使研学项目形式走向多元，给孩子们带来很大的选择空间，助推研学市场规模逐渐壮大。随着市场需求不断释放，中国研学旅行市场总体规模将超千亿元。

完善监管体系，护航研学旅行产业健康发展

博物馆研学热反映了人们对文化教育的重视，这本应对孩子成长发挥积极作用，但市场上存在的一些乱象，让文化之旅的意义大打折扣。"回来后让孩子讲几个文物故事，她却吞吞吐吐，说不出个所以然。一问才知道，老师只让孩子们自己'寻宝'，没介绍相应的背景知识。"北京市民张玲暑假为孩子报名参加某研学旅

行，效果并不理想。

研学项目价格通常与课程时长有关，据统计，2~3天的短途研学收费一般在2 000元左右，有些长途的收费达6 000元。这样的价格与孩子的实际收获是否相符，部分业内人士表示质疑。“博物馆本身是公益性的，但是一些机构打着研学旗号，包装出高价的文化产品，让博物馆失去了公益属性。”中国妇女儿童博物馆社会教育部副部长梁红指出。

“个别研学团其实是变相的旅游行为，跟研学关系不大。”国家博物馆社会教育部主任黄琛则认为，“研学更应该由学校而不是旅行社来组织，因为学校组织的研学活动有专业的课程设置和师资配备，能保证基本严谨规范。”

收费偏高，孩子却收获寥寥，且组织不甚规范，这样的研学产品为何依然能有市场？监管不完善是重要原因。早在2016年，教育部等11部门便印发了《关于推进中小学生研学旅行的意见》，对开展研学旅行的原则、任务等作出规定。规定内容虽然具体，但并未制定明确可操作的行业标准。

令人欣慰的是，为防止博物馆研学“变味”，相关部门已经予以重视，正加大监管力度。国家文物局已会同教育部，将95家博物馆及相关机构列入全国中小学生研学实践教育基地名单，而且各地博物馆也加强资源整合，推出了一批研学旅行实践项目和精品课程。

重庆红岩革命历史博物馆打造了“红色小记者”研学旅行体验营，小记者们通过实地采访博物馆、陈列馆、革命遗迹，探寻历史故事、弘扬革命传统；在杜甫草堂博物馆开展“草堂一课”教学活动，以学术讲座、诗歌朗诵会、文艺演出、园林园艺展览等形式，弘扬杜甫的爱国主义精神，进行爱国主义教育……这些具有特色的实践项目都取得了不错的社会反响。

精心设计课程，促进研学旅行产品提质增效

如何让博物馆研学产品真正做到高品质、有价值？博物馆给出的方案是在课程设计上下功夫。目前，不少博物馆已开始了对研学产品的提质工作，在挖掘、整合自身资源的基础上创新研学教育模式。

广东省博物馆今年暑期组织的“自然海洋营”夏令营推陈出新，孩子们可以根据老师科普的知识创作海洋故事，也可在DIY工作坊里解剖鱼类，或进行角色扮演表演即兴话剧。“让孩子们在自主参与中轻松收获海洋生态知识，释放想象力。”广东省博物馆公众服务部主任段小红说。

西安半坡博物馆则同广西民族博物馆开展馆际合作，将“史前工场”带到南宁，南宁的孩子们能现场观看“钻木取火”的演示，体验陶器钻孔、原始房屋搭建等项目，穿越千年体验原始人生活。此举延伸了博物馆的服务触角，同样为研学产品提供了新的思路。

研学产品要重视课程设计，同时也要注意到，不同主体所具备的优势特色不同，对课程的呈现效果影响也不相同。“教育机构关注产品的教育性，博物馆保障专业性，旅行社注重娱乐性。”某儿童博物馆课程研发机构创始人张晓扬认为，每一方都有自己的优势和短板，面对巨大的市场需求，各方应积极开展合作，优势互补。广东省博物馆便在去年举办了5次针对讲解员的培训工作，多次与学校开展研讨会，相关培训活动也向社会开放，以提高讲解员的专业水平和业务能力。

博物馆是历史文化的集纳地，组织青少年走进博物馆求知，是对文物的守护、文化的传承。从这个意义上说，博物馆研学旅行对促进素质教育大有裨益。

资料来源：史一棋，白春阳.博物馆研学旅行如何规范［N］. 人民日报，2018-08-30.

请思考： 如何才能更好地实现研学旅行的目标？

分析提示

思而行远

让研学游更好地贴合传统文化

近年来，研究性学习和旅行体验相结合的研学旅行成为一种趋势。每到暑期，中国各大高校、博物馆、科技馆里，随处可见浩浩荡荡的“研学大军”，那些加入传统文化元素的研学游，更成为当下的热门之选，受到许多家长和孩子的青睐。

“研学游”变成“研学热”，其背后的原因是多方面的：既有国民生活水平的提高，又有家长望子成龙的心理，同时也与学校对素质教育的重视、学生对摄取知识的渴望有关。

从活动的导向来看，研学游是值得鼓励的。它以天地为课堂，以社会为学校，以历史文化和自然风光为老师，通过调动眼耳口鼻多种感官，让学生们走出闭门读书的窠臼，使“行万里路”与“读万卷书”得以完美结合，在研学中开阔眼界、增广见闻，更好地感知这个世界的过去和未来、文化的传承与发展。但是，也有一些旅游公司和培训机构“唯利是图”，让研学旅行变了味道，出现重游轻学、只游不学、游而乱学的现象。

研学指的是探究性和研究性学习，可见学习是研学的根本，而“游”只是一种形式，是寓教于乐的载体。这提醒我们，在研学游推进的过程中一定要避免本末倒置，不可让研学流于形式，更不可让它误入歧途。传统文化博大精深，其精髓绝非道听途说就能轻易领悟。与之相应，学生在研学过程中需要专业的讲解和引导，如果打着研学旗号，给予的却是“半吊子”的讲解，灌输的是些错误的知识，那这样的研学之旅不仅毫无意义，还会起到反作用。

想要让研学游保持旺盛的生命力，走到更多人的身边，需要丰富它的形式，更要充实它的内容，才能激活人内心的向往，吸引更多人参与。针对部分机构和个人相关知识的匮乏，作为活动基地的博物馆、美术馆等场所可组织开展专门的培训，先让研学的组织者和讲解员知其然且知其所以然，从而避免知识、信息的传播陷入错误的恶性循环。当然，场馆本身亦可通过免费的馆内展陈、团队讲解、智能导览，拓宽学生获取知识的渠道，并通过预订活动档期、追责非法研学，疏堵结合，给参观学习的学生更好的研学体验。

对于青少年来说，最好的老师莫过于兴趣。想要增进孩子们对于传统文化的兴趣，就要加强研学过程中学生的参与度与体验感，针对孩子的年龄特点定制不同的课程。比如对传统技艺进行场景重现，让学生看完瓷器制作、古法造纸后动手加以实践，从而更好地感悟匠心传承，体会传统文化的魅力。一言以蔽之，就是通过形式多样、创意十足的内容，循循善诱、讲演结合的方式，让孩子们在游中学、在学中研，在实践中感受学习的乐趣，加强研学与传统文化的贴合度。

同时，活动的开展需要兼顾研学的公益属性。当下一些机构和个人组织的研学活动，动辄几千、数万的花费，对于很多家庭来说都是不小的负担。从某种角度来说，虚高的价格已经背离了研学旅行纳入中小学教育教学计划的初衷。“走出去”不一定非得走出国门，“请进来”也不一定非得请专家教授，关键在于培养孩子学习的积极性，让他们研有所得，学有所获。唯有规范市场秩序，导正研学的公益属性，让更多学生能够参与其中，让更多免费开放的公共资源能够为研学服务，传统文化才能借助研学这座桥梁，抵达更多人的身边，走进更多人的心里。

资料来源：潘玉毅.让研学游更好地贴合传统文化［N］. 人民日报（海外版），2020-08-31.

任务拓展

请以“六朝古都、十朝都会——南京研学课程”为主题，针对四年级学生，选择合适的课程资源，制定研学课程活动目标。

任务五　开发研学旅行课程内容方案

任务概述

研学旅行课程是纳入中小学教育教学计划的，与国家课程、校本课程、地方课程并行的全新育人模式的实践课程，倡导在实践中探究、在探究中运用、在运用中学习，有助于消除学校课程和现实社会的壁垒，打通知识世界与生活世界的联系，为学生提供丰富多彩的探究情境、多种多样的学习机会，使学校课程回归生活的本位和课程的原点。

作为研学和旅行的结合，研学旅行课程是学校教育和社会教育结合的有机体，是为了实现核心素养目标将学科课程和实践课程相结合的综合体。

开发研学旅行课程不是面向大众需求生产旅游线路，而是基于校本文化和学生认知特点定制研学旅行，包括设计主题、甄选教育资源、设定教育目标、策划探究活动，既要满足课程的一般规定性，即课程目标、课程资源、课程组织、课程评价，又要体现教育目的，即自主性、实践性、开放性、整合性。本任务的研学旅行课程内容设计指的就是课程单元的内容设计。

素质目标

1. 培养学科综合关联思维。
2. 增强逻辑思维和思辨能力。
3. 提升研学课程中态度、情感、价值观的内化和呈现能力。

知识目标

1. 了解研学旅行产品的教育理论基础。
2. 熟悉不同学段研学产品的差异。
3. 掌握研学产品不同实施模式的特征。
4. 理解研学产品行程安排的原则。
5. 明确研学产品成本核算的组成。

能力目标

1. 能够依据研学主题和目标，进行研学资源的学科关联。
2. 能够科学梳理研学课程具体内容。
3. 能够按照课程内容和学段特征匹配适宜的课程形式。
4. 能够基于研学课程内容和形式设计完整的产品方案。
5. 能够合理安排研学产品的行程计划。
6. 能够进行研学产品成本的核算。

理论知识

研学旅行课程是衔接中小学校内教育与校外教育的创新形式，是培养学生核心素养不可缺少的重要方式与途径，属于中小学教育教学计划的综合实践活动产品，被归类为综合实践活动课。研学旅行本质上是一门课程，有明确的教学目标、研学主题、系统的教学内容、规范的实施过程和科学的评价体系。研学课程设计在课程实践中具有重要的地位，一个完整的研学课程设计，对于研学旅行活动的准备、实施，对研学指导师的培养、执教都有非常重要的意义，开展研学课程设计首先要理解课程设计的概念，进而了解研学课程设计的概念。

一、中小学课程的内涵

课程是学校为实现培养目标而选择的教育内容及其进程的总和，包括学校教授的各门学科和各种有目的、有计划的教育活动。当前中小学有两大类课程：一类是中小学学科课程，另一类是综合实践活动课程。研学旅行就属于综合实践活动课程。

1. 中小学学科课程

小学阶段的学科有语文、数学、外语、道德与法治、科学、音乐、美术、体育与健康等。

初中阶段的学科有语文、数学、外语、道德与法治、历史、地理、物理、化学、生物、音乐、体育与健康、美术等。

高中阶段的学科有语文、数学、外语、思想政治、历史、地理、物理、化学、生物、音乐、体育与健康、美术、信息技术、通用技术等。

2.综合实践活动课程

从性质上讲，综合实践活动课程属于国家规定的中小学必须开设的“必修课程”，本质上属于活动课程的范畴，强调学生从活动中学习、从经验中学习、从行动中学习，有时也被称作“经验课程”。它是一种独立于“学科课程”之外的课程形态，不是其他课程的辅助或附庸，而是与其他课程具有等价与互补性、有着自己独特教育功能的课程形态，它代表着我国基础教育领域课程体系结构性的突破。

研究性学习、社区服务与社会实践、信息技术教育、劳动与技术教育是国家为了帮助学校更好地落实综合实践活动而特别指定的几个领域，而非综合实践活动内容的全部。其中的研究性学习是学生基于自身兴趣，在教师的指导下，从自然、社会和学生自身生活中选择和确定研究主题，开展研究性学习，在观察、记录和思考中，主动获取知识，分析并解决问题的过程，如野外考察、社会调查、研学旅行等。它注重运用实地观察、访谈、实验等方法，获取材料，使学生形成理性思维、批判质疑和勇于探究的精神。

研学旅行课程就属于研究性学习的活动方式，所以应该按照研究性学习的要素和流程组织活动。同时，研学旅行也可以融合社区服务、信息技术教育、劳动与技术教育等活动方式，合理安排学习内容和学习方式。

二、研学课程设计的概念

1.课程设计的概念

课程设计是根据育人目标要求，在分析课程内外各要素、成分之间联系的基础上，制订课程计划（教学计划）、课程标准（教学大纲）和编制各类教材，进而制订具体的课程实施方案，确定课程实施方法策略等共同组成的有目的、有计划、有结构的系统化活动过程。

课程设计是将课程理念转化成为具体、可操作的课程实践活动的关键环节。从宏观设计层面，课程设计包括对课程的理念、价值取向、课程目的、课程任务、课程地位等方面的系列设计，一般由国家或者委托相关领域专业学者进行设计；从微观设计层面，课程设计更加注重技术方面，主要是对课程的结构、时间安排、组织形式、学生需求、具体内容等选择和操作过程的设计，主要设计者一般为学校和教师，其在国家宏观设计的指导下，根据学生具体情况、课堂教学的具体需要进行设计。

2.研学课程设计的概念

研学课程设计是以一定的研学课程教育目的为指导，制定课程标准、选择和组织课程内容、预设学习活动方式的活动，是对课程目标、教育经验和预设学习活动方式的具体化过程。在这个过程中，教育者以研学课程理论为基础，根据研学旅行规律的要求和目的地资源的特点，借助一定的教学方式和方法，结合学生实际情况确定研学课程目标，根据该目标准备研学内容，并对研学内容进行计划、组织、实施、评价、修订，以最终完成研学课程目标。研学课程设计是研学活动有序开展、实现教育价值的前提和基础。

一个好的研学课程设计，必须坚持以学生为中心，校内、校外相结合，研究性学习和旅行体验相结合，通过开发、实施实践活动，围绕真实情境中的问题展开探索，促进学生主动学习、主动思考，才能呈现良好的教育效果，丰富学生学习体验，发展核心素养，实现综合实践育人的价值和目标。

三、研学课程的模式

1. 参观式研学课程

参观式研学课程，指组织学生到实地进行观察、分析、学习，从而获得新知识或巩固已学知识的研学课程。参观式研学课程的特点是让学生亲自来到实物现场，利用视觉和听觉，通过观察物品和倾听教师讲解进行学习，所以课程的关键是所参观的实物、授课教师和讲解内容，这种方式适用于绝大部分研学资源地，如各种名胜古迹、博物馆、工厂企业、科研院校等。参观式学习课程是学生开阔视野，增长见闻，拓展知识范围的有效途径，同时也是最易操作的研学课程类型，在研学课程中最为常见。

微课 2-9
研学课程构建教育理念

2. 项目探究式研学课程

项目探究式研学课程以PBL模式为基准进行课程研发，即研学课程不是将现有的知识原封不动地教授给学生，而是让学生以问题为驱动，结成项目组走出教室、走向自然、走向社会的研学实践和体验课程，以项目的形式，运用已经掌握的知识和方法，利用研学资源，动脑、动手、动口独立思考，通过信息加工、逻辑推理等，自己去发现、探究新的知识。并以各种形式将自己的探究结果表现出来，从而提高认知能力、语言表达和文字写作素养，在体验中进行研讨、交流，进而开阔眼界、了解社会，提高社会实践能力和团队合作能力。

在项目探究式研学课程中，知识的获得来源于解决探究问题的过程，围绕问题来组织学习过程，强调以真实情境中的问题作为驱动，激发学生自己查找信息、学习关于此问题的知识，将所要学习的知识点以一个或多个项目活动学习形式进行整合，使学生在完成项目的过程中学习新内容，获得较全面的学科知识，同时通过项目培养学生的自主能力、合作能力、探究能力、创新能力、动手实践能力及问题解决能力。

3. 体验式研学课程

体验式研学课程是指通过精心设计的活动、游戏和情境，使学生在参与过程中通过感觉、感受、体验来观察、反思和分享，获得新的感受和认识，并把它们运用到现实生活中，从而认识事物、认识自我，实现能力以及情感、态度、价值观的提升与重构的一种学习方式。在这一类型研学课程设计研发中，必须对研学资源进行甄别和拣选，挑选出一些适合学生动手操作、参与的活动内容，使他们在动手实践中感悟知识、提升实操能力。

体验式教学设计能避免研学只游不学的现象，也能改变传统的说教模式，从而落实研学课程的实践性原则。构建体验式研学旅行课程，只有对研学资源进行深度挖掘，针对其特点设计体验内容，营造体验氛围，才能达到预期效果。另外，还需要明确课程目标设计的体验维度，依据学段、班级、小组、个人的特点等来完成体验式课程设计。

总之，研学课程依照实施模式可以分为三类，并在课程设计中根据研学资源、研学目标和学生情况有所侧重。然而参观式研学课程、项目探究式研学课程和体验式研学课程在现实操作中不是严格区分的，而是相互相融、相互支撑的，共同构成课程实施体系。研学旅行实践中应该为学生创设与生活、社会关联度强且较真实的情境，加强研学旅行课程内容整合，围绕跨学科的内容和项目开展跨学科的教学，引导学生在真实的情境中观察、体验、思考，在动手、动口、动脑的过程中解决问题、提升能力、锻炼品格，培养学生解决问题的综合实践能力。

知识拓展 2-4

研学旅行的深度

微课 2-10

研学课程教学形式

实施精准策略，让研学活动有深度。研学活动既要有“研”，更要有“学”，研中有深度，学中有高度，应做到学校规划有方略，教师手中有方策，学生脑中有方法。以红色研学为例：

（一）融合多元，协同助力

红色研学以研究性学习为主要学习方式，涉及范围广、维度多，唯有融合多方资源，方能使研学有实效。

1. 融合师资。内挖潜力，让有不同特长的教师参与到红色研学中；外聘人才，聘用红色基地馆长、草编非遗传承人等为客席教师，红色研学有高度。

2. 融合基地。融集家乡红色基地，规划各基地的研学路线和项目，红色研学有广度。

3. 融合课程。在国家课程中渗透，如在部编教材六年级语文下册《革命理想》单元渗透红色研学；在地方课程中拓展，如在地方课程《人·自然·社会》中开展“我是小战士”“西湖三杰”等主题教育时融入红色研学内容；在校本课程中深化，学校开发编撰了《沙氏五杰》《走进塘溪》等教材，编制了红色研学课程的研学旅行手册，红色研学有深度。

（二）注重真实，深度学习

研学要研而有学、研而有思、研而有悟，避免走马观花，只“旅”不“研”，可以通过“四真”深入研学。

1. 创设真实情境。穿军服，唱红歌，重踏红军“长征路”，让浓浓的红色研学氛围熏陶人。

2. 下达真实任务。模拟军队作“战斗”任务布置，由“承志连”连长向各排下达“作战”命令，各排带着任务（问题）去研学，让具体的红色研学任务驱动人。

3. 指导真实学习。教师指导和引导学生真实学习，教给学生真实学习的方法，如访谈、考察、实验等，引领学生开展唱红歌、看红色电影、讲红色故事、听红色专题讲座等活动，让科学的研学方法指引人。

4.引导真实体悟。让学生在徒步行军中体验艰苦，在真人CS“实战”中体会战争的残酷，在“侦查”沙氏故居中体悟革命先烈的伟大，让深刻的研学感悟感化人。

（三）深入研究，深化研学

研学不仅仅要为解决问题而研，也要为寻找研学的方法论而研。

1.研究研学思路，明确红色研学的思路：一个中心——立德树人；两种方式——研究性学习和旅行体验；三条途径——文化、课程和活动。

2.研究研学方法，运用“侦查”“体验”“考察”“制作”等多种方法进行红色研学，深化研学内涵，研究研学知识。将红色研学中搜集到的有关故居场馆分布、红色人物生平、革命故事等信息，进行自我消化、细化、内化。

（四）自我内化，践行精神

红色研学的核心是传承红色基因、践行红色精神。

1.从内化知识中起步，做到红色人物生平能介绍，红色故事能宣讲，故居参观能讲解。

2.从内化技能中深化，能正确打“枪”、熟练草编、野外生存、科学“侦查”。

3.从内化行为中升华，以自己最敬佩的红色名人事迹感化自己，以名人精神践行自我，以实际行动实现自我，如“每天做一件好事”“争当沙氏故居宣讲员”等。

资料来源：佚名. 如何让研学活动有深度？[EB/OL].（2021-06-30）. https：//baijiahao.baidu.com/s? id=1703959164998696676&wfr=spider&for=pc.

任务实施

研学旅行课程方案开发包括研学资源学科关联、科学梳理课程内容、匹配课程形式、撰写课程方案、核算研学成本五个步骤。这是研学旅行课程的规范性结构，同时还要在这五个步骤中为学生提供更多的选择性、生成性、个性化课程，以实现现代课程与后现代课程的有机整合。

步骤一：研学资源学科关联

研学课程内容开发应基于研学的根本属性，即教育性展开，依据研学课程的主题和活动目标，开展资源学科关联。首先依据研学资源的细分从学生的学科教材中寻找适宜的知识点，其次参照学生校内各学科的教学目标，盘点适宜在研学资源点实践的部分，选出有代表性的、易操作的来设计研学课程。

为了方便操作，可以从以下四个方面进行学科知识关联：

（一）国家课程内容

基础教育阶段学生的知识学习和知识架构是通过国家课程的学习完成的，可以通过研究国家课程内容了解相应年级学生的学科知识基础和要求，这也是进行学科关联的最基本途径。通过对教材的分析，了解学生的已学和将学知识点，在进行研学内容设计时就能根据这一信息决定研学课程的方向和深度。

（二）地方课程内容

地方课程指地方各级教育主管部门根据国家课程政策，以国家课程标准为基础，在一定的教育思想和课程理念的指导下，根据地方经济、政治、文化的发展水平及其对人才的特殊要求，充分利用地方课程资源而开发、设计、实施的课程。地方课程往往更聚焦当地的科学文化，在进行省内的研学课程内容设计时，要着重参考。

（三）校本课程内容

校本课程是由学校自己确定的课程，主要分为两类：一是国家课程和地方课程校本化、个性化后的课程，二是学校设计开发的新课程。校本化课程内容丰富、特色鲜明，是学校较为看重的教育环节，所以需要考虑研学课程和校本课程的联系。实际操作中，学校可能将研学课程作为校本课程的延伸与拓展，这就需要重视对校本课程内容的分析。

（四）常识类知识

常识类知识指学生个体具备的常识性知识和能力素养程度，由于不同地区的学生以及学生个体间存在差异，可以通过研学需求调研的结果分析掌握基本情况。需要注意的是，研学课程的设计应以学生普遍知识低值为下限，适当考虑提升。

研学旅行的学科边界模糊，因为它是在真实的环境下，在自然社会中进行的实践考察，课程综合性强。因此，研学旅行课程中学科关联的设计非常重要。一般来说，学校在设计研学旅行课程时，应该由多学科的教师一起进行课程设计，将学生要完成的学习任务进行整合。专题学习模块以综合运用知识为主，各学科的教师在一起设计课程时，应该充分考虑目的地的资源与国家课程的结合，特别是与语文、历史、地理、生物、化学、物理、美术等学科的结合。在研学过程中，会有许多相关的资源促使学生将课堂中学到的知识加以应用，也会有许多机会让学生发现和探寻新的问题。研学旅行应该设计系统、全面的专题学习内容，既可以有学过的知识和研学旅行中会遇到的知识，也可以有小课题可能涉及的知识。

案例分析2-13

广州市某学校开展“茶文化研学旅行”，内容包括茶园观察、茶叶制作、茶史茶俗介绍、茶文学鉴赏、茶艺修习等活动，其中茶园观察属于生物、地理学科知识，茶叶制作属于生物、化学学科知识，茶史茶俗介绍属于历史学科知识，茶文学鉴赏与语文学科紧密相连，茶艺修习与艺术学科关联……茶文化研学旅行有效地与中小学多门课程有机融合，有利于学生从比较广阔的视角思考和处理问题，以适应社会问题复杂化、知识应用综合化的新形势，帮助学生全面发展。

江西某机构开发“探索红色足迹，发扬井冈精神”研学旅行，通过开展穿一次军服、住一次农家院、听一个红军故事、逛一次井冈山、观看一场红色露天电影、举办一次革命主题篝火晚会、重走一次红军路、学唱一首红歌、做一次农活、自制一顿红军餐、上一堂革命传统教育课等体验式、研讨式活动，把研学旅行作为理想信念教育、爱国主义教育、革命传统教育、国情教育的重要载体，起到了良好的教育效果和社会效益。

分析提示：案例中的研学旅行课程，是如何进行研学资源教育关联的呢？我们能发现，茶文化研学旅行有效地与中小学多门课程有机融合，“探索红色足迹，发扬井冈精神”研学旅行则可以与语文、道德与法治等课程关联，通过体验式研学紧密对接育人思政目标。

步骤二：科学梳理课程内容

研学旅行是超越学科、跳出学科的综合实践活动课程，其内容指向培育核心素养，包括知识性内容、技能性内容、价值性内容等。因此，研学旅行活动课程必须设计跨学科多领域的学习内容。

（一）研学课程内容的确定

1.确定学科知识关联内容

对已学知识加深印象、理解。比如，课文《故宫博物院》中讲到了太和殿、中和殿、保和殿的建筑特点和艺术成就，就可以在实际的研学课程中着重安排对这三大殿的参观以及对相应内容的探究，以加深学生对书本知识的理解和思考。

对已学知识进行拓展、升华。还是以故宫博物院为例，课文中从建筑、艺术的角度讲解了三大殿，在研学课程内容选择中，可以从历史的角度进行拓展，讲解和三大殿相关的历史事件；从文化的角度，讲解三大殿名称的由来及含义；最后通过对中国劳动人民的智慧赞扬，增强民族自豪感等。

2.发掘研学资源承载的理论和规律

发掘理论和方法指通过对研学课程资源的研究，发掘出研学资源所承载的历史文化、反映的科学道理、蕴含的社会规律等，将其作为体验式学习课程里的理论内容部分。比如，国子监作为中国古代最高学府和教育管理机构，它承载的是中国的国学文化，可以在国子监中安排国学文化的学习，作为教学内容中的理论部分；航空基地的基本内容是飞行器的运作原理以及驾驶体验等，这些都离不开物理知识，可以将其与学生的物理学科知识相互关联，让学生看到物理知识的实际应用，加深对课本中物理知识点的理解；军事研学课程的基本内容是国防知识学习以及部队生活体验等，而军事实质上是政治的延伸，可以将思政课程的相关内容进行拓展和深入，作为军事研学课程的理论教学内容。

3.树立态度，升华情感，培养价值观

树立态度，升华情感，培养价值观指在研学过程中学生通过掌握分析解决问题的策略，从中建立的态度、观点和获得的感受。比如，在红色教育研学课程中，研学内容的基本知识可以确定为研学资源的历史进程及意义，研学内容中的理论知识

是近代建国历程，而研学内容最后的部分是进行爱国主义教育，培养正确的人生观、价值观。再比如，国子监的体验式课程教学内容设计，首先以国子监的历史发展和功能作用为基本知识，然后通过国子监与国学的关系，引导学生学习国学文化，最后通过还原古代“谢师礼”，让学生体会国学中尊师重道的礼仪品德，感受国学精神，树立文化自信。

（二）研学课程内容的整合

研学课程内容可以在学科关联的基础上，按照学科知识的拓展和应用要求进行整合，也可以根据研学资源地的属性和特点，按照学生发展的核心素养来进行整合。此外，课程设计中还可以把活动的设计权交给学生或合作小组，让学生在研学旅行过程中自主生成课程内容，这是一种更高境界和层次的课程开发方式。

1.围绕课程实施过程整合

任何课程内容的设计都要考虑课程实施的可行性，应根据研学课程所在的地理位置及资源特征，对学生安全、身心特征、接受能力、兴趣爱好等多方面因素进行综合评估，选择适宜的研学课程内容。为了实现研学旅行课程目标，需要在研学课程计划的基础上科学地对课程内容进行组织，让课程内容以更加合理的形式呈现，让学生带着问题，由浅入深、循序渐进地用合理的、清晰的思路找寻问题答案。

整合研学课程内容时还要依据整体研学活动的时间安排，根据课程目标、时间节点、活动区域等设计活动，依照整体、顺序、发散的组织形式安排教学计划。研学活动的时间是有限的，课程中必然有一些内容需要重点学习，占用的时间比重较大，次要内容可以一带而过。同时，要参考学校的建议，学校有时会指定一些需要讲解的内容和参观的地点，应当在研学课程设计时予以满足。

2.围绕综合育人目标整合

新时代中小学教育围绕培养全面发展的人，着力培养学生的核心素养，包括人文底蕴、科学精神、学会学习、健康生活、责任担当和实践创新能力等。其具体表现为一定的知识、技能、思维、意识和习惯等，体现一个人的综合能力。研学旅行是综合实践活动课程，是在社会大课堂中进行的课程，需要教育部门和学校有计划地组织安排，通过集体旅行、集中食宿在校外开展实践活动，在这个过程中达到综合育人的目的。研学课程设计也需要围绕综合育人目标，科学梳理课程内容。

在研学旅行活动中，课程内容要服务于价值观、合作能力的培养，也应有职业体验的内容和生存技能的训练。知识性内容要能学以致用，即运用课堂上学过的各学科知识，解释和解决现实生活中的问题。研学旅行的课程内容还应该包含一些简单的应急技能，如野外露营活动中可以加入野营地点的选择、帐篷的搭建、防虫措施、食物的制作等技能培训。

案例分析 2-14

初中科学探索主题研学旅行的内容设计

本课程以“探访自然之美，谱写生命之歌”为主题，围绕一条主线（腾冲线路）设计了多项内容，具体如下。

（1）自然体验类课程

腾冲热海（4课时）：探索热海温泉的奥秘。

英雄追忆（2课时）：参观滇西抗战纪念馆和英烈纪念碑。

和顺古镇（2课时）：探索古镇奥秘，完成古镇人文系列专题探索。

高黎贡山（2课时）：聆听专家讲座，参观高黎贡山宣教中心，了解高黎贡山百花岭保护区生物保护进展。

（2）科学实践类课程

白眉长臂猿行为学探究（4课时）：实地观察白眉长臂猿的外形特征，了解其生活习性。

高黎贡山森林样本调查（6课时）：学习基本研究方法，在专家带领下分组进行森林样本调查。

雨林夜游（2课时）：在专家带领下夜游高黎贡山自然公园，了解夜间活动的动物，观赏奇特的夜间景象。

鸟类知识讲座（2课时）：专家将展示众多精美的鸟类图片，声声鸟鸣与生动讲述有机融合，开阔视野、学习知识。

（3）课题探究类课程

热带雨林植物适应性调查（6课时）：分小组穿越高黎贡山雨林并进行植物适应性调查。

密林中的鸟类寻踪（6课时）：和专家学习鸟类形态特征，观鸟，完成观鸟表格。

辩论赛——百花岭鸟塘建设行为的利与弊（4课时）：分组进行资料收集，开展辩论；分享活动感受。

研学报告答辩及优秀小组评定（4课时）：分组答辩，专家点评。

分析提示：围绕科学探索的研学课程在内容上是如何整合的？在进行自然和人文学科关联的基础上，按照学科知识的拓展和应用要求进行整合，分成自然体验类、科学实践类和课题探究类；在这个过程中同时考虑研学资源地的属性和特点，通过多种教学形式开展研学课程，根据学生发展的核心素养来整合课程内容。

步骤三：匹配课程形式

目前，研学课程可以根据教学方法分为三种形式：参观式学习，体验式学习，研究性学习。通过对课程单元进行研究，总结其设计方法，就可以解决研学课程内容设计的问题。

（一）参观式学习

参观式学习课程，指组织学生实地进行观察、分析、学习，从而获得新知识或巩固已学知识的研学课程。参观式学习课程的特点是让学生亲自来到实物现场，利用视觉和听觉，通过观察物品和倾听教师讲解进行学习，所以课程的关键是所参观的实物、授课教师和讲解内容，这种方式适用于绝大部分研学资源地，如各种名胜古迹、博物馆、工厂企业、科研院校等。

参观式学习课程是学生开阔视野、增长见闻、拓展知识范围的有效途径，也是最易操作的研学课程类型，在研学课程中最为常见。参观式学习课程的要素由参观实物、授课教师和讲解词组成，根据这三点，结合参观地点的特质和团组的实际情况，可以设计出不同的参观方式。

1.讲解式参观

讲解式参观指学生以小组为单位，由专门的授课教师带领，依照一定的参观顺序对实物进行参观学习，这种方式几乎适用于所有的研学课程资源，是最普通的研学课程方式。其优势是易于管理，短板是不能保证每个学生的参与度以及学习效果。

讲解式参观需要根据确定的参观内容设计参观路线，通常路线的设计是根据参观场所的游览顺序而定的。不论名胜古迹还是企业工厂，参观路线都是经过合理设计的，这些线路从入口至出口一般是单向游览，且不走回头路就能参观完所有的地点。需要做的是根据已知参观游览路线选择学习内容进行讲解。比如，故宫课程的重点是围绕三大殿、文渊阁和乾清宫进行参观，那么在整个故宫游览的路线中，关于午门、九龙壁、畅音阁这些景点的内容就可以根据时间安排大致讲解或略过不提，保证设计内容能顺利进行。再比如，去国家博物馆参观，国家博物馆分为若干大厅，可参观内容涵盖基本陈列、专题展览、临时展览三大系列，根据设计的课程内容可只选取“古代中国”和“复兴之路”展厅进行参观，其他场馆不作为重点参观内容。

2.任务驱动式参观

任务驱动式参观指在参观过程中，通过为学生设计任务，来激发学生主动、自发地进行参观学习，完成学习目标。根据任务性质的不同，其可以分为过程性任务驱动式参观和结果性任务驱动式参观。过程性任务驱动式参观指提供给学生的任务是与参观过程紧密相关的，比如，在常见的“寻宝类”活动中，将参观内容的照片、图片、文字等制作成线索发给学生。学生根据这些线索提示，寻找参观内容，完成研学旅行手册的相关任务，过程中安排授课教师对参观内容进行讲解。结果性任务驱动式参观指提供给学生的任务是与学生参观的结果紧密相关的。这样的任务往往是开放的，可以体现学生的能力。比如，同样是“寻宝类”活动，设计的任务是“寻找一样你心中的国家博物馆镇馆之宝，并说出理由”，这样，在学习过程中，学生就会自发地认真分析参观内容，聆听讲解，以完成课程任务。

（二）体验式学习

体验有两种含义：一是活动；二是活动的结果。体验式学习是通过精心设计的活动、游戏和情境，让参加者在参与过程中观察、反思和分享，从而对自己、他人和环境，获得新的感受和认识，并把它们运用到现实生活中，从而实现自我认识、能力以及态度的提升与重构的一种学习方式。

体验式学习的特点是让学生置身某种场景或场合中，通过调动学生五感（视觉、听觉、嗅觉、味觉、触觉）来认识事物、获取知识、培养技能以及树立正确价值观。在体验式学习过程中，主体性体现得非常明显。体验式学习以学习者为中心，参与者要对自己的学习负责任，体验集体生活、做好安全保护等，教师给学生提供体验的机会，注重学生体验的过程，让学生反思，形成并固化学习成果。

在进行主题研学课程设计时，可以选择的资源地往往有很多，需要通过各种条件筛选最能满足体验式课程设计的场景，再对研学资源地进行深度挖掘，针对其特点设计体验内容，营造体验氛围，才能达到预期效果，所以这一类型的研学课程设计，需要研学资源地高度配合才能实现。体验式学习通常根据活动进行的时间顺序来设计活动流程。

1.活动准备

为了使学生更好地融入体验式课程，最大限度发挥课程场景的特点，需要依据课程环境和条件进行针对性设计，营造适合课程内容的情境，加强学习效果，主要包括道具准备、情境准备等。道具准备指根据课程场景的特点进行布置和装饰，以达到情景交融的目的，如相关条幅、背景板、宣传单、标语、服装以及教师和学生体验所需的物料。情境准备指通过话语、文字、视频、图片、音乐等形式，对当下所处的时空进行渲染，使学生融入研学课程的氛围当中，让他们全身心投入到研学课程的体验中。体验式学习在课程设计时要提前准备好剧本，保证顺利实施。完整地彩排一遍流程之后才能称为“准备就绪”，如果有条件的话，最好准备备用方案，以备不时之需。

2.活动开展

在体验式学习开始前，首先要向学生说明活动规则，包括活动条件、时间以及完成的标准等内容。制定规则一方面有助于进行课堂管理，保证课程能够有序进行；另一方面也可以约束学生的行为规范，以保证学生的人身安全。规则明确后再由研学指导师通过故事情节对课程进行导入，学生根据规则要求进行体验式学习，这时学生是研学课程的主体，但研学指导师需要对学生进行引导，带领学生获得多重活动体验。具体包括：

（1）基于环境的认知体验：学生对周围环境的认识和熟悉中学习知识，对已有知识进行印证、反思。

（2）基于活动的探索体验：学生在体验式学习课程中，充分发挥主体意识，积极参与到活动中去，在主动学习的过程中提升技能。

（3）基于人员的交流体验：学生体验着同样的学习活动，有着共同的学习目标，分享彼此的经验，集结集体的智慧，在团结协作中不断成长。

3.活动总结

首先要引导学生观察反思。研学的目的不仅仅是让学生体验过程，更是使学生有所得。观察反思是体验式学习的反馈环节，帮助学生将体验内化为感知。这需要研学指导师以提问的方式引导学生进一步思考，例如，如何解决活动中遇到的问题，活动使你体会到了什么，如何做得更好，等等。

其次要指导学生抽象概括。抽象概括是从具体体验和反思中得到一般性认知的过程。这一环节与反思观察不同的是，学生在反思观察阶段对体验进行内化的过程是需要借助具体事物、情节的，而在本环节学生已经可以脱离对具体事物、情节的依赖。这一环节的主要目的是帮助学生深化体验，从体验中接触到的碎片化繁杂信息中筛选提炼出核心部分，更进一步地归纳、总结和概括。

（三）研究性学习

研究性学习是学生在研学指导师指导下，从学习生活和社会生活中选择和确定研究专题，主动地获取知识、应用知识、解决问题的活动。它以“培养学生具有永不满足、追求卓越的态度，培养学生发现问题、提出问题、从而解决问题的能力”为基本目标；以学生从学习生活和社会生活中获得的各种课题或项目设计、作品的设计与制作等为基本的学习载体；以在提出问题和解决问题的全过程中学习到的科学研究方法、获得的丰富且多方面的体验和科学文化知识为基本内容；以在教师指导下，学生自主采用研究性学习方式开展研究为基本的教学形式。通常研究性学习的设计一般包括以下环节：

1.明确研究方向

研究性学习的特点之一就是选择和确定专题进行研究以解决问题，所以需要首先围绕研学目标，根据研学课程载体的特点挖掘研究元素，明确研究方向。通常可以从学科知识与自然环境的结合、学科知识与历史文化的结合、学科知识与地方社会生活的结合、学科知识与科学技术的结合、学科知识与人类发展的结合、学科知识的交叉融合与延伸拓展这几个方向着手思考研究方向。

2.选择研究主题

研究性学习课程设计与传统课程设计最大的区别就是课题的选择和确定。在确定研究主题时要以适契性为主要准则，即选择的课题是否考虑了学生的知识水平与能力；是否有研究价值；是否对学生后续的学习有所促进；是否有事实依据或理论依据；是否尊重客观事实；是否与当前相关科研的大方向一致；是否考虑了研学资源地或者研学指导师提供的参考资源的情况；是否考虑了研学旅行的时长。

3.设计研究方案

在课题研究过程中，根据不同的研究目的和要求，往往会用到两种以上的研究方法，因此，首先需要确定研究方法，推荐的研究方法有观察法、调查法、测验法、文献法、经验总结法、案例研究法、实验法等。在研究性学习过程中，学生可能遇到的困难，须在课题研究方案中列出并提出对应的解决方法。研究性学习需要一定的条件与支持，应列出学生开展研究的需求，如图书资料、实验设备、交通工具等。研究性学习需要一定数量的参考文献作为课题研究的依据，应列出推荐的参考文献清单。

根据学生探究领域或探究题材的不同，可以把研究性学习分为科学领域、人文社会领域，以及设计与制作领域的研究性学习。不同领域的研究性学习方式各不相同。科学领域的研究性学习的探究过程主要是：发现和界定问题，提出理论假设，搜集资料证据对假设进行检验，得出结论；对于人文社会领域的研究性学习，换位思考、移情体验和行动参与是必不可少的要素；设计与制作领域的研究性学习，主要涉及设计、制作与评价三大核心要素。

步骤四：撰写课程方案

研学旅行的课程设计者还应该根据研学主题设计研学内容。

研学旅行是超越学科、跳出学科的综合实践活动课程，其内容指向培育核心素养，包括知识性内容、技能性内容、价值性内容等。因此，研学课程必须设计跨学科学习内容。

（一）确定研学课程方案要素

通常可以把研学课程方案要素分成四类：

1.用于介绍研学课程的要素

（1）研学课程主题。这里一般指狭义的研学课程主题，即研学课程的名称。

（2）研学课程介绍。研学课程介绍包括课程背景、课程概况、课程说明、课程解读。

（3）研学课程对象。研学课程对象指研学课程的使用对象，如高一年级。

（4）研学课程地点。研学课程地点指研学目的地，一般具体到市，如陕西西安。

（5）研学课程目标。研学课程目标指整个研学课程活动的目标。

（6）研学课程准备。研学课程准备指研学课程实施前要进行的准备工作，如知识准备、物品准备等。

（7）研学课程特色。研学课程特色指研学课程的亮点，包括研学资源地、课程内容、授课教师、服务保障的特点等。

（8）研学课程难点。研学课程难点指研学课程中最难完成的学习内容，也属于研学课程介绍的一部分。

（9）研学课程思维导图。研学课程思维导图用来介绍整个研学课程中所有课程单元的逻辑关系、实施流程等。

2.用于说明课程单元内容的要素

（1）课程地点。课程地点指具体的研学资源地点，如陕西历史博物馆。

（2）课程主题。课程主题指课程单元的学习主题，如中国科技馆天文主题课程。

（3）学习目标。学习目标指课程单元的教育目标。

（4）学习内容。学习内容指授课教师的具体教授内容。

（5）学习形式。学习形式指授课教师的具体教授形式。

（6）课程时长。课程时长指课程单元的时间安排。

（7）课程工具。课程工具指课程单元中可能用到的教具和学习用具。

（8）学习流程。学习流程指课程单元中授课教师的具体教学流程，用来说明课程的实施过程。

3.用于说明服务保障的要素

（1）研学行程安排。研学行程安排指整个研学活动的行程安排，通常以表格形式呈现，用以说明行程的线路、活动的时间、用餐、住宿等内容。

（2）服务标准。服务标准指研学课程中的所有服务保障内容的详细介绍，如住宿地点、保险、用餐的介绍等。

（3）注意事项。注意事项指研学课程中需要着重注意的因素，如物资准备的提示，入住酒店、课程内容、安全的注意事项等。

（4）安全预案。安全预案指与研学课程相配套的安全预案，由于研学课程具有独特性，所以需要为研学课程专门制定安全预案。

4.用于进行课程评价的要素

（1）评价类别。评价类别包括学校领导对学生的评价、学生对研学指导师的评价、学生对研学课程的评价、学生对自身的评价、学校对研学指导师的评价、学校对研学课程方案的评价、学校对研学课程落实的评价、学校对服务保障的评价等，课程设计者应根据研学课程方案的具体需求选择评价类别。

（2）评价方式。评价方式指进行评价时所采取的方式，如调查表式、匿名问卷式、投票打分式等。

（3）评价标准。评价标准指与评价配套的标准，用来给评价者提供参考，以便有效地进行评价结果分析。

（二）搭建研学课程方案结构

根据研学课程需求，选择适合研学课程方案的要素，将这些要素按照一定的逻辑搭建起来，就可以得到研学课程方案结构（见表2-21）。

表2-21 研学课程方案结构

<table>
<tr><th colspan="4">第一部分：介绍研学课程</th></tr>
<tr><th colspan="2">项目</th><th>内容</th><th>解读</th></tr>
<tr><td colspan="2">研学课程主题</td><td>在方案封面及内页写明研学主题</td><td>注意研学课程主题的命名</td></tr>
<tr><td colspan="2" rowspan="2">研学课程介绍</td><td>根据需求调查分析写明研学课程的介绍或背景</td><td>言简意赅，突出重点</td></tr>
<tr><td>撰写研学课程亮点</td><td>提取研学课程内容的亮点或重点</td></tr>
<tr><td colspan="2">研学课程目标</td><td>明确的研学课程目标</td><td>注意研学课程目标的制定</td></tr>
<tr><td colspan="2">研学课程思维导图</td><td>用思维导图阐述每个研学课程单元的逻辑关系和研学课程整体架构</td><td>非必选项，视情况而定</td></tr>
<tr><th colspan="4">第二部分：说明研学课程单元</th></tr>
<tr><th colspan="2">项目</th><th>内容</th><th>解读</th></tr>
<tr><td rowspan="4">行前课程</td><td>课程主题</td><td>品读课程主题</td><td></td></tr>
<tr><td>学习内容</td><td>N课时课堂授课
(品读知识内容)
推荐书籍及相应媒体资料
行前课程(安全教育及分组、职责要求、行程讲解及注意事项)</td><td></td></tr>
<tr><td>学习目标</td><td>行前课程目标</td><td></td></tr>
<tr><td>课时安排</td><td></td><td></td></tr>
</table>

续表

<table>
<tr><th colspan="2">项目</th><th>内容</th><th>解读</th></tr>
<tr><td rowspan="8">行中课程（课程单元一）</td><td>课程地点介绍</td><td>课程地点简介(100字以内)</td><td>根据研学地点区分行中课程，同一研学地点可以安排多节不同主题的课程</td></tr>
<tr><td>学习主题(1)</td><td>第一堂课程的学习主题</td><td></td></tr>
<tr><td>学习目标(1)</td><td>第一堂课程的学习目标</td><td>注意学习目标的制定方法</td></tr>
<tr><td rowspan="5">学习内容（1）</td><td>具体内容</td><td>注意研学课程内容设计方法</td></tr>
<tr><td>学习方式（参观式、体验式、研究性学习等）</td><td></td></tr>
<tr><td>学时安排</td><td></td></tr>
<tr><td>学习流程</td><td></td></tr>
<tr><td>学习成果</td><td></td></tr>
<tr><td rowspan="8">行中课程（课程单元二）</td><td>学习主题(2)</td><td>同一研学地点
第二堂课程的学习主题</td><td></td></tr>
<tr><td>学习目标(2)</td><td>第二堂课程的学习目标</td><td></td></tr>
<tr><td rowspan="6">学习内容（2）</td><td>具体内容</td><td></td></tr>
<tr><td>学习方式（研究性学习）</td><td></td></tr>
<tr><td>课题任务（研究课题）</td><td>研究性学习需要有课题任务的安排</td></tr>
<tr><td>学时安排</td><td></td></tr>
<tr><td>学习流程</td><td></td></tr>
<tr><td>学习成果</td><td></td></tr>
</table>

<table>
<tr><th colspan="7">第三部分：研学课程评价表</th></tr>
<tr><th rowspan="2">评价项目</th><th rowspan="2">评价要点</th><th colspan="4">评价标准</th><th rowspan="2">评价等级</th></tr>
<tr><th>四星</th><th>三星</th><th>二星</th><th>一星</th></tr>
<tr><td rowspan="2">准备阶段</td><td>资料的准备</td><td></td><td></td><td></td><td></td><td></td></tr>
<tr><td>职责分配</td><td></td><td></td><td></td><td></td><td></td></tr>
<tr><td rowspan="2">实施阶段</td><td>活动步骤与环节</td><td></td><td></td><td></td><td></td><td></td></tr>
<tr><td>学生活动能力</td><td></td><td></td><td></td><td></td><td></td></tr>
</table>

<table>
<tr><th colspan="3">第四部分：说明服务保障</th></tr>
<tr><th>项目</th><th>内容</th><th>解读</th></tr>
<tr><td rowspan="3">服务标准</td><td>住宿</td><td></td></tr>
<tr><td>用餐</td><td></td></tr>
<tr><td>大交通</td><td></td></tr>
<tr><td rowspan="3">安全保障</td><td>研学指导师</td><td></td></tr>
<tr><td>队医</td><td></td></tr>
<tr><td>保险</td><td></td></tr>
</table>

步骤五：核算研学成本

研学课程方案设计结束后，需要对研学课程方案进行详细的成本核算，核算的目的是检验成本是否符合预算要求，并通过对比了解资源供应方的性价比。可以利用统一的表格进行成本核算，既避免遗漏也方便计算。如果设计课程的成本与预算要求不符，需要对课程方案进行调整，直至符合要求。设计成本核算单时要确定进行核算的项目内容以及实际成本，并按照一定的逻辑设计出便于使用的表单。

（一）确定成本核算单内容

进行成本核算时，首先需要把研学课程中所有的成本项详细地罗列出来，为了避免遗漏和重复，可以先将其进行分类，分类的方式可以根据工作的习惯和实际情况确定，以高效严谨为准。通常可以分为以下五类：

1.大交通

大交通指前往研学地点所乘坐的火车、飞机、轮船等交通工具，核算时要说明每一段行程使用的大交通方式及费用。

2.服务保障

服务保障指研学课程中服务保障环节产生的费用，可以将同一资源供应方提供的服务保障资源及费用归在一类，主要包括：

（1）接送机费。接送机的费用在习惯上单独列出，与车费分项核算。

（2）车费。车费指使用旅游汽车的费用，一般情况下包含了司机的工资、油费、过路费、停车费等，如有特殊情况需要备注说明。

（3）住宿费。住宿费指每个团组成员在行程中所有的住宿费用，如有需要可以继续拆分。

（4）餐费。餐费指每个团组成员在行程中的用餐费用，如有特别安排需要备注说明，如特色风味餐、生日宴会等。

（5）门票费。门票费指每个团组成员在进入研学资源地时产生的门票费用，这里需要注意区分成人票和儿童票的成本。

3.研学指导师

研学指导师是整个研学课程中不可或缺的人员，不同于导游和授课教师，研学指导师自始至终带领学生们进行研学课程，参与每一个研学课程环节。每一个研学团组会根据自身的实际情况，选择安排研学指导师的工作方式和工作内容，其结算方式比较复杂，所以建议在成本核算时单独作为一个项目计算，且研学指导师产生的大交通、住宿等费用应分别独立核算。

4.课程成本

课程成本指在研学课程中每一个课程产生的成本，一般包括：

（1）教师课酬。课酬指授课教师授课的报酬，核算时最好注明支付方式。

（2）场地费用。场地费用指在课程单元中使用的场地如教室、会议室等产生的费用。

（3）教材物资费用。教材物资费用指在课程单元中使用的教材、教具、设备等产生的费用。

5.保障物资

根据研学团组实际情况，在研学课程中通常会使用一些物资，这些物资无论成本高低都需要一一列出，以保证成本核算准确。

（二）制作成本核算单

核算成本时，可以制作成本核算单（见表2-22），设计表格结构和确定成本项目内容同时进行，可以提高效率并且避免遗漏。

表2-22 研学旅行成本核算单

学校名称		出发时间		出行天数				
教师人数		学生人数		项目负责人				
资源供应方								
说明：如果教师费用与学生费用区别较多，可将教师费用单独制表以便区分								
类别	项目	单价（元）	数量	人数	学生总金额（元）	备注	教师金额（元）	说明
大交通								
说明：大交通包括乘坐飞机、火车、轮船等								
服务保障	接送机费							
	住宿费							
	餐费							
	车费							
	门票费							
说明：计算成本时，如果有单价，可以通过单价×数量×人数计算总金额；如果有总价如车费，则总价÷人数计算单价								
研学指导师费用	大交通							
	门票							
	住宿							
	补助							
说明：研学指导师的成本应根据实际发生的成本项目一一核算								
课程成本	教师课酬					××课程		
	场地费用					××课程		
	教材物资费用					××课程		
	教师课酬					行前课程		
说明：研学旅行中包含多个课程单元的，对于每个课程单元产生的费用都需要一一列明								
保障物资	研学旅行手册							
	条幅							
	讲解器							
	保险					旅行社责任险		
	其他							
学生费用： 人数： 合计：								
教师费用： 人数： 合计：								

任务评价

通过实施以上步骤，是否达成了该项任务目标呢？请对完成任务的情况作出评价（见表2-23）。

表2-23　本任务评价参考表

实施步骤	完成情况			
	优	良	中	差
研学资源学科关联				
科学梳理课程内容				
匹配课程形式				
撰写课程方案				
核算研学成本				

随堂练习

一、单项选择题

1.一个好的研学课程设计，必须坚持以（　　）为中心，校内、校外相结合，研究性学习和旅行体验相结合。

A.学校　　B.老师

C.学生　　D.研学资源

2.（　　）是学生开阔视野、增长见闻、拓展知识范围的有效途径，也是最易操作的研学课程类型，在研学课程中最为常见。

A.参观式学习课程　　B.项目探究式研学课程

C.体验式研学课程　　D.沉浸式体验课程

3.参观式学习课程的要素由参观实物、授课教师和（　　）组成。

A.研学旅行手册　　B.讲解词

C.研学资源地　　D.学生

4.体验式学习以（　　）为中心，参与者要对自己的学习负责任，体验集体生活、做好安全保护等。

A.学习者　　B.研学指导师

C.课程　　D.学校

5.研究性学习课程设计与传统课程设计最大的区别就是课题的选择和确定。在确定研究主题时要以（　　）为主要准则。

A.可操作性　　B.适契性

C.有创意　　D.目的性

二、多项选择题

1.研学课程内容开发可以从（　　）几个方面进行学科知识关联。

A.国家课程内容　　B.地方课程内容　　C.校本课程内容

D.常识类知识　　E.技能类知识

2.研学旅行是超越学科、跳出学科的综合实践活动课程，其内容指向培育核心素养，包括（　　）等。

A.知识性内容　　B.技能性内容　　C.综合性内容

D.素养类内容　　E.价值性内容

3.研学课程可以根据教学方法分为（　　）。

A.讲授式学习　　B.感悟式学习　　C.参观式学习

D.体验式学习　　E.研究性学习

4.在研究性学习课程中，根据学生探究领域或探究题材的不同，可以把研究性学习分为（　　）的探究学习。

A.科学领域　　B.人文社会领域　　C.设计与制作领域

D.职业体验领域　　E.人文与艺术领域

5.进行研学课程成本核算时，需要把研学课程中所有的成本项进行分类，通常可以分为五类，即（　　）。

A.大交通　　B.服务保障　　C.研学指导师

D.课程成本　　E.保障物资

三、判断题

1.参观式研学课程、项目式研学课程和体验式研学课程在现实操作中不是严格区分的，而是相互相融、相互支撑构成的课程实施体系。（　　）

2.在研学旅行活动中，课程内容要服务于价值观、合作能力的培养，也应有职业体验的内容和生存技能的训练。（　　）

3.体验式学习是学生开阔视野、增长见闻、拓展知识范围的有效途径，同时也是最易操作的研学课程类型，在研学课程中最为常见。（　　）

案例共享

优秀研学方案分享——诗画江南，非遗传承研学旅行

一、课程导读

“茫茫九派流中国”，所谓派者，原本指的就是河流。

当河流汇入大海之时，

那就是一个民族、一个国家、一类文化、一种文明将有大变革的时代。

江南文化，意为长江以南地区形成的独有文化。

早在先秦时期江南属汉地九州，被中原称为“吴越”，故也称“吴越文化”。

“才子佳人，富庶水乡，繁荣复杂”是江南的标签。

江南，它呀：

如杭州西湖中一艘乌篷船，碧波荡漾，

也如外滩中高耸入云的金茂大厦，威严耸立；

如诗人手中的折扇一样，气定神闲，

也如王侯手中的"龙泉""勾践"宝剑一样，气势如虹；
如横店绵延不绝巍峨的宫殿，富丽堂皇，
也如百年浙大一间间教室，文墨书香。
江南文化正如其表现出来的，无与伦比的秀美与敢为人先的豪气！
"海纳百川，聪慧机敏，经世致用，敢为人先。"
——用这十六个字概括江南文化的气质再合适不过。
今天，江南文化用它经历的漫长的历史正在教育我们
成为一个外柔内刚、谦和重礼的新时代青少年！

二、课程目标

（一）知识与技能——最好的课本在路上

1.通过了解杭州与绍兴的主要城区地理位置以及所处城市群的人文地貌情况，使用研学旅行手册与结合课本知识，开启江南文化研学之旅，提升文化素养。

2.走进百年名校——浙江大学，探索高校文化与高校精神，融入高校生活，树立正确的高校理念，放飞心中大学梦。

3.参观西湖、兰亭、乌镇、鲁迅故里等自然景观和历史名迹，结合课本知识，品读文学作品，实地感受诗人及伟人们的思想情怀，感受江南传统文化的魅力，进行爱国主义教育。

4.走进中国刀剪剑博物馆制作彩绘手工、探访龙坞茶镇体验茶文化、寻觅乌镇古代邮局邮寄明信片，参观兰亭学习书法知识并体验扇面描红，学习浙江大学古代建筑学课程，培养自主学习性与开放性学习思维，感受非遗文化，传承非遗精神。

4.了解古代传统江南建筑、杭州西湖馆舍建筑文化、乌镇明清时期的砖木结构建筑、绍兴老台门和明清园林的建筑风格，提升审美情趣与历史文化素养。

5.了解古今江南的发展变革，学习江南文化与海派文化精神，增强国际理解能力，培养独立思考、团队协作、合作探究、处理问题的能力。

（二）过程与方法——成就更好的自我

1.通过研学课程，了解江南文化的历史变迁、发展脉络、基本走向，清楚江南文化的兼蓄并存、多元博采、独立创新、价值理念与鲜明特色，增强文化自信和价值观自信。

2.通过发现问题、探究问题、寻找有效解决方法、总结反思的步骤，通过参观博物馆和地标性文化建筑的方法，培养乐学善学、勤于反思、自我完善的意识。

3.掌握知识管理和团队协作的基本方法，培养优秀的团队意识、克服困难的毅力、勇于挑战的勇气和积极的人生态度，培养健全的人格。

（三）态度与价值观——在思考中升华

1.通过对江南文化的去粗取精、去伪存真、由此及彼、由表及里地反复推敲与仔细斟酌，提供发散性的创新思维与学习空间。通过研学旅行的课程激发对美好文

化的探知与学习欲望，认真汲取来自长三角的江南文化的思想精华。

2.引导学习并传承江南文化的精神。树立“海纳百川”“兼容并蓄”“君子和而不同”等青少年的文化观、历史观、世界观、人生观、价值观，拥有国际化的视野与情怀。

三、课程特色

1.体系化的江南非遗文化研学课程，深度探究江南人文并传承非遗精神。

（1）走进中国刀剪剑博物馆，了解古代手工业文明，体验非遗彩绘课程。

（2）体验龙坞茶镇中的龙井茶文化，体验采茶、炒茶、包茶、品茶并观赏大师的茶艺表演。

（3）参观浙江大学，走进浙江大学考古与艺术博物馆，学习古代斗拱与榫卯建筑结构，制作古建筑结构作品。

（4）寻觅乌镇水乡的“桥文化”，走进古代邮局，邮寄心底的祝福。

（5）走进兰亭，解读“曲水流觞”，感受书法魅力，体验扇面描红课程。

2.深耕区域文化，传承文化精神。

（1）深耕长三角区域文化——江南文化，对当地传统非遗、名胜古迹、历史人文、科技工业、文化思想等诸多文化维度进行学习与探究。

（2）追本溯源，挖掘精神，传承江南文化精神，达到知行合一，立心践学的研学效果。

3.深度参观浙江大学，学习浙江大学古建筑课程，体验高校生活，树立正确高校理念。

（1）深度参观浙江大学与上海交通大学，树立正确“高校”理念。

（2）体验高校生活，放飞心中高校梦。

（3）探寻浙大与交大的高校文化，传承校友精神。

（4）走进浙江大学考古与艺术博物馆，学习古代斗拱与榫卯建筑结构，制作古建筑结构作品，了解高校专业与研究方向。

4.链接课本知识，助力校内课程完善。

（1）研学课程设置链接学生校内教材知识，把课本教材与研学课程进行有效结合。

（2）在研学旅行课程中，强调自主探究性学习，提炼实践知识，助力校内课程完善。

5.加强研学前后课程设置，重视研学目标与研学成果。

（1）行前课导入，清晰了解研学目标与研学意义。

（2）研学课程中采取多种研学性学习方式，激发自主学习性与开放性思维。

（3）通过PBL思维导图进行研学成果汇报及分享，对研学旅行过程中的闻、见、学、行进行梳理和总结，得以研有所学、学有所获。

四、行前准备

（一）研学前置课

1.研学活动说明会

2.研学课程前置导入

3.研学小组建立

4.研学课题规划

（二）研学出行准备

1.知识准备

2.物品准备

（三）研学课程前置导入

1.认真阅读《研学旅行手册》，认识绍兴与杭州，并了解江南文化的发展脉络，对本次研学旅行有基本的了解，形成自己的看法，并记录下来。

2.通过主动学习，资料收集，了解本次研学旅行目的地，将自己对目的地感兴趣的点或者产生的疑惑记录下来。

3.观看央视航拍纪录片《航拍中国·浙江》，学习浙江省地区地理、历史等相关知识。

4.阅读诗词：八年级语文上册：第三单元白居易《钱塘湖春行》、苏轼《饮湖上初晴后雨·其二》、苏轼《念奴娇·赤壁怀古》、苏轼《江城子·乙卯正月二十日夜记梦》，白居易《忆江南》（其一、其二、其三）、白居易《杭州回舫》、白居易《春题湖上》。

5.阅读短文：六年级语文上册《少年闰土》，七年级语文上册《从百草园到三味书屋》，九年级语文下册《孔乙己》，高一语文必修1《雨巷》，高一语文必修2《兰亭集序》。

6.阅读书籍：周维强《最忆是杭州》，鲁迅《阿Q正传》《呐喊》《朝花夕拾》。

五、课程内容

“诗画江南 非遗传承”

研学课程总时长：五天四晚

研学区域：杭州、乌镇、绍兴

研学对象：7-16岁

研究性学习方式：游览参观、主动学习、动手体验、展示分享、小组探究

第一天：如诗如画 魅力开营
游船忆江南 西湖诗词会

上午：接站

车程中：研学注意事项、研学课程概述、研学旅行手册内容讲解

下午：开营仪式、西湖游船、诗词会

课1：开营仪式

（1）开营仪式准备：体验历奇活动，让营员快速破冰，提高团队凝聚力。

（2）特色的开营团队建设，通过自我展示与团队展示，发现自我、认知自我、改变自我。

课2：游船忆江南 聆听江南千古传说

（1）在研学指导师带领下，乘坐西湖轮船，荡漾西湖水面，观看西湖全貌，了解西湖十景。

（2）聆听研学指导师讲述有趣的西湖传说与江南千古流传的动人故事，感受江南人文风情。

课3：西湖诗词会 诵千古佳句

（1）在研学指导师带领下，品读古今描写江南与西湖的名诗名词，还原课本知识，实地感受诗词人的意境与情感

（2）诗词大比拼：分小组以“江南佳句”为题进行诗词比拼，朗诵并分享千古佳句。

晚上：酒店内，消防演习课程

第二天：刀剪剑的碰撞 古代科技之美
探访西湖龙井产地 传承非遗 致敬匠心

上午：中国刀剪剑博物馆、手工艺活态馆、非遗手工制作

课1：刀剪剑的碰撞，古代科技之美

（1）走进中国刀剪剑博物馆，通过鉴赏馆内的展品与观看古代工艺制作流程，了解古代手工业的历史背景与科技发展。

（2）通过观看馆内古代著名兵器的复原流程，了解保护非遗文化的重要性及充分挖掘非遗文化背后的精神世界。

课2：手工彩绘体验，感受非遗魅力

（1）在研学指导师带领下，走进手工艺活态馆，了解我国非遗文化项目。

（2）动手体验：在馆内专业老师带领下，完成非遗彩绘课程（脸谱彩绘或折扇彩绘），制作属于自己的彩绘作品。

车程中：长三角区域——江南（吴越）文化讲解

下午：龙坞茶镇、茶园采茶、炒茶体验、SC车间体验茶叶包装、观赏茶艺表演

课1：走进龙坞茶镇，深入西湖龙井核心产地

（1）在茶园专业讲解师带领下，走进西湖龙井茶最大原产地保护区——美丽的龙坞茶镇。亲近大自然，了解龙井生长环境。

（2）聆听茶园专业讲解师的讲解，了解茶文化与龙井茶文化故事，为之后的课程进行知识储备。

课2：采茶、炒茶、包茶——茶文化课程体验

（1）在茶园专业讲解师带领下，在原生态龙井茶园内体验采茶。

（2）在茶园大师指导下体验传统炒茶技艺。

（3）进入SC车间，体验传统包茶工艺。

课3：观赏国家级茶艺师茶艺表演，感悟匠心

（1）观赏国家高级茶艺师表演茶艺，品尝西湖龙井茶，向茶文化工作者致敬。

（2）小组探究：以茶艺文化为例，我们应该如何保护并传承非遗文化？

晚上：研学旅行手册讨论学习与辅导

第三天：寻觅乌镇古镇水乡 邮寄心底的祝福

上午：早餐后，前往乌镇，约上午10点抵达

全天：乌镇东栅、乌镇西栅

课1：探访人文东栅，致敬文学巨匠

（1）在研学指导师带领下，探访乌镇东栅水乡，在江南生活气息浓郁的东栅，寻找江南手工作坊与传统商铺，到江南民俗馆、木雕陈列馆、余榴梁钱币馆、汇源当铺等场馆，欣赏原汁原味的水乡风景，感受江南传统的人文气息与江南文化。

（2）在研学指导师带领下，参观我国开国以来第一任文化部部长、文学巨匠茅盾的故居。了解茅盾围绕文学与革命的爱国事迹，向伟人致敬，培养爱国主义精神。

课2：探访西栅“桥”文化，邮寄心底祝福

（1）在研学指导师带领下，走进古色古香的乌镇西栅，参观西栅街区内大量明清古建筑和老街厂弄以及石桥数量为全国古镇之最的70多座古桥，学习明清建筑文化与鉴赏古代“桥文化”，提升文化素养与审美情趣。

（2）动手体验：在乌镇邮局，在研学指导师带领下，了解古代邮寄方式，并动手制作一张明信片，把心底的祝福邮寄给最亲爱的亲人朋友。

晚上：研学旅行手册讨论学习与辅导

第四天：跟着课本研绍兴 寻根“民族魂”
文墨曲水流觞 感受书法魅力

上午：绍兴鲁迅故里

课1：跟着课本走进鲁迅故里，学习绍兴传统建筑文化

（1）在研学指导师带领下，结合课本知识，实地探访鲁迅当年生活的真实场所，包括三味书屋、百草园及鲁迅故居，生动感受鲁迅笔下的场景。

（2）了解绍兴老台门与深宅大院的区别，分析绍兴传统建筑的格局布置与传统家风，品味绍兴建筑特色，感受传统的江南建筑文化。

课2：品读鲁迅作品与生平事迹，寻根“民族魂”

（1）在研学指导师带领下参观绍兴鲁迅纪念馆，品读并分析鲁迅先生文学作品并了解鲁迅先生生平事迹，寻找鲁迅笔下的“民族魂”，进行爱国主义教育，向伟人致敬。

（2）小组探究：根据鲁迅先生所处时代背景及经历的重大事件，分析鲁迅弃医从文的主要原因。

下午：兰亭

课1：文学兰亭，曲水流觞

（1）在研学指导师带领下，探访兰亭，了解《兰亭集序》从成文到成为殉葬品的历史史实，了解兰亭的历史文化。

（2）参观兰亭园内的古碑，通过鉴赏古碑上的文字与了解其中历史故事，学习兰亭中的“碑”文化。

（3）来到“曲水流觞”，结合课本知识，了解曲水流觞的历史故事：王羲之、谢安、孙绰等人在此饮酒赋诗，并由王羲之写成天下第一行书，感受书法家及诗人们的浪漫情怀。

课2：体验扇面临帖，感受书法魅力

（1）在中国书法圣地兰亭内，听园区内专业书法老师讲一堂书法课。

（2）动手体验：运用学会的书法知识，尝试在扇面上临帖（描红），完成一幅书法艺术作品。

晚上：晚餐后，出发前往杭州，约8点抵达，闭营仪式，PBL思维导图分享

课1：闭营仪式与课程总结

（1）课程总结，闭营仪式，回顾研学知识，完成研学旅行手册内容与研学课程评价。

课2：PBL思维导图分享

（1）小组探究：以“诗画江南 非遗传承”为主题，在研学指导师带领下完成PBL思维导图绘制。

（2）展示分享：小组形式展示思维导图绘制的成果，完成研学课程主题的展示与分享。

第五天：探访“东方剑桥” 传承非遗文化精神

上午：浙江大学、紫金港校区、校园参观、学子交流、艺术与考古博物馆、古代建筑结构课程、制作榫卯结构作品

课1：感受“东方剑桥”魅力，品读百年浙大校史

（1）在浙江大学优秀学子带领下，跟随学长、学姐的步伐，走进校史馆、艺术与考古博物馆、机器人馆、科技馆，探访浙江大学紫金港校区，感受浙大魅力。

（2）在浙江大学校史馆内了解自1897年“求是书院”创建至今，浙江大学经历的历史发展与变迁，品读各个时代知名的伟人与校友为浙江大学的蓬勃发展作出的巨大贡献。

课2：融入高校生活，与优秀学子互动交流

（1）与浙江大学学长、学姐在校内食堂共进午餐，体验高校生活。

（2）与浙江大学优秀学子互动交流，聆听他们分享高考经历、学习经验与大学生活。

课3：艺术与考古，传承非遗文化精神

（1）在浙江大学老师带领下，走进浙江大学考古与艺术博物馆，了解考古、文物保护与修复、古代建筑结构等知识，了解浙江大学艺术专业与考古专业的研究课程与研究方向。

（2）动手体验：在浙江大学老师讲解下，学习古代建筑结构——斗拱和榫卯。

在老师带领下制作属于自己的斗拱与榫卯结构作品。

车程中：研学旅行手册讨论学习与辅导

下午：返程

六、研学地点

杭州西湖

西湖，位于浙江省杭州市西面，它是我国主要的观赏性淡水湖泊之一，也是现今《世界遗产名录》中少数几个和中国唯一的湖泊类文化遗产。西湖三面环山，面积约6.39平方千米，东西宽约2.8千米，南北长约3.2千米，绕湖一周近15千米。湖中被孤山、白堤、苏堤、杨公堤分隔，按面积大小分别为外西湖、西里湖、北里湖、小南湖及岳湖五片水面，苏堤、白堤越过湖面，小瀛洲、湖心亭、阮公墩三个小岛鼎立于外西湖湖心，夕照山的雷峰塔与宝石山的保俶塔隔湖相映，由此形成了"一山、二塔、三岛、三堤、五湖"的基本格局。营员们将漫步在西湖，不禁想起白居易笔下的"忆江南"，而西湖的船夫也将带领营员船游西湖，讲述西湖的千古故事。

研学主题：寻觅杭州之"醉"，品味江南韵味。

课程目标：

1.船游杭州西湖，感受西湖美景，聆听西湖动人故事。

2.诗词大比拼，解读有关于西湖的名诗、名句、名画。

3.探寻人民币中西湖的画卷，感受江南文化的风土人情，寻觅历史故事。

课程延展：

1.西湖的基本格局是什么？在西湖流传下来哪些传说故事？

2.你在课本中学习过哪些有关西湖的诗词？请至少列举2例。

3.结合课本所学，西湖给你留下最深刻的印象是什么？画出你眼中的西湖。

中国刀剪剑博物馆

中国刀剪剑博物馆的定位是宣传和弘扬我国悠久的刀剪剑、伞、扇的技艺，发掘和保护传统手工艺，兼顾展示和收藏，通过多角度、多元化的方式，介绍和展现刀剪剑"物开一刃为刀，两面开刃为剑，双刀相交为剪"的独特文化，并努力成为"国内领先、世界一流"的国家级专题性博物馆。刀剪剑、伞、扇属于人类文明的物质文化，是人类为了更好地适应自然，增加行为能力，提高生活质量的发明物。

研学主题：刀剪剑的碰撞，古代科技之美

课程目标：

1.了解我国历史悠久的刀剪剑、伞、扇的技艺与文化。

2.锻炼动手能力和创造力，制作"折扇"或"脸谱"。

3.探寻古代历史文化的发展变化，寻觅传说历史故事。

课程延展：

1.干将莫邪的历史故事是什么？对此你有何感想？

2.制作“折扇”或“脸谱”时，你掌握了哪些知识？

3.了解铸剑背后的故事，感受铸造一把好剑对于铸剑师来说是何其重要。

4.观察课本中的油纸伞，油纸伞在文学作品中往往寄托了哪些思想感情？

浙江大学

浙江大学简称“浙大”，坐落于“人间天堂”杭州。其前身是1897年创建的求是书院，是中国人自己最早创办的新式高等学校之一。1928年定名为浙江大学。国民党执政时期，浙江大学在竺可桢老校长的带领下，崛起为中华民国最高学府之一，被英国科学史家李约瑟誉为“东方剑桥”。

品味“东方剑桥”的魅力，树立目标，让成功离得更近。漫步校园内，感受名校浓厚的学习氛围。目睹中国高等学府的风貌，激发刻苦学习的热情，励志成长路。

研学主题：感受“东方剑桥”魅力，励志成长路

课程目标：

1.走进百年名校浙江大学校园，感受有“东方剑桥”之称的浙大的魅力所在，同浙大学子交流，感受大学校园生活。

2.追本溯源，深刻了解浙大百年来的发展变革，学习浙大校训，传承浙大精神。

3.与学长、学姐近距离交流，沟通有效的学习方法，励志成长路，放飞大学梦。

4.探访考古与艺术博物馆，学习古代建筑结构课程，制作古建筑结构作品，了解高校专业与研究方向。

课程延展：

1.浙大的校训和浙大精神是什么？对此你有哪些启发与感悟？

2.我国大学有“211”和“985”等称呼，它们表达了怎样的含义？

3.浙大有众多全国乃至全球知名的校友，你今天了解到多少？

4.斗拱与榫卯结构在古代建筑文化中，应用到了哪些地方？

龙坞茶镇

龙坞茶镇位于浙江省杭州市主城区西南侧，隶属于西湖区，东至留泗路、南临西湖高尔夫、西靠小和山、北接留下街。龙坞茶镇历史悠久，早在宋末元初时，这里已经盛产茶叶，被誉为“千年茶镇”。区域内有茶园14 000多亩，是西湖龙井茶最大产区，八成的西湖龙井茶产于此，有“万担茶乡”之称。龙坞茶镇环境得天独厚。区域内森林葱郁，山水相绕、茶山连绵，森林覆盖率达96.7%，负氧离子浓度常年维持在4 000个/cm^{3}左右，是距离主城区最近的“天然氧吧”。

研学主题：探访西湖龙井产地 传承非遗致敬匠心

课程目标：

1.在茶园专业讲解师带领下，走进西湖龙井茶最大原产地保护区——美丽的龙坞茶镇。亲近大自然，了解龙井生长环境。

2.采茶、炒茶、包茶——茶文化课程体验。聆听茶园专业讲解师的讲解，了解茶文化与龙井茶文化故事，为之后的课程进行知识储备。

3.观赏国家高级茶艺师茶艺表演，品尝西湖龙井茶，向茶文化工作者致敬。

课程延展：

1.龙井茶的历史渊源是什么？有哪几个级别？

2.龙井茶采摘有三大特点，分别是哪三点呢？龙井茶炒制有哪十大手法？

3.体验龙井茶的整个工序，你有什么样的感触？分享一下。

乌镇

乌镇，位于浙江省嘉兴市桐乡，地处江浙沪“金三角”之地、杭嘉湖平原腹地。乌镇原以市河为界，分为乌青二镇，河西为乌镇，河东为青镇。乌镇是首批中国历史文化名镇、中国十大魅力名镇、全国环境优美乡镇、国家5A级旅游景区，素有“中国最后的枕水人家”之誉，拥有7 000多年文明史和1 300年建镇史，是典型的中国江南水乡古镇，有“鱼米之乡、丝绸之府”之称。东栅水乡风貌完整，生活气息浓郁，手工作坊和传统商铺各具特色，特色展馆琳琅满目。西栅历时四载磨砺，由十二个碧水环绕的岛屿组成，真正呈现了中国江南水乡古镇的风貌。西栅街区存留了大量明清古建筑和老街长弄，古建筑外观上保留了古色古香的韵味。在这里，你可以深入体验淳朴清新的水乡生活，也可以安享现代生活的舒适与便利。可以说，西栅是一个远离都市喧嚣的安谧绿洲。

研学主题：江南水墨画

课程目标：

1.品鉴水乡文化，寻觅江南水乡的故事与江南手工艺。

2.探访乌镇东、西两栅，寻找江南手工作坊与传统商铺，欣赏原汁原味的水乡风景，感受江南传统的人文气息与江南文化。

3.参观茅盾故居，了解茅盾围绕文学与革命的爱国事迹，向伟人致敬，培养爱国主义精神。

4.探访西栅的“桥”文化，走进老邮局，邮寄心底祝福给最亲爱的家人朋友。

课程延展：

1.乌镇分为（　）（　），乌镇名字的由来是什么？

2.你眼中的江南水乡与课本中的江南水乡有哪些区别？

3.乌镇给你留下印象最深的是什么？江南水乡的特色和特点是什么？

绍兴鲁迅故居

绍兴鲁迅故居以鲁迅生平事迹的宣传教育、鲁迅文物资料的征集保护、鲁迅思想作品的科学研究为主要任务，经过半个世纪的风雨历程，已发展成为历史文化名城绍兴对外宣传教育的一个“窗口”和著名的人文景观。三味书屋是晚清绍兴府城内著名私塾，也是鲁迅12岁至17岁求学的地方，位于都昌坊口11号。三味书屋是三开间的小花厅，本是寿家的书房，坐东朝西，北临小河，与周家老台门隔河相望。在这里营员将寻找课本中的从百草园到三味书屋，寻找少年鲁迅和其恩师寿镜吾，寻根“民族魂”。

研学主题：寻根“民族魂”

课程目标：

1.结合课本知识，实地探访鲁迅当年生活情境的真实场所，更生动感受鲁迅笔下的场景。

2.参观绍兴老台门及深宅大院，品味绍兴建筑特色，感受传统的江南建筑文化。

3.参观绍兴鲁迅纪念馆，品读并分析鲁迅先生的文学作品并了解鲁迅先生的生平事迹，寻找鲁迅笔下的“民族魂”，向伟人致敬。

课程延展：

1.鲁迅先生原名是什么？他的恩师是哪位？

2.体验从百草园到三味书屋你有什么样的感触，你从少年鲁迅身上学到了什么？

3.列举出鲁迅先生3个作品，如：诗词，散文等。

4.根据鲁迅先生所处时代背景及经历的重大事件，分析鲁迅弃医从文的主要原因。

● 绍兴兰亭

兰亭，位于浙江省绍兴市西南13千米的兰渚山麓，是东晋著名书法家、书圣王羲之的园林住所，是一座晋代园林。相传春秋时期越王勾践曾在此植兰，汉时设驿亭，故名兰亭。现址为明嘉靖二十七年（公元1548年）时任郡守沈启重建，而后几经改建，于1980年修复成明清园林的风格。兰亭四周浅溪淙淙，幽静雅致。园内鹅池、曲水流觞、兰亭碑、御碑亭、右军祠等建筑精巧古朴，是不可多得的园林杰作。

研学主题：朝拜书圣、兰亭集序

课程目标：

1.走进兰亭朝拜书圣：参观鹅池、御碑亭、兰亭碑、右军祠等景点，结合碑文，品读兰亭的碑文化。

2.了解兰亭中“曲水流觞”的历史渊源，感受书圣笔下的园林之美。

3.聆听园区内专业书法老师讲解一堂生动的书法课，运用书法知识，在扇面上临帖（描红），完成一幅书法艺术作品

课程延展：

1.王羲之（303—361，一说321—379），字（　　），（　　）时期书法家，有“（　　）”之称。

2.一序、三碑、十一景分别是什么？

3.聆听园区内老师的书法课，创作一幅书法艺术作品，谈谈你对书法的新理解。

七、课程链接

本研学旅行课程的链接情况见表2-24。

表 2-24　　本研学旅行课程的链接情况表

科目	年级	课题	内容
地理	八年级下册 第七章	“鱼米之乡” 长江三角地区	1.了解长江三角洲–上海的历史文化 2.了解南方地区的地貌变化和经济发展变化
语文	三年级上册	西湖	1.了解江南文化的来源，欣赏西湖的别致景色 2.了解西湖历史文化，历史故事
政治	七年级上册 第二章	认识新自我	1.通过研学过程的一系列事物，让学生重新审视自身 2.通过分享，让学生走向世界，感悟年少，祝福未来 3.让学生完成对自己的新期待，发现自身的潜能
历史	高中必修3 第三单元	古代中国的科学技术与文学艺术	1.让学生直观地了解中国古代兵器及文化的基本特征和发展脉络 2.了解古代艺术形式，并自己参与制作。体会古代艺术的精神实质和丰富的内涵。激发学生兴趣，提高学生的艺术鉴赏能力
生物	七年级上册 第一章	生物和生物圈	1.通过影像、图片、模型去认识世界各地的生物，拓展学生对世界的认识 2.通过观察学习，了解生物的习性和环境之间的联系 3.让学生具象地认识书本当中的知识，让学生感受大自然的神奇
化学	九年级上册 第四单元	自然界中的水	1.海洋是地球上的最大储水库，探究海洋中含有的元素与淡水的区别 2.了解和认识各种海洋生物
地理	八年级下册	南方地区	1.了解南方地区的自然和人文地理特点 2.通过实际的观看和体验，让学生感受从古至今南方地区的发展和变化 3.了解地理环境对历史文化发展的影响

八、合作执行标准

（一）合作沟通

·确定合作研学旅行课程方案：可在现有方案中挑选适合学校/机构的方案；也可根据学校/机构的具体要求修改方案（需提供研学地点、研学主题、需要的课程内容、吃住行标准、特殊需求等）

·文件提供：《研学课程方案》《研学旅行手册》电子版样本、《带队老师须知》《学生出行须知》《致家长的一封信》《服务执行标准》《安全管理方案及应急预案》

·宣讲及宣传资料（PPT、视频、微信链接模板等）

·签订合作协议

（二）研学前

1.与学校对接：

·基础服务：宣讲、研学主题、研学旅行手册、研学细节、营服定制、开闭营仪式、生日会、保险信息、横幅等

·餐饮：分餐表、餐饮要求及注意事项

·住宿：分房表及注意事项

·交通：分车表、接送站相关事项与地接对接

2.与地接对接：

·基本信息：研学日期、研学人数（学生人数和老师人数）、研学行程、全陪信息

·餐饮：用餐要求（忌口及少数民族等）及相关注意事项

·住宿：住宿要求和住宿注意事项

·车辆：车上注意事项

·服务：景区、餐厅、酒店欢迎字幕及相关细节

·医疗信息

3.与家长对接：

·致家长的一封信：国家政策、目的地、收费标准、需要给孩子准备物品清单、行程安排、承诺书、收款账户信息

（三）研学中

服务：与服务相关事项落地执行、每日总结

车辆：路途安全及安全标准落地执行

餐饮：餐饮服务及安全落地执行

住宿：住宿服务及标准落地执行

基地：研学课程落地执行

（四）研学后

研学资料汇总：视频、照片等资料

研学成果分享：对研学成果做总结分享

研学意见反馈：回访与建议

九、保障服务

（一）课程保障

1.研学指导师：著名专业导师指导，专业辅导员担任研学指导师，陪护研学旅行的全程。

2.研学旅行手册：研学指导师严格按研学旅行课程实施手册，指导营员完成研学旅行手册。

3.课程评价：研学指导师根据营员在研学旅行中的表现，从多维度综合评价。

4.总结分享：在研学旅行中鼓励营员对自身所见、所闻、所感、所想等进行分享，全面展示自我风采。

（二）旅行保障

1.餐饮：正餐为桌餐（十菜一汤），中晚2餐，早餐为酒店自助早餐，保证每位营员饮食营养和安全。

2.住宿：酒店住宿标准，24小时热水、空调、半封闭管理模式。

3.交通：正规协议，旅游公司提供专业大巴车和驾龄10年以上经验丰富的司机全程护送。

4.保险：研学旅行中，为每位营员购买旅行社责任险和意外伤害险。

（三）安全保障

1.配备资深研学老师，老师营员比例为1：20；全方位照顾营员安全。

2.所有研学指导师经过全方位培训上岗，营员入营前组织相关人员对营员住宿或餐饮进行检查：消防、电力供派系统、生活设施、安保管控、床单被罩、餐饮标准检查等，确保正常运行，消除安全隐患。

3.研学旅行期间24小时安保管控，防止外人恶意闯入，避免营员无故外出，确保营员安全。

4.营员就寝后，生活导师轮流值守，保证营员优质的休息与安全。

5.研学旅行期间，密切关注天气变化情况，检查营员活动中每天身体情况，确保万无一失。

6.课程中配备详细的安全预案，详细见附一，全面保障营员安全。

十、报名须知

1.营员参加年龄及要求：7～16周岁，身体健康、无先天性疾病、传染病等。

2.营员每日活动听从研学指导师安排。

3.家长（监护人）在报名时提供准确的联系方式，如有更换，请第一时间告知相关工作人员。

4.在整个活动中，不减少任何一项活动项目，我机构有权利对项目先后顺序进行调整。

开营前务必每位营员家长写一封给孩子的信，信的内容主要以对孩子的关心，关怀为主。

十一、价格说明

地接价格：

1.费用包含：景区门票、餐饮费、景点车旅费、活动道具费、策划、住宿费等。

2.费用不包含往返上海大交通费用（比如：火车，飞机等）和行程之外的其他费用。

3.研学匹配：研学旅行手册、结业证书、营员档案。

4.矿泉水：不限量供应。

5.旅游大巴：正规旅游公司大巴车（33座或45座或53座）。

十二、团期安排

1.单批次最大接待量：1 000人。

2.为了达到最佳效果，我们将根据天气因素调整行程的顺序。

十三、特别说明

1.组团名单信息用于分房及保险：孩子姓名、身份证复印件（部分城市需要原件）、监护人姓名、身份证号、监护人联系电话。

2.关于孩子生日：营员生日会安排生日蛋糕，但是我们是根据身份证号码的日期组织生日活动，如有阴历，请提前告知。

3.关于照片：报名时家长需要提供微信号一个，以方便照片传输。

4.退款须知：活动7天前可全额退款，7~3天前退款70%，3天之内退款50%。

资料来源：李可为.优秀研学方案分享——诗画江南，非遗传承研学旅行［EB/OL］.（2020-12-02）.https：//maimai.cn/article/detail?fid=1562731610&efid=uEpwG9PzL7m0fTJlqwzN1Q.

请思考：这份完整的研学课程方案包含哪些部分？你认为哪些是必不可少的？在课程安排上需要注意些什么？

分析提示

思而行远

江苏发布首批亲子研学旅行线路

叮叮当当，“考古”工具敲击“土方”的声音不断从江苏常州溧阳博物馆中传来。随着外层的泥土一块块剥落，沉睡在其中的“化石碎块”渐渐映入眼帘，并被一块一块拼接起来，组成了一副完整的骨架……

这样一个需要细心、耐心和一定专业性的模拟“考古探方”操作，其实是亲子研学旅行的一个趣味环节。参加活动的家长和孩子，需要通过默契的合作，模拟挖掘中华曙猿化石。

2021年4月22日，在由江苏省妇联、江苏省教育厅、江苏省文明办等主办的2021长三角家庭教育研讨会上，发布了江苏省首批亲子研学线路，并为常州溧阳市博物馆、南渡镇庆丰村、新四军江南指挥部纪念馆三个亲子研学基地授牌。

首批亲子研学线路包含3种不一样的色彩——黄色的“人文历史”之路、蓝色的“自然生态”之路、红色的“爱国主义教育”之路。“考古探方”就是黄色人文历史线上常州溧阳博物馆为孩子们准备的研学主题中的一个模块。当亲子们还在亲手挖出化石的喜悦中意犹未尽时，他们的旅程才刚刚开始。

记者走在黄色线路上，发现这里“学”与“玩”的结合贯穿始终。家长和孩子们一起走过按照时间顺序排列的展区，在智能屏幕上答题，用彩泥创作雕塑，设计未来的城市……在“孟郊忆母”的画面前，家长和孩子们还会互相在纸上写下相处中的感动时刻。在每个环节，表现好的孩子都可以得到相应的奖状，家长们则会收获来自孩子的感谢信，看到孩子打开心扉的寄语。

蓝色线路则是自然画风。走入田野，饱览风光的同时吸取知识，享受在家庭和学校中未曾有过的体验：平时总说“谁知盘中餐，粒粒皆辛苦”，到这里才知道一粒粒粮食是怎么种出，怎么区分的；平时都是吃着现成的蔬菜、主食，在这里却可以自己到田里摘菜，萃取色素做团子；平时看到的插花都是精心培育的品种，这回却发现溧阳野生的香菜花、狗尾草也能做成插花……

红色线路是从溧阳市新四军江南指挥部纪念馆开始的。俗话说“上阵父子兵”，亲子在此一起换上军装，锻炼军事素养，甚至还走进“通信科”，使用模拟无线电发射器寻找情报……而在一部部寓教于乐的资料片中，孩子们饶有兴趣地接触历史，家长们也对那段岁月有了更深刻的理解，唤起大家的爱国情怀。

“研学旅行是促进未成年人全面发展的实践课堂，也是加强未成年人思想道德建设的重要阵地。亲子研学是家庭教育指导服务的创新和拓展。”江苏省妇联副主席沈梅接受记者采访时指出，希望通过开展亲子研学旅行，倡导亲子共同学习共同成长的理念，促进家庭教育回归自然、生活与实践，从而构建平等和谐、健康向上的亲子关系。

浙江省家庭教育学会理事潘正亮告诉记者，亲子研学旅行兼具“释放”和“发掘”两重意义。“现在学生的压力已经很大了，而家长可能会把太多注意力放在孩子的成绩上面，同样会特别焦虑。”潘正亮说，通过这样一种研学旅行，孩子和父母一起走进文化、走进自然、走进历史，一方面身心能够得到放松，另一方面还能发掘彼此的闪光点。“家长可以从另一个角度观察自己的孩子，也给孩子一个在学习之外展现自己的机会。而孩子则能在享受轻松时光的同时与父母平静地相处，在潜移默化中学会感恩。”

资料来源：周碧莹.在旅行中和孩子共同成长共同收获，江苏发布首批亲子研学旅行线路[N]. 扬子晚报，2021-04-25.

任务拓展

请以“丝路文化”为主题，针对东南沿海地区的初中生，选择合适的课程资源，设计一个研学旅行课程，注意思考课程中的研学活动与研学目标的匹配性。

任务六　设计研学旅行手册

任务概述

《中小学综合实践课程指导纲要》在课程实施中明确指出：“教师要指导学生做好活动过程的记录和活动资料的整理，并对活动过程和活动结果进行系统梳理和总结，促进学生自我反思与表达、同伴交流与对话。”这就要求研学旅行活动必须有一个载体，来记录活动过程相关内容和资料。因此，研学旅行手册是研学旅行活动中非常关键的一个载体，既为学生开展研究性学习提供方向性的指导，又为学生提供研学必要的基础性资料，是研学旅行过程最直观、最明确的验证。而对学生个体来说，研学旅行手册还可以记录学生在研学旅行学习和活动中的自我成长。那么，什么是研学旅行手册？什么样的研学旅行手册对于研学指导师和学生都是合适的？而对于研学旅行活动的策划者，如何设计与制作研学旅行手册呢？

素质目标

1. 培养逻辑思维和思辨能力。
2. 培养创新精神和设计能力。
3. 培养艺术审美能力。
4. 培养工匠精神。

知识目标

1. 认知研学旅行手册的定义、性质。
2. 了解研学旅行手册的设计原则。
3. 掌握研学旅行手册包含的主要内容。

能力目标

1. 能够掌握研学旅行手册编制的流程与要点。
2. 能够根据不同研学主题设计适合学员使用的研学旅行手册。

理论知识

一、研学旅行手册的定义

研学旅行手册（简称研学手册）是向研学旅行学员个体发放的一本辅助学习记录手册，它是学生研学旅行过程中最重要的学习资源，其使用贯穿整个研学旅行过程。研学旅行虽然存在不同的研学主题，也可能存在不同的课程开发主体，但研学手册的设计、编制等方面具有共同性，其作用都在于帮助学生更好地完成研学旅行活动的教育目标，实现学生在旅行活动中的自我学习与提升。

二、研学旅行手册的性质

研学旅行是中小学综合实践活动课程的重要组成部分，其课程内容和实施又以学校或特定地域为主体。研学手册是为有序开展研学旅行活动，实现研学育人目标而编制的文本材料，它在研学旅行课程实施中有着举足轻重的作用。

1.研学旅行活动的实施纲要

研学旅行本质上是学校有组织地利用社会资源开展体验性学习和研究性学习的教育活动。作为教育课程，研学手册明确了研学旅行的教育主题、目标、内容、实施过程和评价等内容，让研学指导师和学生明确学什么、如何学、学到何种程度。研学旅行在活动时间和空间上具有很强的开发性，研学手册呈现了整个活动的系统设计和整体安排，对组织管理、活动流程、行程路线、安全保障各方面都有具体而明确的提示。

研学旅行不是一场说走就走的旅行，而是一场精心策划的旅行，是根据教育性和目的性来安排和规划的特色研学活动。行前的知识储备、行中的实践探究、行后的思考感悟，每个阶段都涉及文化的汲取、知识的摄入和能力的培养。研学手册要为学生提供研学旅行各个活动阶段所需的思维框架，呈现在研学手册里的就是“行前思”“行中研”“行后悟”这三个方面。

2.师生教学活动的指导工具

无论学习过程还是教学过程，都有准备、实施、总结等步骤。研学旅行中，也有出行前的准备阶段、实地旅行的研究阶段、旅行结束的总结阶段。研学手册是研学旅行活动最好的载体，它能将活动过程具体化、研学活动成果实物化，还能为学生提供研学旅行中的思维支架。研学旅行的实施充分体现了教师指导下的学生自主学习，课程手册是师生间联系和交往的重要纽带。从“教”的视角，课程手册为指导教师提供了基本的教学内容、教学方法、教学流程，成为教师指导学生开展研学旅行的重要参考依据。从“学”的视角，研学手册为学生的自主学习提供了基本的学习内容，明确了研究性学习的任务、方法与过程、研究结果呈现方式和进一步拓展研究的提示等内容，为学生有效地开展研学课程提供了技术、方法等方面的指导。

3.学习效果检测的实证依据

在研学旅行的实施过程中，教育目标是否得到落实，学生的知识、能力、情感是否得到提升需要以学生的过程性记录和研究成果作为评价的依据。研学手册明确了学习纪律、活动要求、学习结果记录内容等，提供了对学生评价的实证材料。

三、研学旅行手册设计原则

1.内容系统化

研学手册既服务于研学指导师，也服务于参加研学旅行活动的学员，其内容包括课程意义及内容、研学旅行详细行程、参与研学管理及服务人员、研学指导师服务守则、应急预案，以及序言部分的参与学校校训、寄语等，让每一位参与执行的研学指导师拿到手册后读得懂、看得明白，同时在统一培训后能够明确职责顺利执行；而对于学员来说，也让他们拿到手册后能明确知晓活动的目的和主要内容是什么，需要在活动过程中注意哪些问题。

2.形式自主化

研学手册因为其内容的系统性和多样性，使得研学旅行活动在开展的过程中需要根据主要需求设计研学手册，手册内容的丰富性、形式的复杂性要与研学旅行活动整体情况相符合，既不能过于简单，也不能过于复杂。在设计形式上，可以采用图文并茂的方式，以多样的色彩进行展示，可以多采用图表和工作导图的形式进行呈现，使参与执行的研学指导师及工作人员在读取信息时一目了然，增强手册知识获取和使用的便捷性，同时能够迅速激起参与活动的学员学习探究的兴趣。

3.使用便捷化

研学手册本着使用方便的原则，在设计制作时要考虑手册开本大小、手册打孔栓或者挂笔，也要为学员留出记录的空间，使研学旅行活动学员携带便捷，随时可以记录其学习心得，获得必要的知识与信息。

4.手册数字化

伴随着信息技术的不断发展和在教学活动中的应用，数字化研学手册逐渐呈现在学生与研学指导师面前。尤其是手机端，除了可以使学员每天利用手机上的研学手册软件完成自己的既定学习任务外，还能帮助研学指导师友好地监管学生在研学过程中课程的完成度，并给予当天研学课程书写评定。研学手册的数字化也可以帮助学员在研学旅行活动中实现实时的信息共享与沟通交流，帮助其取得更好的活动效果。研学手册数字化目前还处于发展探索阶段，但未来必将成为研学手册设计的一个重要发展趋势。

四、研学旅行手册包含的内容

1.研学活动的主题

研学是课堂教学的延伸，研学活动不是随心所欲地走马观花，而是为了更好地提升学生的素养。因此，研学主题不能随意而定。首先要明确研学的目的是什么，其次要根据具体的学情和实施情况，确定通过哪些途径、到哪些地点完成这一目的，即将具有内在联系的分散研学资源点，通过“核心主题”串联成一个整体，使研学活动有一条明确的主线。这里的“分散研学资源点”可以是一个具体公园、场馆或自然景观中所分布的活动点，也可能是一个区域范围内的不同公园、场馆或自然景观。研学活动课程的主题一般采用“活动地点＋素养类型”方式，活动地点、素养类型必须明确、具体。

2.研学活动的目标

研学活动的目标是期望学生在经历研学活动后获得的成长，学生能通过研学课程树立正确的世界观、人生观、价值观，感受中华传统美德和社会认同；培育爱家、爱国、爱社会、爱自然的积极情感，以及勇于探索、勤奋学习的意志品质；获得新的认知和知识的综合应用；培养操作技能、探究方法、思维判断等方面的能力。目标的编制一方面要分析学情，从学生的认知与能力的基础出发，另一方面要分析研学的资源是否有让学生实现目标的基础条件。在目标的描述上要遵循具体、可操作、可检测的原则，并在项目活动设计时，将总的目标分解到每个具体的项目活动中。

3.研学活动相关的资源

虽然许多场馆或公众旅游场所一般会有明确的主题，但作为研学手册编制主体的教师，对每一个主题场馆中的资源其实是不熟悉的。因此，教师需要提前准备，对相关资源有清晰的认识。同时，活动场馆中的资源是极其丰富的，教师对哪些资源可用、哪些资源不可用需要做一个选择。在资源的收集、调研过程中，教师必须与资源单位进行沟通，获得资源单位的支持与帮助。

4.研学课程活动框架

综合考虑研学活动的目标要求、学情基础、活动时长、经费等各项因素，教师应对课程资源进行活动项目的设计，形成课程内容的基本框架，确定每一个活动项目的研学要求和实施过程的基本思路。为避免活动项目开发的盲目性，在正式细化活动项目前，教师应将确定的课程内容与资源单位的专业人员进行互动研讨，明确活动实施的可操作性。

5. 研学课程活动内容

教师要对活动项目的具体活动内容、活动流程、活动路线、活动时间等内容作出具体而合理的安排，明确活动内容的具体实施过程和要求。活动内容与过程的设计必须以学生学习基础与兴趣为前提，以综合素养培育为宗旨，以活动地的资源为基础，以体验、探究为学习方法，以可操作为原则，为学生的研学提供具体的、可实施的活动安排。

6. 研学活动学习单

研学活动学习单根据研学项目的具体活动内容而设计，为学生提供活动指导，记录研学活动的结果，引导学生反思、感悟，也为学生的研学成效评价提供实施依据。在具体课程项目内容的编制过程中，学习单要充分体现研究性和体验性的特点，让学生经历真实情境中的学习过程，获得切身的学习感悟。

任务实施

研学手册的设计与制作是一项集专业性、创造性、艺术性于一体的工作任务，在实施过程中设计者既要对研学旅行活动内容了如指掌，也要充分考虑学员的需求与教学目标，同时还需要具备一定的审美鉴赏能力与创造力，是一项非常考验设计者研学旅行专业知识及个人综合素质的工作任务。根据研学手册设计的内容和流程，我们可以将此工作细分为以下步骤。

步骤一：统筹研学手册内容

研学手册的内容一般包括两个部分：整体研学旅行活动介绍和研学旅行课程活动设计。整体研学旅行活动介绍包括活动介绍、行程安排、行前准备、安全须知等，旨在让学员明确整体研学旅行活动的概况，是他们在整个研学旅行活动中可以依托的生活指南。研学旅行课程活动设计则针对研学旅行活动中的每个单元课程，具体进行课程方案、学习任务等方面的设计，也是学生对于研学手册使用的主要部分。学生可以通过完成手册当中设计的任务，阅读相关课程单元资料，完成既定教学目标，实现研学旅行活动的价值。

微课 2-11

研学手册设计——整体研学旅行活动介绍

（一）整体研学旅行活动介绍

通常在研学手册前半部分会对研学整体活动的情况作出介绍，来帮助学生全面地认识本次研学旅行活动，了解研学课程及整体活动中的关键信息，并且做好各项准备工作，大致包括以下内容：

1. 前言

前言的内容一般包括导师及学校寄语、活动背景、活动介绍、课程特色、教学目标等，其作用是向参加研学旅行的学生介绍整体的研学旅行活动情况，说明研学目的，提出期望或者要求。前言环节的撰写者可以是校方领导或教师，也可以是研学旅行活动的整体策划者和设计者。前言的内容应当视具体需求而定，在设计时要重点突出、内容精练、感染力强，主要目的在于通过最初的对学生的引导，使学生能够快速进入角色，激发对研学旅行活动的兴趣。

2.行程安排

行程安排指研学旅行整体活动行程的安排，其内容包括往返大交通的车次（飞机班次）信息、每一天具体的行程及课程安排，以及用餐、住宿地点等信息，让学生对研学旅行活动的整体计划一目了然。

3.物资准备

物资准备指学生在整个研学旅行活动中需要提前准备的物资，可以分为生活物资和学习资料（见表2-25）。在研学手册中要提醒学生需要携带的行前物资，可以以文字或图片等形式在研学手册中对学生进行提示，也可以采用列清单的方式，让学生勾画所带的物品，并标注数量，这样可以尽量避免物品遗漏或者丢失。行前物资准备能锻炼学生自己动手整理物品的能力，也是研学活动顺利完成的重要保障。

表2-25 研学旅行物资准备

生活物资	包	行李箱、双肩包、斜挎包等
	电子产品	手机、相机、充电设备、耳机等
	洗漱用具	牙刷、牙膏、漱口杯、毛巾、沐浴露、洗发水等
	护肤品	面霜、防晒霜等
	衣物	上衣、裤子、睡衣、袜子等
	鞋子	运动鞋、拖鞋等
	药品	感冒药、肠胃药、晕车药、抗过敏药、创可贴等
	证件	学生证、身份证等
	其他	雨伞、水杯、火车便餐、零用钱等
学习资料	研学旅行手册、笔、书籍等	

4.知识准备

知识准备是研学旅行活动介绍中容易被忽视的重要环节，知识准备的功能是引导学生在出发前对研学课程进行预习，提前熟悉研学目的地，调整好身心状态，在设计时要注意从学生的角度出发，根据学情设计知识内容，要形式多样、种类丰富且易于学生接受，这样才能激发学生自主学习的兴趣，从而在行前完成知识准备。行前知识准备的内容可以分为生活知识准备和文化知识准备两大类（见表2-26）。

表 2-26　知识准备的类别

类别	范围	获取方式
生活知识准备	了解出行所乘坐的车（船、飞机）的信息（车次、船次、航班号，时间，票价，时长等）、研学目的地的天气情况等	用表格的方式，指导学生获取
文化知识准备	了解研学目的地的文化、历史、地域特点	通过推荐阅读文章和书籍、观看视频等方式

微课 2-12

研学手册设计——研学旅行课程活动设计

（二）研学旅行课程活动设计

研学旅行课程活动设计内容较为丰富，形式多样，研学手册的设计中也呈现出多样化的特征。根据不同的研学旅行课程类型，研学手册在设计过程中的侧重点也不同。在具体设计中，手册设计者需要根据研学旅行课程活动的类型及课程活动的教学内容和目标，有针对性地设计研学手册，使其发挥出最大的效用，服务于研学旅行活动，使学员和研学指导师能够高效率地实施研学课程，完成教学目标。研学旅行课程活动设计主要包括以下几个环节：

1.设计前的准备工作：解读研学课程方案

在针对研学旅行课程设计手册内容时，首先需要掌握研学课程活动的方案。研学课程活动方案是研学手册设计的主要依据，研学手册是从学生视角，对研学课程方案进行具体实施的范本，所以，详细解读研学课程方案是设计研学手册的重要前提，特别是对研学课程单元方案内容的充分理解。解读研学课程方案是设计研学手册中课程部分内容的基础，主要关注以下四个方面的内容：了解学生的学情，包括知识与技能方面、情感态度方面等；掌握本单元研学课程的主要教学目标；掌握课程单元的教学方式以及重难点；掌握课程的实施过程。

2.课前内容设计

（1）课程目标板块：研学手册中的学习目标与研学课程方案的学习目标是一致的，但是角度不同。课程方案是站在课程设计者的角度，计划通过学习让学生收获什么、如何收获、收获多少；研学手册是站在学生的角度去解读，学生得到的信息是要学习什么内容，怎样学习，学到什么程度，这体现在两种学习目标的写法上有所不同。

（2）课前预习板块：如果学生在学习课程之前对课程资源一无所知，那么学习课程很容易变成走马观花。所以在研学手册中应准备适当的知识内容并要求学生预习，做好初步的知识储备，才能在学习课程中有所收获。

（3）学习要求板块：学习要求主要指在参观式学习课程单元中对学生各个方面的要求，例如对于课程用到的学习用品的要求、学习纪律的要求等，都需要在研学手册中进行明确。通常用到的学习用品有笔、笔记本、耳机等。学习纪律的要求，例如从课程资源点提出的要求，如在博物馆里禁止大声喧哗、拍照等，以及从安全管控和文明出行的角度，对学生的行为提出要求。

（4）活动介绍板块：在设计研学课程方案时已经确定了学生的学习内容，在研学手册中也需要对其进行说明，其作用是：让学生清楚了解需要学习的内容，提前进行预习；在研学课程进行中给学生提供指导或线索；在课程进行中起到对照提醒的作用，如果学生遗漏了该知识点，可以及时补充。根据研学手册中学习内容的作用可以判断出，研学手册中的学习内容即为研学课程方案中的参观内容和讲解内容，但需要对这些内容进行提炼和概括，仅列出提纲和主题，将精彩的课程内容留给学生用眼睛去观察，把具体详细的知识留给研学指导师现场讲授，促使学生全身心地投入学习，完成学习目标。

这个部分还需要突出本课程中针对学习流程的说明，其目的在于每一个学生的接受能力不同，让学生提前了解学习流程，有助于提高课程开展的效率，保证每个学生的学习效果，同时可以让学生对自己的学习情况和进度进行把握，以便完成学习目标。

3.课中内容设计：设计学习任务

研学手册的学习任务和研学课程的方式方法是紧密结合的，学习任务按照学习流程依次完成，即不同形式的研学课程应该具有相应的学习任务。在研学课程中，学习任务不仅用来检验学生的学习成果，还是引导学生学习的重要方式。而学习任务的设计又根据课程类型的不同，具有不同的设计特点。根据课程类型和特点的不同，我们可以将学习任务设计分为以下几种类型：

（1）以讲授活动过程为主的课程学习任务设计。在文博场所、红色旅游景区中，通常会出现这类研学旅行课程活动。在学生参观聆听讲解的过程中，研学指导师可以按照参观游览的线路或讲解的逻辑顺序设计学习任务，例如通过问题对学员进行引导。问题主要分为开放式问题和封闭式问题。开放式问题没有明确答案，但随着参观和讲解，学生通过仔细观察和听讲会产生自我思考和认知。设计这些问题时要为学生准备大量、立体的知识信息，以便让学生全方位地了解问题的背景、意义，以解决问题。而所设计的问题应该是学习任务的重点，是需要学生理解、掌握的知识点，学生通过完成学习任务，巩固加强学习效果。

（2）以实践活动过程为主的课程学习任务设计。这类课程适用的范围较广，可以普遍适用于不同类型的研学课程中。手工制作、实景模拟等课程的基本内容的学习任务往往就是学习过程本身，这个过程本身就是学习成果。注重过程性成果时需要明确的驱动任务去促使学生依据线索发现内容、进行服务或学习体验。在设计时需要注意任务的内容即是需要学习的重点内容，用任务引导学生去主动学习。同时需要设计线索，学生需要根据线索才能完成任务，线索的形式可以是文字描述，也可以是照片，还可以是一幅图画或者模型等。设计线索时要注意线索的唯一性和可操作性，即通过正确使用线索必能找到任务的关键信息，从而完成任务。注重结果性成果时讲求通过结果性的任务引导学生自己选择完成课程的方式，综合运用所学知识，完成学习目标。在设计时应当注意学习任务的设计需要与学习目标对接，也就是说通过完成任务可以完成学习目标；同时这类学习任务的过程是开放的，学生可以自主选择参观内容，但必须通过学习或体验，才能完成任务。

4.课后内容设计

在活动总结阶段，教师要指导学生选择合适的方式呈现活动结果，鼓励以多种形式来呈现与交流结果，如绘画、摄影、戏剧与表演等。教师对活动过程和活动结果进行系统的梳理和总结，可以促进学生自我反思与表达、同伴交流与对话。教师还要指导学生通过撰写活动报告、反思日志、心得笔记等方式，反思成败得失，提升个体经验，构建知识体系，并根据同伴及教师提出的反馈意见和建议查漏补缺，明确进一步的探究方向，深化主题探究和体验。研学旅行课中阶段结束，并不是整个活动的完结。研学活动的总结阶段是非常重要的课程学习阶段，也是很多活动组织者容易忽视和轻视的阶段。课后内容设计主要内容包括研学作业的完成、研学成果的展示、研学成绩的认定等方面。

（1）研学成果展示板块：研学成果的展示实际上是一种课程评价方式，有利于检验研学目标的实现情况，可以实现研学成果的物化和延续，以此提升研学的实效性。研学旅行活动评价主要评价学生综合素质以及核心素养等内容，教师要以促进学生综合素质提高和核心素养持续发展为目的来设计与实施研学旅行活动评价，坚持评价的方向性、指导性、客观性和公正性等原则。研学旅行活动评价的首要功能是让学生及时获得学习过程的反馈，以改进后续活动。教师要对学生作品进行深入分析和研究，挖掘其背后蕴藏的学生思想、创意和体验，杜绝对学生的作品随意打分和简单排名等功利主义做法。

（2）课程活动评价板块：课程活动评价要通过过程性评价体系、结果性评价体系等量表来体现。通过量表一一对学生、老师的表现进行评价，进而达到研学目标，指导学生更好地学习，帮助老师完善教学指导能力。

课程活动评价板块可以帮助学校指导教师或研学指导师更加准确而及时地给学生提供信息和指导，也可以在未来帮助教师或研学机构老师明确是否需要调整原定教学计划。课程活动评价板块的内容包括但不限于学生对本次研学课程内容的认识与掌握；学生在本次研学课程中应当掌握的具体技能；学生的时间管理等过程性技能情况。指导教师或研学指导师还要对学生的思想品德方面进行评价，着重关注学生的情感、态度与价值观，立足于让学生乐学好学，展现课程中的人文关怀。但这并非完全割裂的评价维度，而是和知识与技能、过程与方法相互融合渗透，统一于学生的成长与发展之中。

对教师与课程的评价主要包括课程总结反思、课程评价设计等板块。具体操作方面，可以在课程单元最后为学生预留空白，以便学生在完成课程单元的学习时能够在第一时间将收获、感受、问题等记录下来，作为以后学习的参考信息。同时对研学课程的评价可以从研学课程方案的设计、课程实施的过程、课程的成效等方面进行。

步骤二：制作手册相关图表

（一）制作信息概况表

信息概况表的作用是让研学指导师能够快速、全面地掌握研学团组的基本情况以及服务保障的基本内容，在课程实施过程中随时查看常用信息和重要提示。信息概况表的具体内容应当依据实际需求进行设计，但基本上需要包含六个方面的内容：研学课程概况、研学团队人员信息、车辆分配信息、用餐信息、住宿信息、重要提示，见表2-27。

表2-27 研学旅行信息概况表

<table>
<tr><td>课程名称</td><td colspan="3"></td><td>团号</td><td colspan="4"></td></tr>
<tr><td>研学地点</td><td colspan="3"></td><td>出行日期</td><td colspan="4"></td></tr>
<tr><td>学校名称</td><td colspan="3"></td><td>年级信息</td><td colspan="4"></td></tr>
<tr><td rowspan="2">出发</td><td colspan="6" rowspan="2"></td><td colspan="2">去程车次</td></tr>
<tr><td colspan="2"></td></tr>
<tr><td rowspan="2">返回</td><td colspan="6" rowspan="2"></td><td colspan="2">回程车次</td></tr>
<tr><td colspan="2"></td></tr>
<tr><td colspan="9">出行人员</td></tr>
<tr><td rowspan="7">人员信息</td><td>学生</td><td colspan="2"></td><td>男生</td><td colspan="2"></td><td>女生</td><td></td></tr>
<tr><td>学校教师</td><td colspan="2"></td><td>男士</td><td colspan="2"></td><td>女士</td><td></td></tr>
<tr><td>研学指导师</td><td colspan="2"></td><td>男士</td><td colspan="2"></td><td>女士</td><td></td></tr>
<tr><td colspan="8">重要工作人员联系方式</td></tr>
<tr><td>学校负责人</td><td colspan="7"></td></tr>
<tr><td>研学负责人</td><td colspan="3"></td><td colspan="2">研学指导师</td><td colspan="2"></td></tr>
<tr><td colspan="8"></td></tr>
<tr><td>车辆分配信息</td><td colspan="2">学生</td><td colspan="4">学校教师</td><td colspan="2">研学指导师</td></tr>
<tr><td></td><td colspan="2"></td><td colspan="4"></td><td colspan="2"></td></tr>
<tr><td></td><td colspan="2"></td><td colspan="4"></td><td colspan="2"></td></tr>
<tr><td></td><td colspan="2"></td><td colspan="4"></td><td colspan="2"></td></tr>
<tr><td rowspan="3">用餐信息</td><td>日期</td><td colspan="4">午餐</td><td colspan="3">晚餐</td></tr>
<tr><td></td><td colspan="4"></td><td colspan="3"></td></tr>
<tr><td></td><td colspan="4"></td><td colspan="3"></td></tr>
<tr><td>住宿信息</td><td colspan="8"></td></tr>
<tr><td>重要提示</td><td colspan="8"></td></tr>
</table>

研学课程概况一般包括课程名称、团号、研学地点、出团日期、学校的基本情况、出发及返回安排等。这些信息会经常用到，宜放在表格上端，方便阅读，一目了然。另外，如果有一些重要的内容不好归类，也可以加在表格上端。研学团队人员信息需要说清人员构成和数量，需要注意的是，应填写相关人员的姓名以及联系方式，以便在需要的时候可以快速、准确地找到负责人。车辆分配信息可以放在分

车信息表里，但这里为说明研学指导师的车辆分配信息以方便工作，就一并放在信息概况表中进行说明。用餐信息需要包含每日午、晚餐餐厅名称，用餐分配，用餐标准，以方便了解团组的用餐安排，以及其他的用餐注意事项，如少数民族成员如何安排用餐。住宿信息需要包含酒店入住信息以及房间分配情况等，以方便了解团组的住宿安排。如果酒店的分房安排和注意事项信息较多，需要单独建表。表格最后可以加入一些特别重要的提示信息，如服务保障提示、安全提示、乘坐交通工具的提示等。信息概况表的使用频率高，重要提示放在这里可以加强工作人员的注意。

（二）制作研学工具表

研学工具表是研学手册中涉及的工作用表的总称，一般包括学生信息表、教师信息表、分车信息表、票务信息表、分餐信息表、分房信息表、住宿地点信息表、航空行程单等。制作这些表格的主要目的是帮助工作人员在研学课程进行中整体了解相关信息，把握研学团组的整体情况。由于这些情况相对繁杂，往往无法通过一两张表格来梳理消化，所以需要按用途分别制作，在研学课程进行的各个环节配合使用。下面展示一些实际工作中使用的模板并加以说明。

1.学生信息表

学生信息表包含所有研学团组学生的基本信息，是掌握研学团组学生信息的根本表格。需要注意的是，这个表格的信息必须进行再三核实，确保准确，因为很多其他的工作表都需要从这个表格复制信息。若学生信息表出现错误，就会导致其他工作表出错，以致引起工作事故。

学生信息表的内容应根据实际需求，尽量设计得详细全面。在表头设计中，通过序号可以统计人数；通过班级、分组、性别、民族等可以对所有人员进行筛选、分类；通过出生日期可以查找团组中需要安排庆生仪式的成员；通过联系方式可以寻找成员；过敏信息可以提示注意事项；通过备注可以了解身份。此外还可添加紧急联系人、身高、体重、血型、病史等，可依据研学课程的实际需求添加。如果研学团组的人数较多，可以将学生信息表以大巴车号或者班级为单位，分开制作，以方便使用。学生信息表模板见表2-28。

表2-28 学生信息表

序号	姓名	班级	分组	性别	民族	出生日期	联系方式	紧急联系人	身高	体重	血型	病史	过敏信息	备注

2.教师信息表

在研学课程中，同样需要知道教师的信息，除了需要收集与学生信息表大致相同的信息外，还需要明确随行教师在学校的职务、在研学课程中承担的职责等信息。这是考虑到在研学课程组织工作中，需要承办方与学校密切配合，只有在双方充分熟悉、了解的情况下，才能有效地完成工作。同样地，也可为随行教师准备研学课程承办方工作人员信息表。教师信息表模板见表 2–29。

表 2–29　教师信息表

序号	姓名	性别	民族	身份证号码	联系方式	职务	车号	职责	备注

3. 分车信息表

为了保证团组在研学课程中安全、有序、迅速地乘车，可以提前对人员进行乘车分配，并制作分车信息表。分车信息表的内容包含车辆分配和座位分配两个部分，用于记录研学课程中每一个人员所乘坐的大巴车及座位安排情况，分车信息表制作完成之后，在整个研学课程的乘车环节，应当按照表格执行，固定车辆和座位，以便进行乘车管理。根据具体的执行要求，其又可以分为车辆分配信息表与车辆座位信息表。车辆分配信息表需要规定每辆车乘坐的人数，每辆车要安排一名随行教师作为车长，方便进行管理。车辆座位信息表可根据学生信息表和车辆分配信息表，让学生按照表格上车，学校教师对现场情况进行判断，在第一次乘坐旅游车时为学生现场分配座位，待落座没有问题后，按照实际座位情况填写表格，以后每次乘车，座位按此表格执行即可。分车信息表模板见表 2–30。

表 2–30　分车信息表

车号	班级信息	学生人数	研学指导师人数	总人数	研学指导师信息	司机信息

4. 票务信息表

票务信息表指用来帮助所有团组人员购买车（机、船）票的原始表格。由于研学团组人数较多，需要用表格来统计信息，特别需要注意的是务必将团组人员的身份证信息（护照信息）以及座位号填写正确。工作人员可以利用此表格协助办理乘车手续、查找清点人员、进行安全教育等一系列乘车（机、船）的工作。票务信息表中的核心内容是团组人员的座位号以及对应的负责人信息。如果人数过多，可以分组（如以车厢为单位）设计表格，这样在使用时更加便捷。

5.分餐信息表

制作分餐信息表的目的是协助工作人员对团组进行用餐管理，使每个团组人员都能够迅速找到自己的桌号就餐，节约用餐环节的时间。另外在分餐信息表上要特别注明少数民族成员的用餐要求，避免出现问题。分餐信息表中序号的作用是方便统计人数，一般每桌安排10人；性别信息的作用是尽量做到每桌男女人数平均；在实际工作中，用餐的上一个环节是乘坐大巴车，将大巴车号写在表中，有助于工作人员协调管理，使两个环节无缝衔接。

6.分房信息表

分房信息表是团组全程入住酒店的分房安排，是住宿管理的重要工具。分房信息表可以帮助工作人员在办理团组入住时快速地完成分房工作，以及在住宿管理时准确地进行查房、找人等。制作分房信息表时可以班级或车辆为单位，内容包括团组人员姓名、性别、房间号等。使用时研学指导师在分房表上登记实际入住的房间号，在研学课程中，团组入住的酒店不止一家，每家酒店安排的房间号是不一样的，所以需要将酒店一一列出，在领取房卡时做好登记，方便管理。同时要注意如果活动涉及异地住宿，需要在表格中进行说明或重新制表。分房信息表模板见表2-31。

表2-31　　分房信息表

<table>
<tr><th>序号</th><th>房间</th><th>姓名</th><th>性别</th><th>酒店1
(DD-MM-YY)
房间号</th><th>酒店2
(DD-MM-YY)
房间号</th><th>备注</th></tr>
<tr><td>1</td><td rowspan="2">标间1</td><td></td><td></td><td rowspan="2"></td><td rowspan="2"></td><td></td></tr>
<tr><td>2</td><td></td><td></td><td></td></tr>
<tr><td>3</td><td rowspan="2">标间2</td><td></td><td></td><td rowspan="2"></td><td rowspan="2"></td><td></td></tr>
<tr><td>4</td><td></td><td></td><td></td></tr>
<tr><td>5</td><td>单间1</td><td></td><td></td><td></td><td></td><td></td></tr>
</table>

（三）制作物资清单

研学旅行出发前要有一些必备的物资，行前物资的准备要充分，制作物资清单能够帮助工作人员进行充分准备，同时可对全程研学活动细节进行梳理。研学物资一般包括基础保障类、文件资料类、课程应用类等。我们需要根据学校需求调查表以及研学课程方案制作物资清单，方便工作人员对研学物资进行准备、对接和清点工作。制作物资清单时注意不要遗漏学校提出的物资需求，以及根据实际人数，多准备一些易损坏和易丢失的物品作为备用。制作物资清单时，为了工作人员能够在不用查找其他数据的情况下直接使用，可首先说明团组信息，比如课程名称、团号、人数等与物资相关的信息；然后，需要注明交付日期、保证在此日期前做好物资的准备工作，并在计划日期内将物资交付相关研学指导师。为了全面考虑研学物资，避免遗漏，可以对研学物资进行分类，这样更易于物资的管理工作。另外，还可增加其他信息，比如添加金额项，这是为了制作预算时使用，这些信息可根据实际需求进行调整。物资清单模板见表2-32。

表2-32 物资清单

课程名称				学校名称			
项目负责人				团号			
出行日期				人数			
交付日期				研学内容			
物资类别	序号	物品名称	数量	金额	合计	备注	准备情况
基础保障类	1						
	2						
	3						
	4						
	5						
	6						
文件资料类	7						
	8						
	9						
	10						
课程应用类	11						
	12						

(四）制作工作执行表

所有的工作都应该在设定的时间之内完成，这是进行工作安排的前提和衡量工作进度的标准。制作工作执行表可以从时间入手。研学课程的时间单位应该精确到小时，不满1小时的活动则需要精确到分钟。通常研学课程的时间规划可以分为五个板块：大交通时间、乘车时间、用餐时间、休息时间、活动时间，首先，大交通的时间是固定的；其次，我们可以通过地图软件大致确定乘车时间；再者，用餐和休息的时间也相对固定。因此，剩余的时间就是我们真正要规划的时间，规划活动时间需要考虑到人员、天气、场景、外力等客观因素，才能确保其可行性。我们可以通过实地考察，根据现场的执行效果，对时间进行调整，经过反复地实验，就能得到一个可行的时间规划。

时间规划完成后，还需要分解活动流程。活动内容的步骤安排一定要清晰、详细，要符合实际，活动流程的设计来源于具体的研学课程方案内容，也就是将研学课程的内容分解成一个个可以执行落地的步骤，并且将这些步骤分解得越详细越有价值。活动流程解决了在什么时间做什么事的问题，但没有明确由谁来做。虽然有岗位职责区分，但是在实际工作中，往往会出现岗位职责概括不到的内容或者出现人手不够的情况，所以要在设计活动流程时，应将责任分工明确下来，这样才能保证工作安排的落实，同时还需要对重点工作进行说明。重点工作指在执行研学课程中需要重视的工作环节以及容易出现纰漏需要格外注意的因素，可以通过前期实践进行总结。完成准备工作后，可以研学课程的行程安排为单位，将每一个时间段的工作内容进行分配并提示相关课程内容或服务保障的注意事项，这样就可以明确工作执行表的基本内容，再通过一定的结构将这些内容进行排列组合，即可以得到完整的工作执行表。工作执行表模板见表2-33。

表2-33 研学旅行课程工作执行表

<table>
<tr><td colspan="5">日期：　　　　　　　　　　　　　　　　　　　　研学课程第　天</td></tr>
<tr><td>地点</td><td>时间</td><td>活动内容</td><td>工作内容</td><td>注意事项</td></tr>
<tr><td></td><td></td><td></td><td></td><td></td></tr>
<tr><td colspan="5">解读：集合出发看似小事却非常重要，特别是人数较多的团组，一定要提前设计流程，严格按时间执行</td></tr>
<tr><td></td><td></td><td></td><td></td><td></td></tr>
<tr><td></td><td></td><td></td><td></td><td></td></tr>
<tr><td></td><td></td><td></td><td></td><td></td></tr>
<tr><td></td><td></td><td></td><td></td><td></td></tr>
<tr><td colspan="5">解读：研学资源地安排的课程或者行程中其他单位安排的活动，我们只需要负责辅助工作，所以研学手册中只需要写明对接人和辅助内容即可</td></tr>
<tr><td></td><td></td><td></td><td></td><td></td></tr>
<tr><td></td><td></td><td></td><td></td><td></td></tr>
<tr><td colspan="5">解读：第一次用餐的环节要详细说明，以后的用餐流程基本一致，无须另行说明</td></tr>
<tr><td></td><td></td><td></td><td></td><td></td></tr>
<tr><td></td><td></td><td></td><td></td><td></td></tr>
<tr><td colspan="5">解读：第一次住宿的环节要详细说明，以后若住宿流程基本一致，无须另行说明，如有增加的内容，只需说明增加的内容即可</td></tr>
</table>

步骤三：明确注意事项

明确注意事项主要代指研学手册中对于学生在活动中应当重视的安全问题做的一些必要提醒。安全须知指从学生自身的角度考虑，针对学生主观产生的、可能发生的错误行为带来的安全隐患，作出提醒和警告，并给出一些应急处理办法。其内容可以从不同角度展开，但都以保障学生的安全为前提，一般包括安全注意事项、组织纪律要求、出行常识、应急处理办法等内容。安全须知的作用在于增强学生的安全意识，保证研学课程的顺利开展。撰写安全须知时要注意研学课程对象特征、研学目的地地理环境和文化特点、交通工具情况、住宿和用餐的情况，运用浅显易懂的语言，简明扼要地说明需要注意的事项，同时还要将正确的做法陈述清楚。研学手册中安全须知的内容要根据研学团组的实际情况来撰写，不必把上面介绍的所有内容一一纳入，选择必要的和重要的内容即可。对于不好判断是属于安全注意事项还是组织纪律要求的内容，不必纠结其归类，可都列在安全注意事项中，能发挥其作用即可。

（一）安全注意事项

安全注意事项是针对学生活动中容易发生安全事故的环节，进行事先强调，如乘车（船）安全、行进安全、财物安全、用药安全等。

（二）组织纪律要求

严明的组织纪律是预防安全事故的最有效手段，是安全保障的基础，需要重复提醒，如一切行动听指挥、不私自外出和离队、遇到问题及时反映等。

（三）出行常识

出行常识指学生在研学活动中对自己身心健康管理的一些要求，如切勿暴饮暴食、防范疾病常识、出行规范等。

（四）应急处理办法

应急处理办法主要指如果在研学中发生安全事故，学生应具备一定的应急处理知识，以便于从自身角度出发配合处理问题，我们应当对这些可能发生的突发状况进行预判并列在研学手册中，如扭伤的应急处理、腹泻的应急处理、被困电梯的应急处理、财物丢失的应急处理等。

步骤四：设计研学手册封面

（一）确定封面需要展示的主要内容

研学旅行活动包含丰富的课程活动内容、多样化的课程目标，因此可以作为封面展示的内容也是多种多样的。但封面篇幅有限，臃肿的内容堆叠往往既不突出研学旅行活动的特色，也无法设计出令人眼前一亮的封面，甚至会使学员看到封面后陷入迷茫和目标不清的境地。因此，研学手册的封面设计首先需要明确设计的主要内容包括哪些。一般而言，研学手册封面设计的内容包括活动名称、活动时间、活动地点、活动主题，其他设计内容可以根据每次活动需要具体进行设计。总而言之，封面设计没有固定的方法和内容，只要能很好地反映出本次研学旅行活动的主题与特色即可。同时，需要明确的是，这里所说的几项主要内容在封面设计中是一种抽象化的概括，例如研学地点在封面中的设计，除了可以通过文字直接点明之外，我们通过选取活动地点某一代表性场景图片作为封面设计的图片背景，也可以使学员明确研学旅行活动开展的地点。

（二）确定封面设计的构图

封面设计的构图，是将文字、图形、色彩等进行合理安排的过程，其中文字占主导作用，图形、色彩等的作用是补充说明文字的功能。一般情况下，将文字进行垂直排列，具有严肃、刚直的特点。这是我国图书类制品封面设计中所表现出的特点。水平式的构图，给人以平静、稳重的感觉，将文字水平排列能给整体带来平衡的作用。倾斜式的排列，可以打破过于平稳的画面，以求更多的变化，运用恰当有助于凸显研学旅行活动的主题。封面设计的造型要带有明显的阅读者的年龄、文化层次特征。对于较低年级的学员，其封面要注重形象设计具体、真实、准确，构图要生动活泼，尤其要突出知识性和趣味性，一般配合具有夸张性、想象性、人格化、游戏性、幽默性的插图来进行设计创作。少儿正处于“视觉年龄”，因此，封面设计要突出对他们视觉的震撼和冲击力。它可以培育少儿丰富的情感和想象力，同时使其留下深刻的印象。对中学生，尤其是高中学生，研学手册的封面设计可以由具象渐渐转向抽象，宜采用象征性手法，构图也可由生动活泼的形式转向严肃、庄重的形式。

（三）封面设计中文字的设计

从客观角度来说，一本图书类制品的封面，可以没有图形，但不能没有文字，文字既具有语言意义，又是抽象的图形符号，它是点、线、面设计的综合体。在研学手册的设计中，一般而言需要图片和文字相结合，但文字的作用尤为重要。字的设计，除了注重对于内容的表现外，我们也可以对其进行抽象设计，发挥文字最大的形象表现力，例如一个字可以看成一个点，一行字可以看成一条线，一段文字可以看成一个面等。在设计中，如果将图形与文字都当作重点进行强调，其结果往往显得版面杂乱无章，两方面都不突出。因此，文字与图形应相对集中布局，在阅读中形成节奏和层次，使文字紧凑，图形灵活。此外，有时研学手册封面设计中的文字可用几种不同字体构成，但应以其中一种字体为主。

（四）封面设计中的色彩搭配

封面色彩的选择是十分重要的，因为学生拿到研学手册时，首先映入眼帘的便是色彩。色彩中红、黄、蓝、灰、黑、金、银等各种不同的色彩，构成了五彩缤纷的研学手册封面。例如用灰色作为背景，可以衬托艳丽的文字、图形，既协调又显亮丽，纯度高的色彩排列在一起，特别刺激和活跃；和谐统一的色调，让人感到温馨、安逸；以纸张的原色为色调，给人的感觉是自然、清新等。封面设计的色彩是由研学活动的内容与主题，结合参与学员群体的年龄、文化层次等特征决定的。低年级的研学手册封面设计多运用艳丽的色彩，表现青春活力的宜用红绿相间的色彩；沉着、和谐的色彩适用于中学生，尤其是高中学生的研学手册封面设计。

（五）封面设计中的形状设计

封面的形状主要指外形和内形（文字、图形等）。封面的外形除少数特殊设计外一般呈长方形或方形，以A4纸张的大小为准是较为合适的做法，这是由印刷习惯和设计习惯决定的。有时为了设计的需要，在纸张允许的范围内可以调整长宽比例，以改变通常的形状。图形的设计要与整体的封面形状设计相搭配，呈现出整体的和谐之感。

知识拓展2-5

研学手册封面设计工具之——Photoshop基础知识介绍

Photoshop，全称是Adobe Photoshop，Adobe是Photoshop所属公司的名称，Photoshop是软件名称，它是Adobe公司开发并发行的一款图像处理软件。该公司还有其他一些非常好用的软件，例如pdf文件阅读器等。1987年秋，美国密歇根大学计算机系博士生托马斯·诺尔为了解决论文写作过程中的麻烦，编写了一个能够在黑白显示器上显示灰度图像的程序，并把它命名为Display，并将其展示给了哥哥约翰·诺尔，哥哥对Display产生了浓厚的兴趣。此后，兄弟俩继续修改Display的编码，相继开发出羽化、色彩调整、颜色校正、画笔、支持滤镜插件以及多种文件格式等功能，这就是Photoshop最初的蓝图。

Photoshop在生活中的应用十分广泛。我们身边看到的各式各样的摄影作品、海报作品、商品包装、游戏漫画、视觉创意、网上表情包，还有汽车、高楼大厦、衣服鞋袜等，都和Photoshop有着密切的联系。换句话说，Photoshop在各行各业中都起着重要的作用。因此，在这个信息技术飞速发展的时代，无论是在校学生，还是求职的工作者，掌握Photoshop都对自身有很大的帮助。

Photoshop应用最为广泛的领域之一就是平面设计。像图书封面、海报、画册、LOGO等，这些内容丰富的作品基本都可以用Phtoshop进行设计和处理。研学旅行手册的封面设计中，最常用的计算机处理软件之一就是Photoshop，它的特点是易上手、易学习、难度低、效果好。与此同时，Photoshop在电子商务的网页设计中发挥着重要的作用，我们可以用Photoshop设计各式各样的网页，然后放到电商平台中。像我们日常用的淘宝、京东、拼多多等电商平台中的许多图片都是由Phtoshop设计制作的。

Photoshop有很好的绘画及调色功能，很多插画师通过铅笔绘制草稿，然后扫描上传到电脑上，通过Photoshop填色来绘制插画，或者在Photoshop上直接绘制插画。Photoshop还具有处理照片的功能。当今数码相机不断普及，越来越多的人喜欢上摄影，更多的人尝试用Photoshop处理一些不满意的图片，达到自己想要的效果。Photoshop能够完成照片的扫描与输入，校色、图片修正，再到输出等一系列工作，适合各种各样照片的处理。UI设计（或称界面设计）是指对软件的人机交互、操作逻辑、界面美观的整体设计。UI设计是近几年新兴的领域，受到越来越多的人的欢迎与重视，Photoshop有很强大的功能，可以设计出炫酷的作品，受到许多UI设计师的喜爱。

随着时间的推移，Photoshop的版本也在不断地更新换代，但是各代Photoshop版本几乎都可以满足我们在研学旅行手册中的设计需求，各版本的使用界面及大部分功能都是通用的，所以不用担心使用版本的影响。使用者可以通过连接互联网，进入Adobe公司的官方网站进行软件购买、下载和安装。

Photoshop的学习是一个需要持之以恒的过程。首先，学生需要掌握基本的计算机软件技术，了解专业知识的基本概念与基本功能的设置，熟悉模块之间的联系，奠定扎实的理论基础。其次，学生需要通过不断地实践演练，掌握软件操作规律，在学习中不断总结知识，归纳相同类型的处理方法，通过理解概念，掌握一系列的快速操作。最后，学生需要开拓发展思维，在了解基本概念和掌握操作规律之后，进一步深化学习，达到举一反三的效果。

资料来源：佚名.PS介绍——PS的心动初体验［EB/OL］.［2021-12-27］. https：//baijiahao.baidu.com/s?id=1720280479296987413&wfr=spider&for=pc.

任务评价

通过实施以上步骤，是否达成了该项任务目标呢？请对完成任务的情况作出评价（见表2-34）。

表2-34　本任务评价参考表

实施步骤	完成情况			
	优	良	中	差
统筹研学手册内容				
制作手册相关图表				
明确注意事项				
设计研学手册封面				

随堂练习

一、单项选择题

1.向研学旅行学员个体发放的一本辅助学习记录手册被称为（　　）。

A.研学旅行课程　　B.研学旅行课本

C.研学旅行教材　　D.研学旅行手册

2.研学旅行手册在设计制作时要考虑手册开本大小，也要考虑到学员使用过程中应为其留出记录的空间，这体现了它（　　）的设计原则。

A.内容系统化　　B.形式自主化

C.使用便捷化　　D.手册数字化

3.研学旅行手册编制的流程主要包括：确定研学活动主题、制定研学活动目标、（　　）、确定研学课程活动框架、确定研学课程活动内容、设计与编制研学旅行手册几个主要环节。

A.制定研学课程主题　　B.明确研学课程方法

C.设计研学课程流程　　D.筛选研学活动资源

4.研学旅行手册中整体研学旅行活动介绍包括活动介绍、行程安排、（　　）、安全须知等多个组成部分。

A.行前准备　　B.知识准备　　C.物资准备　　D.物料准备

5.以下不属于研学工具表的是（　　）。

A.学生信息表　　B.教师信息表　　C.分车信息表　　D.教学评价表

二、多项选择题

1.研学旅行手册的性质包括（ ）。

A.研学旅行活动的实施纲要　B.师生教学活动的指导工具
C.学习效果检测的实证依据　D.学生学习过程的辅导教材
E.学生自费购买的校本教材

2.研学旅行手册设计原则包括（ ）。

A.内容系统化　B.形式自主化　C.使用便捷化
D.手册数字化　E.格式标准化

3.整体研学旅行活动介绍中知识准备的内容包括（ ）。

A.生活物资准备　B.学习资料准备　C.生活知识准备
D.文化知识准备　E.心理知识准备

4.解读研学课程方案时，主要关注的内容包括（ ）。

A.了解学生的学情　B.掌握研学课程主要教学目标
C.掌握教学方式及重难点　D.掌握课程的实施过程
E.掌握研学安全要求

5.研学手册的课后内容设计主要包括（ ）。

A.研学作业的完成　B.研学成果的展示　C.研学成绩的认定
D.研学课程的实施　E.研学方法的拓展

三、判断题

1.研学目标的编制一方面要分析学情，从学生的认知与能力的基础出发；另一方面要分析研学资源是否有让学生实现目标的基础条件。（ ）

2.研学旅行手册的内容一般包括两个部分，分别为整体研学旅行活动介绍及研学旅行课程活动设计。（ ）

3.研学旅行手册中安全须知的内容有统一设计要求和标准，直接带入相关标准进行撰写即可。（ ）

案例共享

研学旅行手册设计案例节选——“踏行博物馆，对话大自然”

无论学习过程还是教学过程，都有准备、实施、总结等步骤。研学旅行中，也有出行前的准备阶段、实地旅行的研究阶段、旅行结束的总结阶段。研学手册是研学旅行活动最好的载体，它能将活动过程具体化、研学活动成果实物化，还能为学生提供研学旅行中的思维框架。行前的知识储备、行中的实践探究、行后的思考感悟，每个阶段都涉及文化的汲取、知识的摄入和能力的培养。研学手册要为学生提供研学旅行各个活动阶段所需的思维框架，呈现在研学手册里的就是“行前思”“行中研”“行后悟”这三个方面。

以小学中高年级研学旅行活动的研学手册“踏行博物馆，对话大自然”为例进行介绍。此行目的地是大连自然博物馆，在去自然博物馆之前，行囊里都要装些什么呢？研学手册中“行前思”准备阶段给学生的引导语是“装点行囊，准备出发”，引导学生思考准备什么能让自然博物馆之行更顺利、更有收获；“行中研”实施阶段给学生的引导语是“背起行囊，对话自然”，提示学生实践活动进行时需要带着各种工具去探索自然知识；“行后悟”阶段给学生的引导语是“整理行囊，满载而归”，提示学生把活动中收集的信息和自己的收获整理好。一次研学旅行的结束是为了另一次更好的出发。所以，在研学手册的最后还设计了一个环节，即“发现新大陆”，这让研学旅行活动有拓展和延伸。研学手册的整体框架，如图2-8所示。

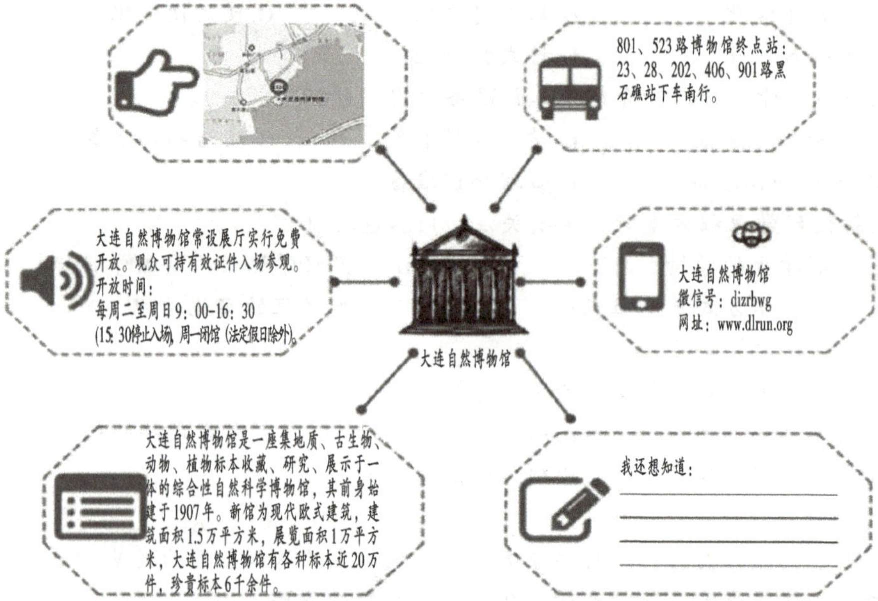

图2-8 “踏行博物馆，对话大自然”研学手册的整体框架

针对场馆研学旅行课程的特点，研学手册里设计了“场馆路线图”（如图2-9所示）。读图、析图是学生必备的能力，考虑学生的年龄特点绘制出生动、活

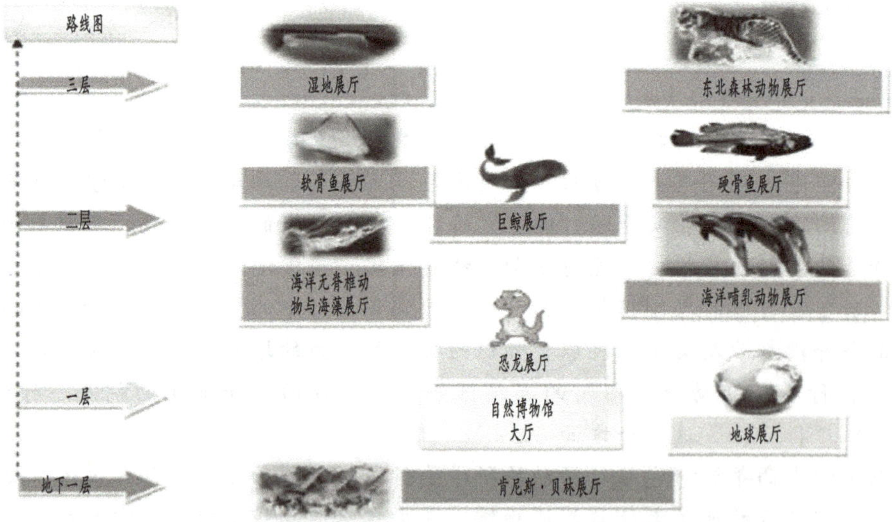

图2-9 研学手册中设计的“场馆路线图”

泼、形象的场馆地图有利于学生初识场馆展厅设置，学生在出发之前头脑中也能有简单路线规划。通过“场馆路线图”的学习，培养学生正确观察路线图、全面完整识别路线图、多角度分析路线图的能力，为以后的学习和生活打下基础。

研学旅行实践阶段结束，并不是整个活动的完结。研学活动的总结阶段是非常重要的课程学习阶段，也是很多活动组织者容易忽视和轻视的阶段。在研学手册里将活动结果呈现方式设计成“展示大转盘”（如图2-10所示），以可视化图形展示研学成果。

图2-10　研学手册中设计的“展示大转盘”

研学旅行活动评价主要评价学生综合素质和核心素养等重要内容，教师要以促进学生综合素质提高和核心素养持续发展为目的来设计与实施研学旅行活动评价，坚持评价的方向性、指导性、客观性和公正性等原则。考虑到此次研学旅行活动的主题是自然博物馆，在量化评价活动成果的时候，设计了“研学攀高峰”的评价方式。根据学生活动成果展示方式的得分，做可视化图形进行量化，图例（如图2-11所示）中将国内外几大著名山峰的海拔高度作为得分坐标，学生计算“展示大转盘”的得分总和，标记自己在“研学攀高峰”的所处位置。以攀登山峰的具象方式去量化评价，一改数据评价的枯燥与呆板，学生兴致盎然地将自己的活动展示成果作为活动评价，既可以看到自己的优势与不足，又可以看到研学旅行中自己的学习效果。

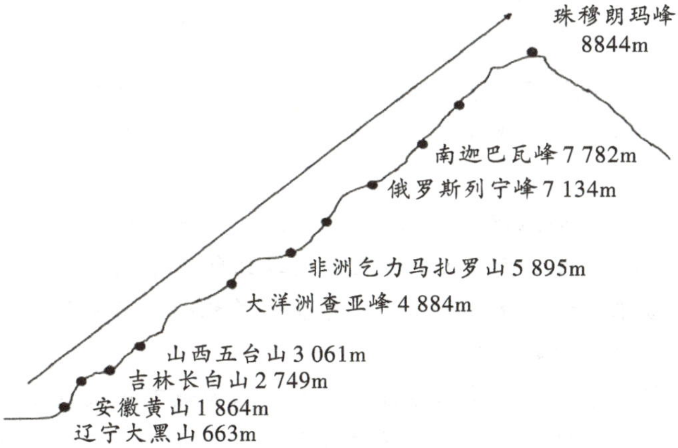

图2-11　研学手册中设计的图例

针对研学手册功能的拓展，在研学手册结尾处设计了新视窗——“发现新大陆”环节，作为此次研学活动的拓展延伸。笔者为学生提供了大连贝壳博物馆、大连现代博物馆、北京自然博物馆、上海自然博物馆的图片和文字简介（如图2–12所示），以此来激发学生研学兴趣，给他们提供下一步到博物馆进行研学的学习方向。

北京自然博物馆

北京自然博物馆位于首都南城中轴线上的天桥地区，背靠世界文化遗产天坛公园，面对现代化的天桥剧场，具有特殊的文化环境。它的前身是成立于1951年4月的中央自然博物馆筹备处，1962年正式命名为北京自然博物馆。

北京自然博物馆是新中国依靠自己的力量筹建的第一座大型自然历史博物馆，主要从事古生物、动物、植物和人类学等领域的标本收藏、科学研究和科学普及工作。北京自然博物馆馆藏文物、化石、标本10多万件。自然博物馆有四个基本陈列和一个恐龙世界博览。馆藏大型整体古哺乳动物化石数量居世界第二，黄河古象化石、恐龙化石名扬海内外。

图2–12　研学手册中设计的“发现新大陆”

资料来源：李可为. 研学旅行手册设计案例节选——“踏行博物馆，对话大自然”[EB/OL].[2020-09-04]. https://zhuanlan.zhihu.com/p/215909740.

分析提示

请思考：请根据所学知识，想一想本案例中研学手册设计的成功之处。

思而行远

《北京市红色研学旅行课程指南》发布上一堂生动的红色研学体验课

近日，一堂红色研学模拟课在北京图书大厦举办，国家级金牌导游、文化和旅游部人才中心研学指导师考评员赵东勋身着八路军军装，向现场观众介绍了北京的红色旅游资源。

作为北京市委宣传部组织的“红色经典 献礼百年”主题系列活动之一，此次“传承革命精神 研学红色北京”互动体验课通过红色研学模拟课、红色故事有奖问答、红色研学体验课，向公众宣传了中小学生研学旅行，尤其是红色研学旅行在立德树人、培养人才中的重要意义。

文化和旅游部人才中心研学指导师考评员、旅游教育出版社特聘专家李岑虎表示，红色研学旅行是以研学旅行的方式将红色教育内容融入中小学研学旅行中，引导学生走红色之路、探红色之源、访红色之迹、接红色之棒，是具有深刻内涵的校外红色主题教育，更是学校教育教学的重要内容，是立德树人、实践育人的有效途径。

赵东勋说：“丰富的红色资源是中国共产党艰辛而辉煌的奋斗历程的见证，凝聚其中的革命精神更是中国人民弥足珍贵的精神财富。我们要用好红色资源、传承红色基因、赓续红色血脉，把祖国守护好、建设好。”

“中国共产党是哪一年成立的？是在哪里成立的？”“鲁迅先生的著名文章《记念刘和珍君》揭露的是哪一次事件的真相？”“‘铁肩辣手’的邵飘萍在北京办的是什么报？”……在红色故事有奖问答环节中，一个个问题吸引现场观众争相作答，气氛热烈。一位小学生表示，通过听讲解并参与有奖问答，自己了解了很多红色故事和知识，这堂课上得很有意义。

活动中，由旅游教育出版社出版的《北京市红色研学旅行课程指南》（以下简称《指南》）一书首次亮相。研学旅行教育专家王彬表示，研学旅行是在中小学开展革命传统教育的最佳形式之一，《指南》对北京地区的红色研学资源进行了梳理，一共遴选了北京31个红色研学基地，包括市区的北大红楼、李大钊故居，郊区的二七纪念馆、香山双清别墅，还有远郊山区的白乙化烈士陵园、平北抗日战争纪念馆等，类型多样，涵盖了中国共产党在新民主主义革命时期各个阶段的历史印记。

作为《指南》的编者之一，赵东勋介绍，《指南》深入挖掘了红色研学基地背后生动感人的革命故事，并根据每个基地的特点，设计了学生更喜欢、更乐于接受的革命传统教育类研学旅行课程。比如，在李大钊故居，设计了“播火者李大钊”研学情景剧；在“平北红色第一村”设计了“我给八路军叔叔做军鞋”体验活动；在没有共产党就没有新中国纪念馆设计了红歌演唱等环节。研学课程形式多样、参与性强，为研学机构、教师、导游开展研学旅行提供参考。

为了增强红色研学课程的生动性，北京延庆自然保护地管理处副主任刘雪梅给现场观众带来了一节红色研学体验课“我给八路军叔叔做军鞋”。刘雪梅的爷爷刘茂宣是抗日“孤胆英雄”刘文科的战友。刘雪梅不仅给现场观众讲述了先辈们的抗日故事，还把鞋帮鞋样等道具搬到了现场，教授大家如何制作军鞋，让观众了解抗日战争中八路军作战条件的艰苦，以及军鞋中所饱含的人民群众对子弟兵的深情。

活动现场，专家们对红色研学基地的研学课程开发提出了诸多建议。

王彬表示，红色研学旅行重在引导中小学生通过参观、讨论、探究、体验，感受革命先辈为国为民的精神，让他们从小在心中种下红色种子、树立红色理想。

提高红色研学旅行教学质量非常关键。对此，李岑虎认为，一是坚持以中国共产党革命理论和精神为指导，确保整体活动的思想性、政治性。二是始终围绕红色目标开展活动。红色研学旅行课程的总目标是立德树人，传承红色基因，赓续红色血脉。红色研学旅行教学全程都要围绕这个总目标开展。三是发挥带头作用。整个研学旅行过程，要始终发挥共产党员、班干部、共青团员、少先队员等模范人物的带头作用，引领全体学生全身心投入到红色研学旅行中来。此外，还应遵循学校教育教学规律，突出参与实践环节，坚持小组学习与个人学习相结合，积极调动学生积极性和主动性，并将研学评价、安全教育贯穿始终。

资料来源：王诗培.《北京市红色研学旅行课程指南》发布——上一堂生动的红色研学体验课［N］. 中国旅游报，2021-09-07.

任务拓展

请阅读以下研学旅行手册中某一课程活动的编写案例（节选），以4人为小组，分析此研学旅行手册设计中已体现出哪些必要的内容，哪些内容设计仍需要进一步改进。

第三天　气逾霄汉 玉楼金殿

秦始皇陵兵马俑：秦始皇陵兵马俑（如图2-13所示）是世界考古史上最伟大的发现之一。1974年7月15日，省文物局派出了秦俑考古队开赴发掘现场。在965平方米的试掘方内清理出与真人真马相仿的陶俑500余件，陶马24匹，木质战车6乘和大批青铜兵器、车马器。通过试掘和钻探，一号兵马俑坑总面积14 260平方米，内含陶俑、陶马约6 000件。1978年，法国前总理希拉克参观后说："世界上有七大奇迹，秦俑的发现，可以说是第八大奇迹了。不看秦俑，不能算来过中国。"从此秦俑被世界誉为"第八大奇迹"，目前已挖掘出3个俑坑。秦始皇兵马俑陪葬坑，是世界最大的地下军事博物馆。

图2-13　秦始皇陵兵马俑

明城墙：早在明王朝建立前，当朱元璋攻克徽州后，一个名叫朱升的隐士便建议他"高筑墙，广积粮，缓称王"。朱元璋采纳了这些建议。当全国统一后，他便命令各府县普遍筑城。朱元璋以为"天下山川，唯秦中号为险固"。西安古城垣是由都督濮英主持，在唐皇城旧城基础上扩建起来的。明代扩建后的西安城墙（如图2-14所示）高12米，顶宽12～14米，底宽15～18米。城墙每隔120米修敌台一座，突出在城墙之外，顶与城墙面平。这是专为射杀爬城的敌人设置的。敌台之间距离的一半，恰好在弓箭的有效射程之内，便于从侧面射杀攻城的敌人，城墙上共有敌台98座。

图 2-14　西安明城墙

1. 每个兵马俑的发式、服饰、神态、动作都不一样，从中可以判断出兵马俑的身份和兵种。图 2-15 中的这几个兵马俑，你能判断出它们的身份和兵种吗，说说你判断的依据（从服饰、发式、动作等方面）。请依据所给的兵马俑图片，设计一个兵马俑，要符合当时的历史。

①__________　②__________　③__________　④__________

图 2-15　兵马俑

图①____________________________________

图②____________________________________

图③____________________________________

图④____________________________________

2. 请模仿兵马俑的动作和神态，和同学们一起来个“兵马俑 cosplay 合影”，看谁解锁得更多！

3. 当你结束在明城墙上的徒步后，联想古人在当时修筑将近14千米的城墙，说说自己的感受。（可以从古代劳动人民的智慧、底层百姓的辛苦、古人的军事战略、城墙建筑结构等方面来谈）

4. 活动地图：有几位外国友人要游览明城墙，请你帮他们设计一下游览路线。与外国友人交流前，请用英文简单介绍自己。

英文自我介绍：

明城墙游览路线：

5. 数一数西安明城墙有多少个门？每一个门都见证了历史的变迁，代表了具体的含义，请选择某一个门写出它的含义。

任务七　完善研学旅行保障任务

任务概述

微课2-13

完善研学旅行保障任务

研学课程实施过程中最大的威胁就是安全问题，必须遵循“安全第一、预防为主、保障充分、教育有力”的原则，在研学旅行前敲定完善的研学服务细节，制定切实有效的安全应急预案，进行全面细致的安全隐患排查，选择合理合法的保险方案，确保研学课程万无一失。

素质目标

1. 培养理论思维能力；
2. 提高组织合作能力；
3. 提高社会参与度；
4. 培养安全意识和科学思维。

知识目标

1. 掌握研学旅行保障的原则。
2. 掌握研学旅行安全应急预案的内容。
3. 掌握保险选择的要点。

能力目标

1. 能够完成研学旅行的安全保障服务。
2. 能够制定研学旅行安全应急预案。
3. 能够为研学学生购买保险。

理论知识

一、研学旅行保障的内容

研学旅行课程与其他课程最本质的区别在于课程实施环境的复杂性，安全问题成为社会和家长普遍关注的重要问题，因此课程服务保障体系要更加完备，服务标准要更加规范。目前，研学旅行的安全问题主要有以下两类：

一类是学生主观行为所导致的安全问题。其产生的根源是学生，需要从学生自身的角度着手解决。研学旅行的主要对象是小学、初中、高中等未成年学生，这一群体通常年龄较低，行为观念不太成熟，群体活动可控性较弱，安全意识与安全素质较为欠缺。研学旅行实践证明，解决安全问题应该从学生的自身入手，以团队建设、小组合作机制和研学旅行的课程设计来保障学生的安全。在解决研学旅行活动中由学生主观行为所导致的安全问题上，应以团队精神来促使学生遵守相关的规定和规则，保障小组合作机制的正常运行，保证不出现人为的主观因素所导致的安全问题，比如可设计“找寻走散的同伴”“如何管理好自己的财物”“团队建设设计”等主题活动。

另一类是非学生主观行为所导致的安全问题，包括学校方面的组织、交通及食宿等问题，以及不可抗力因素所导致的问题。其产生的根源是相关部门没有尽职尽责或者受到不可抗力因素的影响。非学生主观行为所导致的安全问题基本是因为没有按照安全管控原则来提前规避，应增强学生安全意识、提高其安全能力，以防患于未然的姿态加强安全教育的力度与强度，引导学生加强自身安全知识的提升和培养，了解研学过程中的潜在风险，加强对风险的关注，提升风险应对能力。

结合《关于推进中小学生研学旅行的实施意见》的内容，各地要制定科学有效的中小学生研学旅行安全保障方案，探索建立行之有效的安全责任落实、事故处理、责任界定及纠纷处理机制，实施分级备案制度，做到层层落实，责任到人。对不可抗力因素所导致的安全问题，我们只能把日常教育教学中的安全教育问题落到实处，增强学生的安全意识，提高学生的相关自救能力。

二、研学旅行保障的原则

研学旅行要做的是安全、有序、妥当地组织几百名未成年人进行为期数天的学习，这期间涉及衣、食、住、行的各种细节，以及飞机、火车、大巴等多种交通工具的周转，所以必须有详尽规范、严格统一的管理规则和每日的总结调控。研学旅行保障的基本原则包括：

1.教育性原则

从事旅游的工作者，习惯于从旅游产业的角度把研学旅行称为旅游。旅行与旅游有着本质的区别。旅行侧重带着任务、目的去考察，旅游侧重游玩。研学旅行最终目的是帮助学生成长，其归宿是教育。教育体现在研学旅行过程中的一事一物、时时处处。

2.实践性原则

研学活动倡导动手实践。北京市教委印发的《北京市初中开放性科学实践活动管理办法（试行）》中提到，每次活动不少于2/3的时间用于学生动手实践和科学探究。活动要重体验、重实践、轻说教。

3.安全性原则

安全是1，其他是0。没有1，再多0也没有意义。无论在哪个国家、哪个民族，只要关系到学生的相关活动，安全永远是第一位的。在《关于推进中小学生研学旅行的实施意见》中，“安全”一词出现次数最多，达23次。这是教育主管部门关心、校长担心、家长揪心的核心。确保安全是开展研学旅行活动的基本前提。

4.公益性原则

研学旅行活动不得开展以营利为目的的经营性创收，鼓励免费接待贫困家庭和建档立卡学生。内蒙古自治区要求各研学基地免费项目的数量不少于总项目数的

50%。实现公益性的办法是，政府拨一点、学校贴一点、承办机构减免一点、社会赞助一点、家庭支付一点。

任务实施

听到学校要组织孩子们进行研学旅行时，许多家长第一时间担心的就是安全问题，因为中小学生的生理和心理发展还不够健全，遇到紧急情况时可能无法妥善处理。出于对孩子安全问题的担忧，许多家长对研学旅行持观望态度，研学旅行的推进和发展也因此受到了一些阻碍。但是，这种忧虑并不是不能消解的。研学旅行的策划人员应当采取适当的措施和方法规避安全风险，制定安全预案，为研学旅行的顺利开展提供安全保障。如何做好安全保障呢？这涉及研学活动的方方面面。

步骤一：确定研学服务细节

（一）在研学路线和研学环节的策划中，应当尽量规避可能出现的风险

有些研学路线可能涉及水、电、跌落等危险，在设计课程时要引起注意，尽量调整路线或采取相应安全措施。其中也包含食品安全、住宿安全等问题，不应只局限于研学地点和活动的安全性。同时，应配备足够的随行老师、导游或陪护人员，保证研学的顺利开展。

（二）加强责任划分，落实相关活动责任人

1.研学途中的责任划分

研学旅行涉及的环节多，需要考虑的问题涉及方方面面，若未提前划分好责任，可能会出现某个区间无人负责的情况，如上下车时的人数清点、交通安全、食品安全等，研学旅行的组织策划人员应当集思广益，充分考虑可能发生的各种情况，将每项工作责任落实到个人。

2.研学前的责任落实

学校应当确认参与研学旅行的师生购买了意外险，确认已投保校方责任险，并与家长签订安全责任书，与受托开展研学旅行活动的企业或机构签订安全责任书，从而落实各方责任。

步骤二：制定安全应急预案

为了实现立德树人的育人目标，中小学校应该根据自身的实际情况制定有效的中小学研学旅行安全应急预案，这是预防中小学生研学安全事故发生的有力举措。下面将研学旅行安全应急预案的制定拆解成五个步骤，分别加以说明。

（一）危险性分析

在研学旅行活动前期对相关风险应进行有效识别及分析，并针对不同类型风险做好应急预案及培训演练，这对于降低学生在研学旅行活动中的安全风险十分必要。

具体来说，对研学旅行可能的隐患进行危险性分析，需要界定出研学旅行活动

目的地及过程中哪个区域或部分是危险源，以及危险性质、危险程度、存在状况、转化条件、危险源转化为突发事件的过程规律、发生危害的可能性、后果的严重程度，依照此进行风险评估和选择对应管理手段来解决。可以通过制作安全风险综合分析表（见表2-35）说明研学旅行的安全隐患。

表2-35 安全风险综合分析表

风险识别	危险源	哪里有风险
	危险性质	具体是什么风险
	危险程度	高、中、低
风险分析	存在状况	目前的状况
	转化条件	外在诱因
	危险源转化为突发事件的过程规律	过去、现在、未来
风险评估	发生危害的可能性	高、中、低
	后果的严重程度	高、中、低

通常可以考虑下列因素：

1.历史情况与地理因素等

历史情况与地理因素等是指研学旅行前往区域所处地理位置以及以往发生过的紧急情况，包括火灾、危险物质泄漏、极端天气、交通事故、地震、飓风、龙卷风等。

2.技术问题

技术问题主要是指研学基（营）地基础设施状况、安全系统失灵、通信系统失灵等。

3.人为因素

人为因素是指工作人员配置、培训情况、有可能发生的工作失误问题等，以及学生年龄与研学旅行课程之间的安全风险系数问题等。

4.管理因素

管理因素是指管理机制、体系与职责是否清晰，企业及人员是否有经验等。

5.管制因素

管制因素是指分析紧急情况，考虑出入禁区、空气或水受到污染、发生爆炸、建筑物倒塌、化学品泄漏等情况导致的后果。

（二）组织结构及职责任务

《关于推进中小学生研学旅行的实施意见》要求各地要制定科学有效的中小学生研学旅行安全保障方案，探索建立行之有效的安全责任落实、事故处理、责任界定及纠纷处理机制，实施分级备案制度，做到层层落实，责任到人。

教育行政部门负责督促学习落实安全责任，审核学校报送的活动方案（含保险方案）和应急预案。学校要做好行前安全教育工作，确认出行师生已购买意外险，投保校方责任险，与家长签订安全责任书，与委托开展研学旅行的企业或机构签订安全责任书，明确各方安全责任。旅游部门负责审核开展研学旅行的企业或机构的准入条件和服务标准。交通运输部门负责督促有关运输企业检查学生出行的车、船等交通工具。公安、食品药品监管等部门负责加强对研学旅行涉及的住宿、餐饮等公共经营场所的安全监督，依法查处运送学生车辆的交通违法行为。保险监督管理机构负责指导保险行业提供并优化校方责任险、旅行社责任险、人身意外伤害险等相关产品。

依照以上基本要求，本任务中的组织结构是指学校、研学旅行服务企业（机构）在开展研学旅行过程中，为明确各方职责任务而设立的小组。构成单位和人员要做到分工明确，职责明晰；应急指挥中心（小组）应明确总指挥、副总指挥、各成员单位及相应职责，按照研学旅行过程中安全工作的客观要求，对安全范围和方法制定对应的安全管理工作制度。

（三）预防与预警

为应对研学旅行过程中的安全问题，需要建立相应的预防与预警机制加以演练，以保障学生出行的安全，有效预防和应对研学过程中的突发事件，避免和降低突发事件造成的危害，消除负面影响。

研学旅行关联业态多、参与学生人数多、服务机构服务环节多，其安全服务内容涉及活动课程安全、交通安全、食品安全、住宿安全、身体安全、心理安全、财产安全、目的地安全等多个方面，这就需要对不同危险源进行分析，明确对危险源监控的方式、方法以及采取的预防措施，进而实施安全预防布控，对预警信息进行报告和发布预警信息，在制订预案时，应明确报告和处理预警信息的流程、内容和实现方式。

（四）应急响应与事故处置

研学旅行应急响应指在研学旅行过程中当某一突发事件的紧急状态达到响应级别时，启动预先制订的应急预案，针对突发事件实施紧急救援的过程。在预案中需要明确应急响应和事故处置流程。

在研学旅行安全应急预案中，应规定不同级别应急响应的条件、响应的机构和具体要求。本任务将常见的应急响应按照伤害发生的程度分为一般轻伤事故类型（四级响应）、较大重伤事故类型（三级响应）、重大死亡事故类型（二级响应）与特别重大事故类型（一级响应）。在事故发生时需要第一时间展开救助，并报指挥中心根据事故类型判断响应级别，同时启动保险理赔程序及应急预案，直至突发事件处置结束。

根据《中华人民共和国民法典》《旅游安全管理办法》和《学生伤害事故处理办法》的规定，研学旅行组织机构在事故发生后，针对研学旅行安全事故发生的情况应按下列程序处理：第一，组织协同配合开展对研学旅行者的救助及善后处理，防止二次安全事故的发生；第二，依据事故的等级逐级上报，一般先上报主办方学校，再由学校决定是否继续上报县市，并进行救助现场影像记录工作，以备后期调查取证；第三，配合相关部门协同调查，依法对应当承担事故责任的单位或责任人进行处理；第四，做好研学旅行事故善后处理，协助责任方按照国家有关规定对事故伤亡者进行抚恤与补助、经济赔偿等问题的解决，联系保险公司办理保险理赔工作。

（五）监督管理及综合保障

督查评价是实现研学旅行科学管理、高效实施的有效手段。要围绕研学旅行开展监督，健全完善督查规章制度，尤其是安全督导制度，不断规范工作流程。要充分发挥综合协调工作机制，加强部门沟通、协调和配合，合理调度各单位发挥专业优势，共同开展督促检查，增强督查办工作的权威性。要对研学旅行的科学开展进行指导和帮助，以督促管、以督促改、以督促进，以更好地实现研学旅行目标。

编制研学旅行安全预案，在安全综合保障方面需要考虑队伍保障、经费保障、物资装备保障、通信与信息保障等，并根据出行规范要求写入预案。

编制研学旅行安全预案时，应对本单位人员开展的应急培训计划、方式和要求等作出安排，同时把奖惩制度编入安全预案中，明确应急工作中奖励和处罚的条件和内容等。有安排研学旅行事故防范演练计划的，应当在编制预案时，明确应急演练的规模、方式、频次、范围、内容、组织、评估、总结等内容。

微课 2-14

研学基地安全隐患排查

步骤三：排查研学安全隐患

安全是研学活动中一切教育教学活动的基本目标，也是研学活动有效开展的基本保障。研学旅行过程中研学指导师要坚持安全第一原则，将学生的安全工作放在首要的位置。

“安全第一”原则就是要处理好安全工作与研学旅行的关系，为保障师生人身和财产安全，需要对住宿餐饮、研学场地、交通用车、师生健康、研学线路等开展全面安全隐患排查，以确保研学教育活动能够顺利开展。

（一）住宿安全隐患排查

研学旅行承办方要根据所在地区住宿地点的实际情况，与学校研学旅行指挥组勘察学校研学路线，可以从七个方面开展住宿安全隐患排查，与学校研学旅行指挥组沟通确定后，依据住宿环境制定符合学校要求的住宿安全实施预案细则。

研学旅行一般对住宿安全要求非常严格，应严格按照标准向入住地点负责人提出住宿相关要求，并逐一监督落实，做好研学旅行行前的安全排查工作。

1. 检查楼层安排

楼层安排排查时，应考虑到学生人数多、年龄小的特点，在楼层安排上要求：

（1）应选择较低楼层入住（建议 2～6 层），方便学生上下楼，便于入住管理及退房管理；当安全事故发生时，较低楼层还方便学生逃生。

（2）楼层安排应相对集中，不要过于分散，楼层不要过多，便于住宿管理与检查。

（3）学生所在楼层不要安排其他社会人员入住，便于集中管理，避免安全隐患。

2. 检查房间设备

房间设备排查时，必须按照所提供的住宿房号，逐一检查：

（1）房间门卡（锁）、内锁，是否完整、无破损，确保能够正常使用。

（2）房间内设施设备（如热水壶、电话、吹风机、热水供应、房间照明、电源安全、窗户安全等）是否能够正常使用，是否存在安全隐患。如发现房间内设施设备有损坏或缺失，及时督促工作人员解决处理或更换房间。

3. 检查入住人员

入住人员排查时，首先应告知入住地点负责人，学生所在楼层不要安排其他社会人员入住；其次，还要对楼层进行严格管理。入住人员方面要求：

（1）入住地点应安排专门安保人员对学生住宿楼层进行必要的巡视监控，确保楼层监控设备能够正常使用。

（2）严格限制陌生人随意出入学生楼层；如有必要，要求入住地点负责人对学生楼层启动电梯限制功能（到达指定楼层必须刷卡进入）。若有异常情况及时督促工作人员解决处理或更换房间。

4. 检查消防设施设备

入住地点的消防设施设备是安全应急保障的基础，应严格排查：

（1）每个房间必须贴有消防逃生路线图。

（2）必须按照入住人数配备防毒面具，且能够正常使用。

（3）楼道走廊应设置清晰的消防指示标志和必备的消防器材。

5. 检查消防通道

对入住地点的每个消防通道都要进行逐一检查：

（1）应确保入住地点的消防通道畅通。

（2）每个楼层的消防通道门，都应能够正常开启。

（3）消防通道应设有应急照明设备，且能够正常使用。

（4）组织学生进行必要的消防逃生演练时，入住地点应做好相应的服务保障工作。

6. 检查房间阳台

对房间内开放式阳台必须逐一进行安全检查：

（1）为学生提供的房间，最好不要有开放式阳台。

（2）如确实存在开放式阳台，必须保证阳台从内部锁死，撤走钥匙，避免学生私自打开，造成安全隐患。

7. 检查住宿地点周边环境

核实并确认入住地点的周边环境：

（1）最好远离闹市，便于住宿管理，避免学生私自外出。

（2）住宿地点周边不能有KTV、酒吧、洗浴按摩中心等娱乐服务场所。

（二）用餐安全隐患排查

研学旅行承办机构根据所在地区实际情况，在与学校研学旅行指挥组勘察线路时，应择优选择用餐地点，从五个方面开展用餐安全隐患排查，并结合餐厅及周边环境制定符合地方实际且满足学校要求的饮食安全实施预案细则。

研学旅行对用餐的要求也非常严格，研学旅行承办机构应按照标准向餐厅负责人提出用餐相关要求，并逐一监督落实，做好研学旅行行前的安全排查工作。

1.检查餐厅资质

研学旅行用餐安排，首先要选择拥有合法资质的用餐地点：

（1）餐厅必须符合《中华人民共和国食品安全法》的相关规定。

（2）食品采购、食品贮存、食品的加工与存放、餐厅从业人员卫生、剩饭剩菜的处理、食堂留样要求的记录、食品清洗和消毒、库房卫生、食品处理区（后堂）及餐厅的卫生等，都应符合国家相关标准的规定。

（3）每个餐厅从业人员都必须有相关健康证明。

2.检查餐厅接待能力

在审核餐厅实际的接待能力时，需要餐厅提供并展示过往的接待案例，证明自身具备接待研学旅行团队的丰富经验和真实实力。

（1）提供接待过往团队的意见反馈单，以此证明餐厅具备相关的经验及能力。

（2）以同等人数或同类型团队的接待经验作为参考，以此来降低用餐风险。

3.检查用餐环境

检查用餐环境的主要内容包括：

（1）确认餐厅是否具备接待研学团队同时用餐的场地。

（2）用餐场地是否集中，不能过于分散，学生不能设置独立包间，以便于管理。

（3）餐厅不应选择较高楼层，方便学生进出，避免安全隐患。

（4）前往用餐地点应有步行楼梯，学生禁止使用直梯电梯。

（5）确保餐厅消防通道畅通。

（6）餐厅应保证用餐环境干净整洁，定期消毒，卫生无死角。

（7）确认餐厅是否有专用停车场方便学生团队上下车。

（8）确认餐厅与研学活动地点的车程距离、车程时间是否在合理范围内。

（9）确保行车线路道路畅通、便捷；提前了解餐厅附近的医院情况。

4.检查餐厅设施设备

检查餐厅设施设备的主要内容包括：

（1）检查餐厅用餐桌椅是否完好。

（2）餐具是否符合《中华人民共和国食品安全法》的相关规定。

（3）确认用餐地点无安全设施隐患，如较深的鱼池、明火、汤锅、不符合安全标准的台阶、露天露台等。

（4）桌号牌按照顺序摆放，桌号牌清晰、辨识度高。

（5）餐厅应具备一定规模的舞台、音响设备、背景屏幕（方便团队在餐厅组织生日会或互动活动）。

（6）卫生间应提供洗手消毒设施（如洗手液、消毒纸巾等）。

5.检查过往菜品留样情况

检查过往菜品留样情况的主要内容包括：

（1）检查餐厅过往的菜品留样记录表。

（2）检查过往菜品留样是否对时间、菜名等留样状况进行了详细登记、造册，有无负责人签字，是否有完备的相关记录。

（3）餐厅对外供应的所有食品、成品应安排专人负责，做好留样工作。

（4）检查食品留样是否放在清洗消毒后的密闭专用容器内，在冷藏条件下存放48小时，每个品种留样量不少于100克。

（三）研学基地安全隐患排查

针对研学基地这一研学课程实施的场所，进行安全保障措施的落实，需要从研学基地设施设备、研学课程使用的设备、基地消防安全设施、研学活动场地条件四个方面开展安全隐患排查，设立安全应急预案，努力做到万无一失，确保学生研学活动的安全。

研学基地安全保障是研学课程活动顺利开展的关键，对研学基地的安全要求也非常严格，研学旅行承办机构应按照标准向研学基地负责人提出相关要求，并逐一监督落实，做好研学旅行行前的安全排查工作。

1.检查研学基地设施设备

检查研学基地设施设备的主要内容包括：

（1）检查研学基地的洗手间配备的数量是否能够满足研学团队使用，防止学生出现大规模排队上洗手间的现象。

（2）检查研学基地是否配备专用停车场，方便学生上下车。

（3）检查研学基地的内部道路交通设施是否完备，行车道路是否畅通、便捷。

（4）检查研学基地内部道路是否存在人车混行的安全隐患。

2.检查研学课程使用的设备

检查研学课程使用的设备的主要内容包括：

（1）检查学生研学活动用到的研学工具是否存在安全隐患，如学生用水用电的设备、竹雕用的刻刀、炒茶用的高温砂锅、挖笋用的锄头等。

（2）若需乘坐游船，救生衣是否准备充足，确保服装无损坏。

3.检查基地消防安全设施

检查基地消防安全设施的主要内容包括：

（1）检查研学基地的消防通道是否通畅，是否可正常使用。

（2）与基地负责人确认研学指导师及工作人员是否有消防疏散演练的经验。

（3）检查必要的安全应急标志是否准确、清晰、辨识度高。

4.检查研学活动场地条件

检查研学活动场地条件的主要内容包括：

（1）检查研学基地是否有独立的学生活动空间，研学课程教室、活动场地等。

（2）检查研学活动开展的场地是否存在安全设施隐患，如存在无护栏的水域、户外的喷水池、护栏缺失或松动、无明显安全提示标识的台阶等。

（3）检查野外场地线路标识是否清晰。

（四）交通车辆安全隐患排查

研学旅行承办方根据所在地区实际情况，选择旅游汽车作为交通工具时，在与研学旅行指挥组沟通后，可以从五个方面开展旅游汽车安全隐患排查，制定符合地方学习要求的交通安全实施预案细则。

1.检查相关资质

研学旅行出行前，要对车队及车辆相关资质进行审核检查，主要包括：

（1）车队是否具备营运资质。

（2）车辆是否具备道路运输许可证或省级道路运输经营许可证。

（3）司机是否具备驾驶证、客运从业资格证、旅游营运证等资质。

2.检查车辆状况

检查车辆状况的主要内容包括：

（1）提前确认车辆的类型（车辆座位数、车辆型号等）。

（2）检查车辆基本状况、与司机核实车辆年检情况。

（3）与司机核实车辆油料情况，确保油料充足。

（4）确保车辆行李舱空间充足，避免学生行李无处安放。

（5）检查车辆卫生状况，保证干净整洁，卫生无死角。

3.检查车辆基本设施

检查车辆基本设施的主要内容包括：

（1）检查车辆随车音响设备、麦克风是否能够正常使用。

（2）检查车载电视是否能够正常使用，以便车载教学使用。

（3）检查车辆超速提醒装置、GPS定位等设备是否能够正常使用。

4.检查车辆应急设备

检查车辆应急设备的主要内容包括：

（1）检查车辆上每个座位的安全带能否正常使用，并调整到位。

（2）检查车辆是否配备了专用消防安全锤、三角警示牌。

（3）检查车辆是否配备了随车灭火器，能否正常使用。

（4）检查车辆顶层求生窗是否能正常开启。

5.签署安全责任书

出行前，应与车队及司机签订安全责任书。责任书应明确各方安全责任、权利及义务，做到责权明晰，全面、详尽、准确。安全责任书的内容包括告知司机：行车时不能疲劳驾驶；不能超速驾驶；开车时不允许接打电话；开车时不允许吸烟；应文明礼让、安全驾驶；车辆停靠时注意安全；接送车时不得迟到；服务期间须着装整洁、得体；服务期间禁止饮酒等。

（五）师生健康情况排查

研学旅行承办方根据主办方的实际情况，需要主办方协助开展师生健康排查，在与学校研学旅行指挥组沟通后，可以从五个方面开展师生健康排查，制定符合学校要求的师生健康安全实施预案细则。

1.重点疾病排查

重点疾病排查的主要内容包括：

（1）出行前，家长应配合学校如实填写学生健康情况调查表。

（2）学校应及时了解学生的身体状况，如近期有无身体不适，有无特异体质、遗传性疾病史、食物过敏史、药物过敏史、花粉过敏史或其他生理异常状况等。

2.心理问题摸排

心理问题摸排的主要内容包括：

（1）出行前，学校要与各班带队教师核实排查各班是否存在心理状况异常的学生。

（2）心理状况不适合参加研学旅行的学生，应劝其不要随团出行，并提前告知学生及家长。

3.书面承诺签字

书面承诺签字的主要内容包括：

（1）出行前，主办方、承办方及家长须签订安全责任书（三方协议），将师生健康状况明确在安全责任书上。

（2）明确各方安全责任、权利及义务，做到权责明晰，全面、详尽、准确。

4.预防疾病提醒

预防疾病提醒的主要内容包括：

（1）出行前，应提醒家长根据学生的体质状况帮助其准备研学旅行中的必备药品。

（2）督促学生在研学中规范用餐，不私自购买外卖食品，不购买地摊食物。

（3）高温天气时，提醒学生进行户外运动前做好防晒措施。

（4）山区、郊外旅行时，提前通知学生做好避蚊驱虫准备。

（5）应合理安排研学行程，每天研学课程活动安排不宜过多、时间不宜过长，充分保证学生的睡眠与休息时间。

5.过程中健康监督与排查

过程中健康监督与排查的主要内容包括：

（1）告知学生出现身体不适要及时向带队教师或工作人员反映。

（2）研学旅行中，提示学生准备水杯，多喝温水，不食用冰水、冷饮等，并为学生准备矿泉水，每日多次提醒学生喝水。

（3）提前确认菜单，不安排凉菜、海鲜、豆类等可能引发胃肠疾病的食物。

（4）菜品荤素搭配，保证每日有充足的维生素与蛋白质摄入。

（5）进行日常健康观察，主动关心学生日常行为表现，发现异常应主动询问其身体状况。

（6）观察学生用餐情况，如发现个别学生正餐进食较少，应及时询问其具体情况，确认具体原因，妥善处理。

（7）若个别学生感觉身体不适，可以询问日常饮食等情况，做初步排查和健康监督。

（六）研学线路安全排查

研学旅行承办方根据研学旅行开展实际情况，选择研学线路时，在与学校研学旅行指挥组沟通后，可以从三个方面开展研学线路安全排查，制定符合学校要求的研学线路安全实施预案细则。

1.检查行车路况

检查行车路况的主要内容包括：

（1）出行前，一定要对研学线路进行安全核查。

（2）关注天气变化对路况的影响，如冰雪、大雾、暴雨、暴风等极端天气都会对行车造成安全隐患。

（3）进行研学行车线路各个路段的限高排查，避免交通阻碍。

（4）随时关注交通管制情况，避免对研学出行造成影响。

2.小交通换乘安全排查

涉及研学基地、景区内小交通换乘的情况，也要进行安全排查：

（1）对小交通换乘的车辆状况进行检查。

（2）对内部道路的安全性进行检查。

（3）对车辆的配置数量进行统计核查。

3.行走新路安全排查

行走新路安全排查的主要内容包括：

（1）实地踩线。研学中涉及徒步或骑行等的线路，如沙漠徒步、环湖骑行、戈壁穿越等，前期必须进行实地踩线。

（2）计算用时。要考虑到团队徒步的速度不同于个人，用时将大大增加。

（3）线路选择。要考虑不同年龄段的体力情况，匹配适合的研学线路。

（4）设置补给。要考虑研学线路的补给情况，根据线路长度，设置若干补给站。

（5）聘请向导。陌生线路必须雇佣当地向导（2人以上）。

（6）危险线路排查。要仔细勘察地形，远离沼泽、流沙、不明水域、岩壁、荒野、野生动物出没等地段。

步骤四：保险方案选择

《关于推进中小学生研学旅行的实施意见》明确要求研学旅行除要有安全保障机制外，出行前，承办方应为出行学生购买保险，利用保险保障职能，为研学旅行的学生保驾护航。

研学旅行的承办方以旅行社为主，虽然各旅行社均按国家规定投保了旅行社责任险，但从研学旅行的特点来看，旅行社责任险的保障范围相对较小，仅承担旅行社在组织研学旅行活动过程中因疏忽、过失造成事故所应承担的法律赔偿责任，而诸如紧急救援服务、学生自身疾病导致的身故、残疾和医疗责任以及对学生因个人原因导致的人身伤亡和财产损伤并不负赔偿责任，无法满足实际需要。所以，承办方在为学生选择研学旅行意外综合保险时，要从投保金额、保障范围、保障额度三方面综合考虑购买适合研学旅行特点的保险产品。

（一）研学旅行安全隐患分析

研学旅行过程中安全事故的发生原因比较复杂，往往各种内外因素交织在一起，主要存在以下风险：

1. 环境风险

研学机构需要具有专业性，并配有专业的研学指导师和设备等，需要有具体的安全保障措施以确保学生的安全。

2. 管理风险

研学机构的管理体系必须是完善、正规的，研学指导师必须是经过国家相关部门考核批准持证上岗的。

3. 法律风险

研学旅行的各参与方均不能出现触犯相关法律法规的行为。

4. 自然灾害等其他非人力可控的风险

在研学旅行中可能会遇到自然灾害等非人力可控的风险，需要专业的机构及时处理，保证学生的安全。

5. 学生及工作人员的自身行为风险

学生自身行为不当以及研学指导师的职业倦怠等都会影响学生在旅行中的学习质量，要对学生进行必要的安全教育，及时关注学生的身心健康，避免发生麻烦。

（二）确定保费

在为学生投保研学旅行意外综合保险时，首先应根据研学课程方案成本预算，确定计划人均投保保费金额。计划投保保费金额会直接影响保险产品种类的选择，从而也会间接影响保障范围、保障额度等因素。

（三）选择保险产品

根据实际情况，结合所有参考条件，进行保险产品的选择。另外，要对研学地点所处区域及活动内容进行安全风险评估，来确定保险方案的保障范围及重点。

（四）确定投保方案

选择合适的保险方案时，除了关注投保金额、保障范围、保障额度三方面外，还应在确认投保前关注保险生效时间，有的保险购买后1小时生效，有的保险购买后24小时生效。因此，在购买保险产品时应加以关注。

任务评价

通过实施以上步骤，是否达成了该项任务目标呢？请对完成任务的情况作出评价，见表2-36。

表2-36　本任务评价参考表

实施步骤	完成情况			
	优	良	中	差
确定研学服务细节				
制定安全应急预案				
排查研学安全隐患				
保险方案选择				

随堂练习

一、单项选择题

1.（　　）是研学活动中一切教育教学活动的基本目标，也是研学活动有效开展的基本保障。

A.安全　　B.教育　　C.体能　　D.健康

2.（　　）是实现研学旅行科学管理、高效实施的有效手段。

A.督查评价　　B.监督　　C.预案　　D.防控

3.为应对研学旅行过程中的安全问题，需要建立相应的（　　）加以演练，以保障学生出行的安全，有效预防和应对研学过程中的突发事件，避免和降低突发事件造成的危害，消除负面影响。

A.保障机制　　B.预防与预警机制

C.安全机制　　D.防控机制

4.（　　）是研学旅行顺利开展的重要环节。

A.教育　　B.消防安全设施

C.研学基地安全保障　　D.交通车辆安全隐患排查

5.研学旅行承办方根据（　　）的实际情况，需要（　　）协助开展师生健康排查

A.主办方、主办方　　B.主办方、承办方

C.承办方、主办方　　D.主办方、教师

二、多项选择题

1.研学课程实施过程必须遵循（　　）的原则，在研学旅行前确定完善的研学服务细节、制定切实有效的安全应急预案、进行全面细致的安全隐患排查、选择合理合法的保险方案，确保研学课程万无一失。

A.安全第一　　B.预防为主　　C.保障充分

D.教育有力　　E.学习至上

2.研学旅行是衔接学校教育与校外教育的新型实践教育模式，发展研学旅行，注重实践育人，让学生们在研学旅行中（　　）是素质教育发展的重要方向。

A.拓宽视野　　B.丰富知识　　C.培养能力

D.修炼态度　　E.终身锻炼

3.根据《中华人民共和国民法典》、《旅游安全管理办法》和《学生伤害事故处理办法》的规定，研学旅行组织机构在事故发生后，针对研学旅行安全事故发生的情况应按下列程序处理（　　）。

A.组织协同配合开展对研学旅行者的救助及善后处理，防止二次安全事故的发生

B.依据事故的等级逐级上报，一般先上报主办方学校

C.由学校决定是否继续上报市县并进行救助现场影像记录工作，以备后期调查取证

D.配合相关部门协同调查，依法对应当承担事故责任的单位或责任人进行处理

E.做好研学旅行事故善后处理，协助责任方按照国家有关规定对事故伤者进行抚恤与补助、经济赔偿等问题的解决，联系保险公司办理保险理赔工作

4.编制研学旅行安全预案，在安全综合保障方面需要考虑（　　）等，并根据出行规范要求写入预案。

A.队伍保证　　B.经费保障　　C.物资装备保障

D.通信与信息保障　　E.人员保证

5.“安全第一”原则就是要处理好安全工作与研学旅行的关系，为保障师生人身和财产安全，需要对（　　）等开展全面安全隐患排查，以确保研学教育活动能够顺利开展。

A.住宿餐饮　　B.研学场地　　C.交通用车

D.师生健康　　E.研学线路

三、判断题

1.研学旅行一般对住宿安全的要求非常严格，应严格按照标准向入住地点负责人提出住宿相关要求，并逐一监督落实，做好研学旅行行前的安全排查工作。（　　）

2.研学旅行应急响应指在研学旅行过程中当某一突发事件的紧急状态达到响应级别时，启动预先制定的应急预案，并针对突发事件实施紧急救援的过程。在预案中需要明确应急响应和事故处置流程。（　　）

3.为了实现立德树人的育人目标，中小学校应该根据自身的实际情况构建有效的中小学研学旅行安全应急预案，这是预防中小学生研学安全事故发生的有力举措。（　　）

案例共享

案例1：北京市二十一世纪国际学校九年一贯制“研学旅行”课程保障体系

研学旅行课程对学生发展的重要意义已经受到教育界同仁的广泛认可。在研学旅行课程实施中，最让学校担心的问题就是学生的安全。2016年12月教育部等11部门联合颁布的《关于推进中小学生研学旅行的意见》也明确指出：研学旅行要坚持安全第一。那么，如何有效提升研学旅行的安全性呢？

我校开发的九年一贯制研学旅行课程，包括“1～5年级京内主题研学”和“6～9年级京外文化研学”两部分。在课程实施中，我们从学生、学校、家长三个层面入手，总结了历年来研学旅行安全保障经验，形成了学生、学校、家长三位一体的研学旅行安全保障体系。

做好研学活动前的安全教育及演练工作

学生是研学旅行的主体，对其进行安全教育是保证研学旅行安全的重中之重。同时，研学旅行亦是学校实施安全教育的重要载体，其课程目标之一就是通过研学旅行让学生学会更多的安全知识和技能，培养学生的安全意识。

我校从以下三个维度开展学生的安全教育工作。

1.加强研学旅行安全教育

(1) 研学旅行手册助力安全教育

在学校制定的每一本研学旅行手册中，都有安全告知书。从出发前、集合上车、在火车上、下车集合、过马路，到入住宾馆、住宿、离开宾馆、用餐，再到研学旅行中考察与学习各环节，都给出了详细的安全建议和提醒。另外，还有各项活动的特别提示，比如在登泰山时，会有登山安全提示；在西湖游船时，会有游船安全注意事项等。每次研学活动前都要带领学生阅读学习研学旅行手册，让学生熟知每个时间段都做什么，需要注意哪些安全事项。

(2) 一起形成“研学公约”，让安全意识深入学生内心

除了利用研学旅行手册加强安全教育外，还需要通过面对面的沟通，把安全意识渗透到学生的心里。对于1～5年级京内主题研学，孩子们年龄小，知道的安全知识少，自制力较差，班主任老师会和孩子们在研学前一天，一起制定“研学公约”，引导孩子们自己总结安全注意事项，这比老师直接发给大家一张纸或是简单的口头强调效果更好。对于6～9年级京外文化研学，同时开设两条线路，采用选课的形式，由学生根据自己的爱好选择其中一条，由线路负责人召开学生安全动员会，重点强调乘车安全、饮食安全等，并结合踩点中发现的注意事项对学生进行教育。6～9年级的学生正值青春期，安全动员会要注意方式方法，要在平等协商的氛围中，让学生真心认同这些安全纪律。

2.平时组织安全自救培训

研学前的安全教育固然重要，但毕竟时间有限，对学生安全意识的培养、自救能力的训练还是应该落实在日常的学校教育中。在我校的十二年一贯制健康课程中，有很多内容能让孩子们合理应对研学旅行中可能出现的安全问题。如，我们请北京红十字会的专家对学生进行“如何止住鼻血，如何进行擦伤处理”的培训；请营养专家给学生讲如何就餐，才能保证自己的营养均衡等。

平时组织学生参加类似的培训，让学生形成较强的危险防范意识，掌握一定的处理技巧，可以有效预防与避免很多安全事故的发生。

3.适时开展研学旅行安全应急演练

火灾、地震这些大的灾祸，虽然发生的概率较小，但危险性极强。万一在研学旅行过程中遇到这些突发情况，孩子们年龄小，在紧急情况下会慌张，很容易造成严重事故。所以每当入住酒店时，我们会组织学生认真查看酒店平面图、带着学生走一遍安全通道，并根据情况适时开展安全应急演练。如在六年级荆楚文化——武汉线的研学中，就随机进行了一次消防演练。学生训练有素，在5分钟之内都到达了安全地点。这种应急演练，既能让学生更好地掌握逃生技能，又能培养学生沉着、冷静的心理素质，对学生的成长大有裨益。

做好研学活动中的安全保障工作

学校是研学旅行活动的组织者和实施者，在活动中要对研学旅行的安全负主要责任，我们主要从以下三方面做好安全保障工作。

1.利用三种踩点方式和公开招标，做好安全保障

研学基地的选择要考虑到研学旅行课程的目标、学生学情和研学旅行基地安全性等因素。具体实施时，踩点和招标是保证研学旅行安全性的两个重要方面。

（1）实地踩点

我校1~5年级京内主题研学与学生日常学习的主题式课程相对应，以培养学生爱家乡、爱生活为主要目标，所以选择北京市区的博物馆与公园等为基地，毕竟学生年龄小，长期外出旅行容易出现安全问题。我校老师会预先到研学基地进行考察，完善研学旅行实施方案。例如，小学二年级学生9月的课程学习主题是“重返校园”，以同在海淀区的清华大学为研学基地，非常合适。但清华大学有好几个门，好几条参观路线，走哪一条路线能更好地体现课程的要求？走每条路线要注意什么？这都是踩点老师要提前考察的。“水木清华”“荷塘月色”等代表性的著名景点，紧邻水域、道路狭窄，一些台阶比较陡。这些都要通过踩点才能提前发现，做好预案。

（2）“电话踩点”和“借鉴踩点”

6~9年级京外文化研学选择的是西安、杭州等城市的著名文化景点，因为距离比较远，实地踩点比较困难，我们采取了“电话踩点”和“借鉴踩点”相结合的方法。

电话踩点是指负责人与旅行社沟通好具体路线后，对每一天的行程，从车辆租用、住宿宾馆、餐饮酒店到每个景点附近的医院、派出所等信息，全部通过打电话的方式再核实一遍。特别是对交通、住宿、餐饮中最容易出现安全事故的环节，更要细中求细，考虑周全，这样才能保证把一切可能的不安全因素控制在可控范围之内。

借鉴踩点，一方面是指借鉴旅行社和景点网站上提供的安全注意事项；另一方面指借鉴本校教师在过去开展研学旅行时总结的安全注意事项。因为研学旅行的课程性，其课程内容在一段时间内不会发生太大变化，每年都会有同样的景点路线，这为我们实施借鉴踩点提供了可行性。

（3）公开招标

研学旅行课程一般要选择旅行社等相关单位来合作，我校每年会邀请家委会组成招标小组，统一开展公开招标。对于招标单位，要求有资质，有开展研学旅行的相关经验，并能根据我们的课程需要对行程进行合理地改进，这样才能保证实现学校育人的课程目标。

对于交通、住宿、餐饮等环节的合作单位，一定要具有正规的资质。以交通为例，车辆情况、驾驶员信息、出租公司的情况都需要相关机构提供详细的说明。此外，还要与相关公司签订责任书，清晰划分责任，这样不仅能提高其重视程度，更能在出现问题时及时、妥善处理。

2.制订各类应急预案

在研学旅行过程中，为了有效应对一些突发情况，每一条线路都要根据其特点，提前制订各类应急预案。

3. 开展教师研学旅行培训，落实教师安全职责

安全风险在研学旅行的全过程和方方面面都存在，带队教师是学生安全的守卫者。所以，学校要对研学旅行的带队教师进行相关培训，让他们能够识别基本的风险要素，掌握有效的应对措施。如研学旅行中的各种应急预案都要通过培训教师们熟练掌握，确保他们在研学旅行过程中能对突发安全事件进行有效处理。

同时，学校还要通过培训，对安全职责进行解读，让每位教师都明确地知道自己的责任和任务是什么。“研学分工手册”“带队教师职责”等不能只是写在纸上，必须在实践活动中去扎扎实实地落实。我们要求每位带队教师都要签署责任书。签署“教师责任书”能让教师进一步了解研学旅行过程中学校的奖惩制度和自己的任务，会进一步提高教师的责任心。在整个研学旅行过程中，学校都会用“过程性评价”来考核教师责任落实的具体情况。

做好有关研学活动的家校沟通工作

学生家长对孩子们外出研学旅行总会有各种担心。我们在行前、行中、行后都要做好和家长的沟通工作，这样不仅能减少家校矛盾，让家长认可学校的安排，还能让家长助力研学旅行安全性的提升。

在行前，我们会通过“家长会”“致家长的一封信”等方式，让家长了解研学旅行的流程，知道学校和基地的各种安全保障措施。研学基地的招标应有家委会参与，在必要时我们会请家委会的热心家长给其他学生家长做一些介绍。通过签署责任书的方式，督促家长在研学活动前根据自己孩子的特点，对孩子提前进行安全教育。

在研学活动中，学生组成的研学通信组会在班级微信群中进行“研学每日播报”，带队教师也会经常发一些学生活动的照片，让家长放心。在白天活动时，学生都配有手机，在休息时可以给家长发信息，这样能有效缓解家长的担心和焦虑。

在研学旅行归来后，我们会通过问卷星给家长发调查问卷，让家长对本次研学旅行活动进行评价，其中有一部分就是关于安全保障的问题。调查采用匿名形式，家长们可以放心大胆地提出自己的意见和建议。学校会合理分析家长的意见，在下次研学旅行中做好相关改进工作。

结语

凡事预则立，不预则废。我校在近几年开展的研学旅行实践中，坚持行前做好全面规划，从一天的京内主题研学到一周的京外文化研学，都要求做到活动有方案，行前有备案，应急有预案，用周密细致的安全保障策略搭建起一张研学旅行安全防护网。希望我校的这些安全保障举措也能帮助其他学校提升研学旅行课程的安全性，让研学旅行成为大家都放心、满意的教育活动。

资料来源：范胜武，吴洁. 论构建研学旅行的安全保障体系——以北京市二十一世纪国际学校为例［J］. 中小学信息技术教育，2020（10）：85-88.

分析提示

请思考：北京市二十一世纪国际学校九年一贯制“研学旅行”课程的安全保障工作有哪些可供借鉴之处？

案例2：研学旅行学生受伤，各方如何担责？

案由

某中学与某旅行社签订了研学旅行合同。合同约定：中学负责从交通、饮食等方面，对学生进行有针对性的安全教育，协助旅行社进行监督管理。研学期间，旅行社负责提供交通、餐饮、门票等服务，负责制定完整的安全预案，以及整个研学过程中的安全教育和管理工作。

学生朱某参加了此次研学旅行，在景区及旅行社工作人员的带领下，游览了某森林公园。下山途中，带队的旅行社工作人员速度较快，未能控制好行进速度，也未对学生尽到安全告知、警示等义务，导致朱某不慎踩空自台阶滚落受伤。旅行社工作人员对其进行了紧急处置，并于当日下午将其送至医院治疗。经诊断，朱某为脾破裂、右外踝撕脱性骨折。朱某将学校、旅行社及景区起诉至法院，要求三方共同承担赔偿责任。

学校负责人认为，学校仅为组织方，且委托了有资质的旅行社承接此次研学旅行，在本案中不存在任何过错，故不应承担责任。

旅行社工作人员认为，作为承接方，旅行社委派了有资质的导游，选择的景区也有资质。事故发生后，旅行社工作人员及时对朱某进行了救助，尽到了安全保障义务，故不应承担责任。朱某是在景区摔伤的，应由景区承担赔偿责任。

景区负责人认为，在本案中，景区尽到了安全保障义务，朱某受伤为自身原因所致，应自行承担责任。

经过一审、二审，法院认定本案侵权责任主体归属及各自责任承担比例如下：

1.学校无须承担侵权责任。学校为了提高学生精神素养，组织学生开展研学旅行活动，应选择具备研学旅行资质的旅行社承接。本案中，学校委托的旅行社具备研学旅行资质，且研学旅行开始后，对学生负有安全保障义务的主体已转移至旅行社，故学校不应再承担安全保障责任。朱某受伤并非学校对其实施的侵害行为造成，因而学校不承担责任。

2.旅行社应承担相应责任。根据《最高人民法院关于审理旅游纠纷案件适用法律若干问题的规定》第七条："旅游经营者、旅游辅助服务者未尽到安全保障义务，造成旅游者人身损害、财产损失，旅游者请求旅游经营者、旅游辅助服务者承担责任的，人民法院应予支持。"本案中，旅行社作为旅游经营者，负有保障学生在研学旅行过程中人身安全的义务。景区内，道路崎岖、狭窄，多人集体通行，必然存在一定风险，且学生均为限制民事行为能力人，对危险认识不足，该旅行社更应采取严格的安全保障措施。在下山途中，旅行社工作人员虽一直跟随原告等人，但未能控制好行进速度，也未对学生尽到安全告知、警示等义务，故应承担65%的责任。

3.景区应承担相应责任。景区经营者应对景区内的旅游者负有安全保障义务，以及保证设备设施安全，消除景区内的潜在危险，对可能危及旅游者人身安全的项目履行告知、警示的义务。景区在上山路面立有安全警示标识，但在下山路面并未设置标识。且本案的上下山路线并不一致，朱某作为未成年人无法预见涉案地点道路有危险。景区的安全警示标识不够齐全、完备，未充分尽到安全保障义务，故应承担25%的赔偿责任。

4.朱某自身应承担部分责任。《中华人民共和国民法典》第一千一百七十三条规定，被侵权人对同一损害的发生或者扩大有过错的，可以减轻侵权人的责任。作为限制民事行为能力人，朱某对于下山途中可能存在的风险应当具备一定的安全和风险意识，下山时未做到谨慎、小心是导致其摔伤的直接原因。故朱某存在一定过错，应自行承担10%的责任。

提示

暑期，很多家长为孩子报名参加研学旅行。由于参加研学旅行的学生多为未成年人，学校、旅行社、景区等主体更应将学生在旅行过程中的安全放于首位。

1.重视安全保障义务。旅行社应针对不同年龄、不同年级的学生特点，有针对性地设计研学线路，旅行内容应与参团学生的年龄、认知相符，研学旅行过程中的设备、设施等服务项目应确保安全。

2.告知警示要牢记。学校及旅行社在组织报名时，应确认每一位学生的身体状况是否适合本次研学旅行，并就相关的旅行风险和安全注意事项向学生和学生家长做出充分告知和明确提示。学校、旅行社与旅行辅助人应明确各方的权利义务，妥善安排好每一个环节，将安全保障义务放在首位。

3.加强学生管理。旅行社在组织研学旅行时，应针对中小学生的特点，制定更加严密规范的安全管理制度和安全防范措施。对于不同年龄阶段的学生，旅行社应按年龄分组管理，组织好各项活动，并指导学生按照安全操作规范的要求游玩。

4.积极履行救助义务。一旦发生事故，旅行社应积极履行救助义务，采取合理措施避免损失扩大，在出现突发状况或遭遇危险时，及时采取必要的救助措施，减少损失。

5.购买相关保险。青少年正处于活泼好动的年龄，研学旅行中的安全风险相对较高。旅行社应针对研学旅行项目购买相关保险产品，以降低风险、减少损失。

资料来源：文化和旅游部旅游质量监督管理所.研学旅行学生受伤，各方如何担责？[N].中国旅游报，2022-07-25.

分析提示

请思考：在研学活动中，如何有效保障学生的安全？

思而行远

原来研学旅行还可以这样做

一群爱旅行的人、一群不断创新的旅行人，在疫情防控常态化下，积极应变、主动求变，把研学旅行做得更精、更专、更有趣，走出了一条颇有成效的转型之路。

从导游到研学精讲师

进入暑期，北京大潮研学国际旅行社有限公司（简称大潮研学国旅）研学辅导员、研学精讲师褚惠娟会比平时更忙。

8月21日一大早，她就赶到位于大兴区的南海子麋鹿苑，迎接参加“探索自然之‘麋’”的游客们。

这天，褚惠娟接待了两个亲子团。游客年龄不同，褚惠娟的讲解内容也随之调整。

“对于12岁的孩子，我会用类似课堂授课的方式进行讲解，首先对动物进行分类，然后用类比的方式让孩子们更好地接收信息。而对于年龄较小的孩子，则可以通过提问的方式，让孩子的注意力集中起来。通常我会问孩子：‘你去过动物园吗？在动物园有没有看到鹿？’然后，我会告诉他们其实鹿有很多种，比较常见的有哪几种，‘但是，长颈鹿却不是鹿。’这时候孩子一定很惊讶，看到他们的兴致来了，我便马上开始讲述鹿的分类以及外在特征、习性等。”褚惠娟说。

“作为研学精讲师，绝不能只是滔滔不绝地讲，而要根据孩子的反应，及时调整讲解方式和讲解内容。我的原则是要努力让孩子们对课程内容保持积极的求知状态，从而达到研学课程所要求的教学目的。”褚惠娟告诉记者。

采访褚惠娟时，已是21日晚9时，她一再因为“嗓子哑了”向记者道歉。这位30余年一直坚持在一线服务的老导游说：“确实挺辛苦的，但起码有事干，现在每一个团我们都很珍惜。”这是包括她在内、大潮研学国旅100多名导游共同的心声。

从导游到主播

作为一家致力于研学旅行的旅行社，成立29年来，大潮研学国旅做了很多业界认可的精品课程。然而，疫情暴发以来，很多学校的研学旅行暂停了。

“疫情暴发前，我们的兼职导游队伍有200多人，疫情暴发后减少到100人左右。”大潮研学国旅总经理周苇说。

成于斯败于斯，不止大潮研学国旅，几乎所有专注研学旅行市场的旅行社都陷入困境。

如何生存下去？“疫情暴发前，我们更关注的是研学旅行中‘旅行’的部分，疫情暴发后，学生不仅不能跨省，甚至在城市周边的研学旅行都被暂停。那么，能不能换个思路，我们主动走进学校，帮助学校开发研学课程呢？”大潮研学国旅董事长张信说。

走进学校，就意味着课程内容只能在学校内进行，那么，就要有适合这个环境的课程主题。同时，还要遵循研学旅行的三个操作步骤：行前阶段，把需要在校外实践的内容制作成视频，进行线上课程的学习；行中阶段，由课程助教配合老师把课程“讲”好；行后阶段，收集学校、家长和学生的反馈，不断调整课程内容。

那么，问题又来了，在研学课程开发过程中，导游应该扮演怎样的角色？

“我们对导游进行了大量培训，仅今年1—7月就累计培训45次，参与的兼职导游达2 088人次。培训内容集中在学校春季研学课程，如中轴线课程、非遗课程、红十字自救课程等。结合课程，导游要学习执行课程内容，了解学校教育教学的需求，具备有效组织学生参与体验课程的能力，要会制作短视频，要能够站在镜头前做直播等。”周苇说。

大潮研学国旅导游部系统运营主管李新闻转型做了主播。“以前带研学旅行团，和学生近距离接触，能够直观地看到他们的反应。现在转型做主播，我站在镜头前，面前没有一个学生，从试镜到彩排，每一步都很有挑战性。我的第一次直播是‘蜜蜂大世界’课程。这个课程分为三个课时，每个课时有不同的课题，除了要采访场馆、蜜蜂养殖基地的人，我还要引导养殖基地的老师回答问题，感觉很像‘出镜记者’，对于没有受过专业训练的我来说，真的是要克服重重困难。”

从导游到课程助教

导游转型的方向不只有主播，还有课程助教。

“以我们曾经做过的非遗主题课程为例，课程助教要进入教室、走上讲台，组织学生观看线上课件，然后再组织学生进行手工制作。我的同事说，进入学校走上讲台，是一个很大的挑战和突破。走上讲台意味着一种责任，你不能把孩子带偏了。”李新闻说，每次做课程助教前，大家都会进行心理和相关课程知识的补充。印象特别深的是有一位课程助教说，一上讲台就紧张，不管之前曾经带过多少年的研学旅行团队。

“如果说以前我们是在课程背后做工作。那么现在，疫情逼着我们从幕后走到台前、走到镜头前，让学生了解我们设计这堂课的思路，看到我们为这堂课做的努力。”李新闻说。

疫情防控常态化下，大潮研学国旅开展了“蜜蜂大世界”“我爱种植”“缅怀抗战英烈”“走进紫禁城”“垃圾分类”等多场线上直播活动，更联动学校共同探索中小学综合实践课程建设与开发的新模式、新方法，将综合实践活动更好地与学科课程相融合。超过1万人次师生观看了相关直播课程，通过学习有效提升了学生的核心素养。

慢慢地，大潮研学国旅形成了独特的“3+3+N模式”，即线上线下集合式教学方案。第一个“3”指企业在设计研学课程时，抓住教育教学需求、优选社会实践活动课程资源、精心构建教学实施场景这三个要素，使课程方案更贴近教育教学的一线需求；第二个“3”指借助自主研发的北京游学网平台，从行前、行中、行后三方面执行课程内容；“N”指课程评价的多元化，即通过学生自评、学生互评、教师评价、家长评价、研学指导师评价等多种方式，构成课程评价体系，为广大师生提供更专业的高品质服务。

从B端拓展到C端

疫情暴发前，城市周边游市场一直不被旅行社看好。然而，疫情防控常态化下，周边游市场异军突起，不少企业开始开拓周边游市场，尤其是一些原本专注于B端客户的旅行社，也加入拓展C端即散客群体的大潮。

“在不断深化与学校合作的过程中，我们发现，在校内开展的一些研学课程，激发了孩子们的好奇心，他们更渴望在户外继续学习，而且开始有家长咨询我们有没有相关的亲子游产品。于是，我们开始从B端向C端引流。”大潮研学国旅董事、北京德育研学国际文化交流活动中心主任曹妍说。

依托于研学旅行市场的长期积淀，大潮研学国旅的亲子游产品依然注重“学”的特色，带着家长和孩子一起学。

比如故宫亲子游产品。很多旅行社强调“精讲”，导游讲得好，孩子就能听下去。但曹妍和同事们经过调研发现，精讲故宫产品，往往是家长比孩子更专注。“我们跟学校各年级的家委会联系，同样是游故宫，我们不光有精讲，还设计了通关挑战项目，设计了一些适合低龄孩子的课程任务，让家长带着孩子在玩的过程中学到知识。”曹妍说，实践了几个团之后，他们发现效果还是很不错的。于是，大潮研学国旅的亲子游产品就有了一个明显的特征：景点精讲+通关挑战等体验性项目。

“我们发现，很多旅游产品的核心竞争力依靠的是导游。然而，高级别导游毕竟是少数，所以，我们在设计亲子游产品时，会通过各种体验性项目，发挥导游的组织能力，凸显导游的服务意识。”曹妍说。

不仅如此，借助自主研发的北京游学网平台，大潮研学国旅的亲子游产品在价格上也有一定的竞争力。

大潮研学国旅提供的数字显示，截至2022年8月，B端组团人数较去年同期增长33%，C端亲子游产品组团人数增长45%。

曹妍透露，未来，大潮研学国旅还会向旅游文创方向拓展。同时，还会进军乡村旅游。

“明年是大潮研学国旅成立30年，也是第六个五年计划的开端。原计划从明年开始，我们要探索研学产业化发展，疫情的暴发让第六个五年计划提前了。”曹妍说。

资料来源：赵垒. 原来研学旅行还可以这样做［N］. 中国旅游报，2022-08-25.

任务拓展

安徽研学时，将安排学生体验安徽竹雕工艺，应该从哪几个方面对研学基地相关课程开展安全隐患排查？

模块三 实施研学旅行课程

过去，书本是孩子的世界

现在，世界是孩子的书本

读万卷书，行万里路。这世界本身就是一本书，行在路上，学在路上。旅行的途中所感、所得、所触碰的一切新鲜事物，都可能是在课堂中感受不到的……可以说，研学旅行，鲜活了课本知识，是用行走的方式诠释学习的真谛！

任务一　研学旅行行前准备

微课 3-1

行前准备

任务概述

重点介绍在课程实施之前，如何落实研学资源以及研学课程的前期准备工作，其中，研学课程的内容所涉及的场地、人员、物资、流程都要进行实地考察和预演，研学方案中所选择的所有服务保障都要确保万无一失，同时尽量做好充分的研学培训（包括行程、手册使用、相关知识等）和安全教育等。

素质目标

1．培养理论思维能力。
2．提高组织合作能力。
3．提高沟通协调能力。
4．形成正确的职业观。

知识目标

1．掌握落实研学课程方案的主要内容。
2．掌握落实研学旅行活动交通、住宿、餐饮的主要内容。
3．掌握研学旅行的知识准备、物资准备、形象及心理准备内容。
4．掌握活动前研学培训的内容。
5．掌握开展安全教育的内容。

能力目标

1．能够完成研学旅行活动前的各项准备工作。
2．能够开展研学前的培训工作。
3．能够开展研学前的安全教育工作。

理论知识

一、组织实施研学旅行主体——学校

学校是研学旅行的实施主体，也可称为研学旅行活动的主办方，这种以学校为研学旅行实施主体的定位符合国际经验，如日本早在1968年就对中小学开展观光教育作出了相应规定：“如果通过有关商家和旅行服务机构组织观光教育活动，不能全部委托给商家，要以学校为主体制订计划、实施活动。”也就是说，即使委托企业或机构组织观光教育活动，也应由学校负责组织，以更好地实现研学旅行的教育目标。

作为研学旅行活动的主办方，中小学校要顺利开展研学旅行活动，需要“八做到”：

一是组建研学旅行领导小组。全面负责学校研学旅行工作，并建设学校研学旅行专题档案，由专人负责管理。

二是做好多方宣传教育工作。学校要向教师、学生、家长、社会宣传基础教育改革及开展研学旅行的重要意义，要向教师宣传如何开展研学旅行，向学生宣传“读万卷书，行万里路”的重大作用，向家长宣传中小学为什么要开展研学旅行，向社会宣传研学旅行这一基础教育改革的举措，为研学旅行工作营造良好的社会环境和舆论氛围。

三是成立研学旅行教研组（或设立综合实践活动教研组）。学校要组织考察并确定能体现符合学校教育主题的研学旅行基地营地等场所，并根据学生的不同学段、不同研学目标设计研学旅行活动课程主题。

四是召开年级教师会。学校要通过会议方式讲明研学旅行的目的意义、时间地点、组织安排、职能小组、人员分工，明确职责，落实责任。

五是遴选服务机构。学校要从旅行社或教育机构的安排计划、活动配合、车辆情况、研学旅行指导师的配合、价格、贫困学生的帮扶办法等多方面择优选取。

六是发放“致家长的一封信”。学校要让家长明白研学旅行的目的意义、时间地点、收费情况、减免补贴政策等。

七是分享研学旅行成果。研学旅行返校后，学校要组织学生交流研学旅行照片、研学旅行体会文章等研学旅行作品，对优秀学生予以表彰奖励。

八是强化监督评价。学校建立健全学生参加研学旅行的评价机制，通过“研学旅行手册”记录，把学生参加研学旅行的情况和成效作为学生综合考评体系的重要内容。学校要在充分尊重个性差异、鼓励多元发展的前提下，对学生参加研学旅行的情况和成效进行科学评价，并将评价结果纳入学生学分管理体系和学生综合素质评价体系。

二、学生行前课程的主要内容

（一）文明旅行行为规范专题讲座

开设关于不同场所文明旅行行为规范的专题讲座，例如：乘坐火车与飞机的文明行为规范和相关法律规定；景区入口排队入场的秩序规范；博物馆、纪念馆等室内场馆中参观的行为规范；就餐的行为规范；酒店住宿的行为规范，等等。讲座应尽可能地结合生动的正反案例，能让学生深切体会文明旅行的重要意义。

（二）安全知识专题讲座

开设专业的安全知识讲座，主要内容包括交通安全知识、饮食安全知识、住宿安全知识、户外活动安全知识、自然灾害及突发事件的紧急应对措施、个人财物安全知识等。此外，还应该包括人际交往与沟通安全，如与当地人的沟通与交流及其注意事项、与少数民族风俗相关的注意事项等。

（三）课题研究知识专题讲座

研学旅行是研究性学习与旅行体验相结合的学习方式，是带着研究学习任务的校外教育活动，学生在行前必须掌握关于科学研究的知识。不同学段的学生科学探究的能力有所差异，一般高中要求较高，初中和小学可以适当降低讲座的知识难度，参照研学旅行活动课程学段目标中关于问题解决的相关要求安排讲座内容，为在研学旅行过程中开展研究性学习、科学探究做好课程实施的知识准备。

（四）研学旅行活动课程内容相关专题讲座

为了激发学生对研学旅行活动课程的兴趣，也为了让学生对所要学习的课程资源有基本了解，对相关文化知识的内容和背景有总体印象，有必要安排一些与研学旅行主题和内容有关的专题讲座，做好课程实施的储备，从而提高课程实施的效率，取得更好的课程实施效果。

任务实施

研学旅行前准备对于整个课程来说是“纸上谈兵”，研学方案中所选择的所有服务保障都要确保万无一失，为确保完成相关准备，实施研学培训，工作部署会是最直接、有效的方式。

步骤一：落实研学资源

看研学旅游组织机构的活动计划表；根据旅游活动的主要程序，准备并安排研学旅游接待任务；安排线路、用车、用餐、入住等相关准备工作；安排迎接学生的准备工作，能准确认找研学团队，致欢迎词；提供抵站、停留和离站等服务；核对和商定日程安排，妥善处理接待变更等情况；按规范提供参观游览服务；提供途中讲解教育服务；根据研学旅游对象和需求的不同，提供不同的讲解和服务方式；按规范提供送站服务，致欢送词；处理后续工作。

（一）落实研学课程方案

落实研学课程方案，是研学课程组织实施之前的一个关键环节，其目的是保证研学课程方案里的每一项活动都可以落地执行，每一处资源都符合标准，课程方案的所有内容得到一一落实，研学课程能够组织实施。

通常利用实地考察的方式对研学课程方案进行落实，在进行实地考察时可以邀请学校负责教师一同前往，或者将考察内容录制成视频发给学校教师进行检查、确认或者提出修改意见。

待实地考察结束后，对可以确认的方案内容与资源方签订协议，以此保障资源的可靠性。首先要落实研学课程内容，这里的研学课程指具体的课程教学环节，这一环节最能体现整个研学活动的教育属性。由于构成教学环节的因素最复杂，所以实施难度也最大。为了保证教学内容按照计划准确地实施，教学目标能够顺利完成，需要提前对课程中的每个环节精准把控，尽可能全面地考虑影响课程实施的因素，通常把研学课程内容分为四个方面来进行落实。

1.检查课程场景

这里的课程场景就是指在课程资源地具体执行上课动作的场所。例如，在博物馆里，具体到在哪个展厅；在企业里，具体到在哪个车间、哪个培训室或会议室；在大学里，具体到在哪个教室；在名胜古迹，具体到在哪个位置。

由于研学课程中的课程场景种类繁多，需要核实的内容也因实际情况和具体课程而异，但一般来说，需要核实的内容主要有以下四点：

（1）课程场景的安全条件。这里的安全条件主要包括研学基地的安全隐患排查情况。

（2）课程场景的环境。检查课程场景的内外环境是否有利于教学，这是指除了安全因素之外的其他一些不利因素：①人员密集，特别是在一些名胜古迹类的研学地点，会存在这样的问题，对学生完成学习任务会产生一定影响。②环境嘈杂，过于嘈杂的环境不利于保证教学效果。③环境复杂，课程场景的环境如果有太多的干扰因素，也会对教学活动产生影响。

（3）课程场景的容纳人数。根据研学对象的人数情况，落实课程场景的人员承载规模，以确保每个学生享受到相同的教育资源。

（4）执行课程的必备设施。根据课程内容落实执行课程时所需要的硬件设施，如扩音设备、讲解设备、屏幕、教具等。如果课程场景不能提供，则需提前协调或者另行准备。

2.预演课程流程

丰富多彩、形式多样的课程内容是研学课程的重要特点，每个课程单元的内容根据其研学地点的属性、条件而具有鲜明的特色。研学课程设计人员在进行课程设计时，为了使课程新颖有趣、寓教于乐，往往会进行一些别出心裁的设计，以保证学生能够亲自参与、动手实践，主动地完成理论与实践的学习。为了使研学课程方案能够顺利、完整地执行，达到预期效果，工作人员必须在研学地点实地预演课程流程。这样做能够有效地验证研学课程方案的可行性，充分挖掘方案的教育功能，及时发现其中存在的不足并加以改进。

比如，在某校组织的“江南水乡探秘——乌镇定向体验”研学课程中，课程内容是学生通过团队配合完成任务的方式进行研究性学习，但是由于事先未经过课程预演，在课程实施时发现学生完成任务所用的时间远超预期，并且人数过多导致管理混乱，给景区管理造成了一定影响，引来景区工作人员干涉课程实施，最后只能临时调整任务才得以解决。

对研学课程进行预演，还有另外一个目的，就是提前将课程内容展示给研学地点的工作人员，并让他们对团组信息有所了解，做好准备，以便在课程真正实施过程中，配合研学工作，提供适当的帮助，保证课程顺利完成。

3.落实授课教师

执教人员的专业性直接决定课程实施的有效性，在研学课程中，场馆讲解员、大学教授、工程师、学校教师，都可以是研学指导师、教学任务的承担者。在课程准备阶段，需要先确认每一个课程单元的授课教师，并且沟通确认具体的课程内容，以保证教学活动顺利进行。主要从以下四个方面核实授课教师的相关信息：

（1）授课教师资质。应根据研学课程授课教师的身份，对应不同的资质证明，比如：研学指导师应具有导游证、研学指导师培训证书，场馆讲解员需要有官方工作证明等。正规的人员资质是保证研学课程正规性的重要因素。

（2）具体授课内容。研学课程的授课内容主要来自两个方面：第一，来自授课教师，这是指聘请的授课教师按照研学课程方案的课程目标而特意准备的授课内容；第二，依据研学课程目标设计的课程内容，需要聘请授课教师或者研学指导师来执行。无论是哪种方式，在课程准备阶段都需要与授课教师对授课内容进行确认，这里说的授课内容应该至少精确到课件或者教案，最好能确认到文字稿。在与授课教师确认授课内容时，还应同时对学生情况、教学目标、教学形式、教学时长等相关方面进行确认，以保证课程的有效性和针对性。

（3）授课教师能力。衡量授课教师的最根本标准是授课教师的能力，这直接关系到课程实施的质量。授课能力主要指：第一，责任心，研学课程的授课教师需要对工作认真负责，这是完成工作的基础；第二，专业知识基础，授课教师应有足够的知识基础支撑完成研学课程内容的教学；第三，课堂组织能力，授课教师应有进行有效的课堂组织、引导学生完成研究性学习的能力。这三种能力同时具备的授课教师无疑能保障研学课程顺利开展，并达到预期效果。

（4）授课教师对接方式。在授课教师确定之后，需要明确课程实施当天与授课教师的对接方式，以保证课程顺利实施。

4.准备成果展示

在课程内容的设计中，通常都会对教学的成果进行设计，许多教学成果不再单单是一篇作文或者游记，而可能是一件手工作品、一个短视频、几张摄影照片、一幅绘画或者一段舞蹈。对于这些各式各样的研学成果，在落实课程内容时也需要提前准备，如“学生通过对汉俑的学习了解了汉朝的服饰文化，以小组的形式设计制作一件汉服作为成果展示”。那么，制作汉服这个成果展示的材料、工具、场地以及负责人等，就需要提前做好准备，以保障展示作品顺利完成。

（二）落实大交通

研学旅行涉及的大交通主要以乘坐火车为主，这里就以火车为例进行说明。大交通的落实情况决定着研学课程能否顺利执行，如果大交通出现变化，整个研学课程方案都需要调整，而且研学团组人数较多，购买车票有一定难度，因此更需要规范、严谨地做好大交通的落实工作。落实火车票主要包括以下四个环节：

1.正确填写火车票预订申请表

火车票预订申请表是用来向火车站售票部门申请购买火车票的表格，需要根据研学课程方案认真填写。申请表的内容包括学校名称、申请人、申请日期、出发日期、车次（有备选车次也需备注）及抵离时间、抵离车站、席座、数量、其他需求等（见表3-1）。填写时务必保证票务信息与学校出行信息一致。

表 3-1　　南京××学校研学团组火车票预订申请表

学校名称	南京××学校		申请人	李×	申请日期		2022.3.9
去/回程	说明	日期	车次	出发站	抵达站	数量	座席
去程	首选	2022.4.11	Z××次 18：55—次日 8：15	南京	西安	83	硬卧
	备选						
回程	首选	2022.4.15	G×××次 15：45—20：18	西安北	南京南	83	二等座
	备选						

2. 整理出票名单

在得到火车站售票部门同意购买火车票申请的批示后，可以开始准备出票名单。将已经确定的所有出行人员信息加以整理并制作成出票名单，出票名单的内容应包含序号（用以统计人数）、班级（用以归纳查找人员信息）、姓名、性别、身份证号码、备注（见表 3-2）。

表 3-2　　南京××学校研学团组出票名单

去程：2022年4月11日，南京至西安硬卧，Z××次（18：55—次日 8：15）					
回程：2022年4月15日，西安北至南京南二等座，G×××次（15：45—20：18）					
序号	班级	姓名	性别	身份证号码	备注
1	1班班主任	×××	男	120101×××××××××××	
2	研学指导师	×××	女	120109×××××××××××	
3	1班				
4	1班				
5	2班				
6	2班				
7	教师				
8	课程执行组组长				
9	队医				

整理出票名单时应注意：

（1）以班级为单位统计师生出票名单，方便核对信息。

（2）出票名单应写明团组出票车次、日期、出发地、目的地、席位、出票顺序。

（3）其他要求应当明确备注，如座席位置的要求、乘坐硬卧是否按性别分车厢出票、是否需要指定车厢等。

（4）在将出票名单发至火车站出票办公室之前，需要与学校负责教师再次确认出行人员的人数、出行日期及车次等信息，待再次确认无误后再发送。

3. 购买火车票

出票名单整理核对完成后，即可购买火车票。首先将整理好的出票名单发送至研学旅行始发车站的票务计划室，与工作人员核实出行日期、车次、人数、金额等项，然后根据流程完成付款、出票，在拿到车票以及报销凭证以后，注意根据团组人员的原始证件进行逐一核对，以保证车票信息准确。

4.制作火车座位信息表

在完成出票后，可以进行火车票座位的整理工作，制作火车座位信息表，其目的是在研学课程实施时，方便研学指导师进行乘火车管理，可以将该表格编入研学课程工作手册。火车座位信息表的主要内容应包括车次信息和研学团组人员座席信息等（见表3-3、表3-4）。

表3-3 南京××学校研学团组火车票座位信息表（硬卧）

2022年4月11日，南京至西安，Z××次（18：55—次日8：15），硬卧			
10号车厢（36人：2班学生33人+教师2人+研学指导师1人）			
车厢号	上	中	下
10-01			研学指导师
10-02			教师1
10-03			
10-04			
10-05			
10-06			
10-07			
10-08			
10-09			
10-10			
10-11			
10-12			教师2
⋮			

表3-4 南京××学校研学团组火车座位信息表（高铁二等座）

2022年4月15日，西安北至南京南，G×××次（15：45—20：18），二等座						
3号车厢（36人：2班学生33人+教师2人+研学指导师1人）						
号码	A	B	C	过道	D	F
03车01					研学指导师	
03车02					教师1	
03车03						
03车04						
03车05						
03车06						
03车07						
03车08					教师2	
⋮						

（三）落实住宿

微课 3-2

住宿安全隐患排查

良好的住宿环境不仅是一种安全保障，还是落实研学课程的重要场所。在研学旅行过程中，学生有很大一部分时间是在住宿地点度过的，其间不仅要安排学习课程、完成作业，还要自理内务、适当社交。住宿地点的选择是服务保障中最受关注的环节之一，也是最能体现服务品质的一个方面。

每个研学团组的住宿标准可以根据实际情况制定，一般从六个方面加以考虑（见表3-5）：

表3-5 制定研学住宿标准需考虑的因素

	考虑因素	分析说明
房间	标准化	同样的房型，房间内设施设备一样、房间面积一样、房间装修程度一样
	卫生情况	房间内部环境及用品必须整洁卫生
	特殊房型情况	非遇特殊情况，所提供的房间一般为双人标间房型；如房间数量有限，另提供特殊房型，必须提前告知
	是否有开放式阳台	房间如有开放式阳台，必须从内部锁死，并进行逐一核查，避免学生私自打开引发安全事故
	每个房间配发房卡数量	每个房间按照成人两张、学生一张的原则配发房卡，既防止学生随意串房，又便于后期退房管理
	消防设备情况	每个房间必须贴有消防路线图，按照相应入住人数配备防毒面具
	是否有猫眼及反锁装置	学生住宿应选择较低楼层入住，楼层选择应较为集中，每个楼层尽量不要安排其他社会人员入住，便于集中管理，避免出现安全隐患
	入住楼层情况	
	是否提供免费矿泉水	房间内须提供两瓶（含）以上免费矿泉水；如入住学生年龄较小，应撤掉房间内热水壶，工作人员有必要帮助接打开水
	是否有热水壶	
	成人用品是否撤出	房间内如有成人用品或自费商品必须全部撤掉
	是否有自费商品	
	是否悬挂有争议性壁画	房间内不得悬挂有争议性壁画（如低俗、惊悚等内容）
环境	是否有专用停车场	场地要求：核实并确认入住地点是否有专用停车场以及前台大厅面积等信息，以便在退房时，提前安排学生的集合地点、行李存放等
	大厅面积	
	是否有娱乐场所	酒店内不得有KTV、足浴等娱乐场所
设施	入住地点常用电梯数量	确认入住地点共有几部常用电梯，哪个房间离电梯最近，以便进行住宿管理，提前做好相应准备
	电梯是否限制跃层出入	如有必要，可以启动电梯跃层限制功能（每一楼层须刷卡进入）
用餐	早餐地点及楼层	确认早餐地点、楼层、可容纳人数，以及用餐形式、用餐要求（房号、房卡、餐券、着装）等信息，便于通知和安排学生用餐
	早餐餐厅容纳人数	
	用餐形式（桌餐、自助）	
	用餐要求	
安全	消防通道是否畅通	学生首次入住后，会进行必要的消防逃生演练，入住地点应确保消防通道畅通，并做好相应的服务保障工作
	安保条件	入住酒店应对住宿楼层进行必要的巡视或者监控，严格限制陌生人随意出入
其他	叫醒服务时间及方式	入住酒店需提供房间叫醒服务，确认叫醒服务方式（住宿休息时，学生手机往往会做统一管理）
	入住登记方式	确认入住登记方式（证件录入登记、人证对比、刷脸对比），便于分房管理，证件提前发放，做好相应准备

在落实住宿环节，首先应对住宿地点进行安全排查，其次应利用制定的住宿标准对住宿地点进行逐一核实。如果住宿地点不符合提出的标准要求，可以进行协调改进或者用其他方式解决，对于一些原则性的标准不能达到的，则需要调换住宿地点。

当研学住宿的实地考察工作完成后，对于符合标准确定使用的住宿地点，必须签订协议，签订协议的目的是确保酒店资源能够使用且不再发生变化，并把住宿标准作为协议内容形成约束力。团组住宿资源的供应方可能是住宿酒店本身，也可能是地接社等其他机构，住宿协议的内容需要根据团组的实际情况进行设计，其主要条款应包括：

（1）签约主体，指具体的住宿资源供应方，如酒店、旅行社、营地等。

（2）具体入住时间，指明确的入住时间、退房时间。

（3）房型及数量，指预订的房间类型及数量。

（4）住宿标准，即事先制定的团组住宿服务标准。

（5）价格及收费方式，要注意单房差的费用说明。

（6）违约责任。

当住宿协议签订完成后，住宿的落实工作才算基本结束，但还需经常关注住宿地点的情况，以防突发因素对住宿造成影响。

（四）落实用餐

饮食安全是研学课程中重要的环节，优质的用餐环境是保障饮食安全的外部条件，同时，饮食文化是一个地区整体文化的重要组成部分。安排好餐饮不仅能在很大程度上提高研学课程整体的体验度，也能加深团组人员对当地文化的了解。

在落实用餐环节时，可以从以下四个方面去考虑：

第一，用餐环境的安全和卫生条件。用餐环境应清洁、明亮，室内温度符合季节特点，餐厅内、餐厅周围、餐厅操作间都符合环境卫生要求，就餐场所张贴食品安全标识、安全操作须知，为进餐者提供清洁用品，无用餐安全隐患。

第二，落实菜单。菜单的落实要考虑营养搭配，兼顾带有地方饮食文化特色的风味菜品。菜品的设计以保障饮食安全为前提，因为食用菜品的主体是研学旅行的学生，避免出现凉菜、海鲜、扁豆及辛辣味重的食物等引发肠胃不适。

第三，餐厅的接待能力。研学团组人数较多，对餐厅的接待能力也是一个考验。餐厅能否指定专门区域来提供餐食、能否同时安排整个团组进行用餐，是落实的重要内容。另外，针对少数民族团组人员的用餐安排，必须提前制订方案。

第四，用餐地点的配套设施。应核实餐厅是否能提供配套设施，如停车场、舞台、话筒等。停车场对于行程的衔接非常重要，如果用餐地点不能提供停车场地，则需要提前制订解决方案。舞台、话筒等设备，通常用于在餐厅举行生日会、总结会等，这些安排通常都是发生在用餐环节，需要提前准备。

当餐厅的考察工作完成后，对于符合标准确定使用的餐厅，需要签订协议。签订协议的目的是确保餐厅资源能够使用且不再发生变化，并把用餐标准作为协议内容形成约束力。用餐协议的内容需要根据团组的实际情况进行设计，主要条款应包括：

（1）签约主体，指提供餐食资源的具体供应方，如餐厅、旅行社等。

（2）具体用餐日期和时间。

（3）菜单。尽可能详细地注明每餐的菜单，以方便核对。

（4）人数及桌数安排。

（5）用餐标准，明确事先制定的团组用餐服务标准。

（6）价格及收费方式。

（7）违约责任。

学生团组用餐的餐厅资源供应方可能是餐厅本身，也可能是地接社等机构，都需要事先签订关于用餐事项的协议。在此提供参考模板见表3-6。

表3-6 签订用餐事项协议模板

甲方：×××研学服务有限公司 乙方：×××旅行社		
餐食安排	时间安排	4月12日午餐、晚餐 4月13日午餐、晚餐 4月14日午餐、晚餐 4月15日午餐
	费用	全程7正餐：（×元／人／顿×6顿＋特色餐60元）＝××××元／人×人数=××××元
	备注	师生拼桌用餐，共计4桌；另有回族学生4人，要求单独安排一小桌，按照5菜1汤提供菜品
	内容及标准	1. 提前排好桌号，放好餐巾纸及公筷，每桌安排10菜1汤（不要凉菜） 2. 要求同一餐厅就餐，××日晚餐餐厅环境要考虑有舞台、音响、话筒等，作总结性活动使用 3. 全程安排社会餐厅，餐厅均要求进行食物留样 4. 特色风味餐安排，菜单要求安排餐厅特色菜品 5. 菜单不要出现海鲜、扁豆及辛辣类菜品
	双方责任	（略）

（五）落实地面交通

地面交通是保证行程顺利的重要环节，所有的元素如课程、住宿、用餐都需要地面交通的衔接，同时，地面交通也是出行期间重要的安全因素（见表3-7）。选择交通车辆原则上应考虑以下三方面：第一，汽车公司，要求正规、可靠、有实力、讲信誉；第二，车辆的车况，要求安全、舒适、整洁、设备齐全；第三，司机，一定要准时、专业、负责。

表 3-7　交通车辆的使用标准

汽车公司	资质：提供齐全的道路运营资质证明，如道路运营经营许可证等
	应急车：两辆（含）以上车辆的团组需要安排一辆应急车
	专车专用：学生团组用车严禁套车，无特殊情况（如黄山风景区内的交通车、泰山风景区的环山交通车除外）实行一车专用
	车费情况：全程用车的费用，包含过路过桥费、加油费、司机费用等
车况	1.车辆数量 2.车型标准（如49座车型） 3.车辆安排三年内新车，同一团组的车辆车身颜色要求统一 4.安全带能够正常使用 5.车置话筒、音响、车载电视、GPS等能够正常使用 6.车内准备饮用水
司机	1.提供司机执业证明等材料，如道路运输从业资格证、身份证信息、车牌号、联系方式等 2.要求五年以上驾龄 3.在行驶过程中严禁司机在车厢内吸烟 4.具有合格社会教育者意识（对学生而言，司机也是社会教育者，禁止有不当言论） 5.熟悉当地路况，了解行程线路

针对交通车辆的落实工作，首先进行交通车辆安全隐患排查，然后根据制定的交通车辆使用标准逐一落实，最后签订关于车辆使用的协议作为保障。

步骤二：完成相关准备（知识、物资、形象、心理等）

对于研学指导师来说，只有做好充足的知识准备，才能在研学课程中给予学生有效的帮助和指导，带领学生完成课程内容，实现课程目标。所以，准备研学相关知识，是研学指导师在准备阶段必须完成的功课。在了解学生学情的基础上，需要准备的具体知识内容，可以从学科知识和文化知识两方面来确定。同时研学旅行设备、器材、场地、着装……都要一一落实到位，逐一检查，及时发现问题，提早解决，以保证所有物品正常使用。

（一）内容准备

1.了解学生学情

研学指导师在进行知识准备工作之前只有对研学对象的学情充分了解，才能准确把握需要准备的相关知识。通过工作部署会，对学校的基本情况、校园文化、办学特色、育人目标、研学课程需求、服务保障标准、学生的研学经历等信息有一定的了解，将这些信息与研学课程的内容相结合，就能得到需要准备的相关知识的具体内容。

此外，了解学生学情，有助于在研学课程的组织实施过程中，将学校的育人理念和研学课程内容结合起来，根据学生的特点加以引导，这样能更好地实现研学课程的价值。

2.准备课程相关学科知识

完成上面的步骤，可以知晓准备知识的具体范围，特别是学生在研学课程中所用到的学科知识，研学指导师可以通过对学生教材对应教案的学习加以掌握，学习时一定要注意对这些知识内容进行拓展，并且适当结合研学课程，不要仅停留在教材中，如此才能传授给学生新鲜的知识。例如，在“鱼米江南，荟萃人文——江南研学课程”中，研学对象为初中二年级学生，结合课程内容进行学情分析，得出学生的学科知识集中在语文教材《苏州园林》《兰亭集序》《社戏》《从百草园到三味书屋》等课文中。拿《从百草园到三味书屋》举例，研学指导师不仅要了解这篇文章的文学价值，更要对作者鲁迅先生的生平、作品、贡献进行全方位的学习，以便在研学课程中对学生进行指导。

准备学科知识，不仅要对单一学科知识进行拓展，还要对相关知识进行关联。特别是在研究性学习课程当中，学生们的选题可能涉及各个学科，如果不进行全面而充足的知识准备，是很难完成指导工作的。仍以“鱼米江南，荟萃人文——江南研学课程”为例，在研究性学习的课程单元里，学生的选题为“以鲁迅故居为例，分析基于名人文化的旅游产业的开发模式”，这个选题涉及语文、历史、地理、数学等学科的相关知识，如果事先没有对这些内容做足功课，则无法对学生进行有效的辅导。

3.储备课程相关文化知识

这里的文化知识指研学课程中涉及的除了学科知识以外的内容，研学指导师需要根据此次研学课程的内容和目标，对这些知识进行梳理、归纳，再结合学情选择需要掌握的知识进行学习。

（1）人文知识。人文知识泛指研学资源地的文化、艺术、哲学、美学等相关知识。人文知识是最富有魅力、最能代表地方特点的。研学指导师应当注意收集这些知识中适合学生情况、兼具趣味性与教育性的内容，在研学课程中向学生讲解，引导学生学习如何去了解、分析、欣赏一个研学资源地的人文特点，从而增长见闻，陶冶情操。

（2）地理知识。地理知识指研学资源地的区域地理位置及其特征，在全国的地理位置、地理标志，气候特点等知识，是研学课程活动中最具有现实意义的内容。地理知识能够帮助学生将研学活动看得更清晰，对研学资源地认识得更深刻。地理知识研究的是人文环境的相互作用，可以引导学生从地理的角度去研究人文的形成与发展，从而培养学生分析问题的能力。

（3）历史知识。研学指导师还应具备相关研学资源地的历史知识，主要指研学指导师能够识别研学课程资源地的历史遗迹，并能讲解其所处的历史环境及其相关的历史事件；能够辨别文物与非物质文化遗产，讲解文物与非物质文化遗产的历史背景与文化传统；能够带领学生了解研学资源地纪念场所的历史价值和意义。

我国是拥有五千年悠久历史的文明古国，辉煌灿烂的历史是祖先留给我们的宝贵遗产。对历史的学习，有助于培养学生对问题的分析能力、对未来的预测能力、对信息的敏锐度，以博大的胸怀去对待世间万物。研学指导师应当利用宝贵的研学机会，启发学生学习历史的兴趣，让学生理解“鉴前世之兴衰，考当今之得失”的意义。

4.提高研学管理指导能力

研学指导师在研学课程中承担着极其重要的责任，他们不仅要带领学生走完研学课程的行程安排，更要指导学生学习课程内容，完成课程目标。对于很多初次接触研学课程的学生、年龄较小的学生或者一些能力较弱的学生来说，完成研学课程内容是具有一定难度的。这个时候需要研学指导师付出格外的努力来帮助学生。诚然，在实际工作中，研学指导师的工作态度和工作经验是组织研学课程实施的关键，但是也绝不能忽视管理方法和指导技巧的重要作用，能够正确地应用合适的指导技巧，可以极大地提升研学指导师的工作效率。下面提供一些参考性方法和技巧。

（1）创设良好的学习情境。在研学旅行过程中，学生在接触到新的知识点或者到了一个新的研学地点时，研学指导师要创设认知需要的情境，把学生的思维带入新的学习场景中，将知识与研学相结合，让学生产生一种积极发现问题、积极探索的心理取向。实践证明，在每个研学课程单元开始时，研学指导师的引导和创设情境特别重要，好的情境创设不但引人入胜，还能极大激发学生的学习兴趣。

（2）培养学生自主探索的欲望，并且勇于付诸行动。研学课程的一大特点就是给学生足够的时空，充分发挥学生的潜能，让他们去看、去听、去问、去思考、去实践，引导学生从各个不同角度去研究和探讨问题。研学指导师要具备这方面的意识，乃至养成这样的习惯，时刻想着调动学生学习的积极性，比如通过讲故事、问问题，引起学生的兴趣，给学生线索，让他们在寻找答案的过程中完成对知识的学习。

（3）注重做好知识的拓展与总结。学生在研学中学到新知识，有了新的感悟后，就必须进行归纳和思考，这样才能实现知识的内化，这时候研学指导师必须引导学生用自己的语言归纳、整理新知识，然后启发学生应用所学的知识去解决新问题，进而去完成思考题和课后实践，使学到的知识得以延伸和应用。作为研学指导师，只要把研学课程的成果扎扎实实地带给孩子，让他们通过自己的努力去获得那份实实在在的经历和感受，研学课程的目的就达到了。

（二）物资准备

研学旅行所需物资一般由专门的工作人员根据研学课程方案设计人员和研学指导师的要求和建议进行采买，以选择最适合本次研学旅行的物资。当物资准备完成之后，由研学指导师分别领取，在领取时应仔细核对物资的数量，逐一检验物资的质量，及时发现问题，提早解决，以保证所有物品正常使用。物资通常分为以下三类：

1.基础保障类物资

基础保障类物资是指所有研学团队无论进行何种形式的研学课程必须配备的基础保障物资。

（1）学生胸卡。团队标志性物品，每位学生必须配备，几乎每天都要佩戴。要求样式统一，注意检查挂绳质量，以防胸卡遗失。

（2）学生行李牌。此为行李标志，防止行李丢失，每位学生必须配备，注意检查行李牌质量，以防路上丢失，无牌可用。

（3）手举牌及车头牌。手举牌及车头牌分别是活动时的班级标志及乘车时的车辆标志，属于管理团组必备物品，要求统一样式，可以多领取几份备用。

（4）对讲机及其充电器和工作服。此为研学指导师工作必备，要求统一样式，注意分别检查对讲机质量和充电器质量。

（5）传声设备（含发射器、接收器、接收器充电器、耳机线等器材）。这些是学生必备的教学用品，每位学生必须配备，几乎每天使用，注意逐一检查每套传声设备的质量。

2. 文件资料类物资

文件资料类物资是指研学课程中所用的文件资料。准备文件资料时，一定要注意文件资料的更新情况，切勿将过期的版本当作最终的版本使用，否则有可能会出现信息缺失，在工作中产生问题。

3. 课程应用类物资

课程应用类物资是课程方案内具体课程活动所需的物品，如博物馆定向任务单、主题类活动横幅、知识竞赛类抢答器、活动奖品及证书、生日会的蛋糕及礼物等，课程应用类物资大多是需要定制的物品，工作人员应当按照研学课程工作手册中的物资清单提前准备，在规定时间内交付给研学指导师。

当物资准备完成后，准备物资的工作人员将物资按照清单交接给项目负责人，由项目负责人和课程设计者核对之后，再交接给研学指导师，研学指导师依照物资清单接收。这个过程中使用的物资清单可作为凭证，在交接双方完成交接工作时签字确认。这样做的目的是明确责任，确保交接时物资的数量正确、质量完好，如果出现问题，依据交接单判断哪一方承担责任。

（三）形象及心理准备

作为研学活动计划的制订者与实施者，研学指导师应具备教育者的基本素养和情怀，提升个人综合素质，注重自身言行举止，成为学生身体力行的典范；研学指导师要具备良好的综合协调能力，既能有效沟通组织，又能提供必要的心理辅导，解决处理应急问题；研学指导师要不断学习，丰富自身知识储备，具备现代化的教育思想和教学观念；研学指导师要具备正向积极、乐观风趣的心理素养，注重个人的仪态仪表，培养学生正确的审美观。

作为一个合格的研学指导师，在日常就应该加强素质的培养和学识的积累。在研学课程实施前，至少做好以下两方面的准备：

1. 形象准备

仪容仪表方面，研学指导师要做到着装得体、整洁大方，符合研学指导师身份，讲究个人卫生；服饰、妆容和发型要适合自己的身体特征和年龄，既不要浓妆艳抹、花枝招展，也不能衣冠不整、邋里邋遢；统一佩戴工作证件，着装总体来说要以方便工作为宜。

言行举止方面，注意教师身份，注重文明素养；如产生分歧，不得发生任何语言及肢体冲突，须及时上报负责人，积极沟通，协商解决；统一研学指导师称谓，使用名字或职位名称称呼，或者“研学指导师”“老师”等称呼，使用礼貌用语；规范公共场合文明行为，一举一动符合师德规范，真正做学生的表率、社会的楷模。

2.心理准备

（1）准备面对艰苦复杂的工作。作为整个研学活动的主要执行者，研学指导师的工作内容贯穿于活动的准备、实施、总结阶段，包括制订研学课程方案、实施教育服务项目、交通服务、住宿服务、餐饮服务、导游讲解、安全管理、服务改进、投诉处理等众多项目。在流程的标准工作之余，还有一些需要特殊照顾的对象、无法预料的复杂问题和突发事件等，为保证服务质量，研学指导师要做好充分的心理准备，迎接各种工作挑战。

（2）准备面临综合性、全能型的工作。较传统教师和导游而言，研学指导师的工作职责更加综合和全面，研学指导师不仅要具备传统导游的能力，还要具备教育教学能力；对待学生要有爱心、耐心和强烈的责任心；要能够科学引导学生自主、合作完成探究性课题，形成成果；更要具备意外事故应对的安全知识和急救能力。作为复合型人才，研学指导师要未雨绸缪，做好心理准备，努力提升教育素养和教学技能，实现自身知识化、专业化、系统化的转型与蜕变。

（3）准备承受抱怨和投诉。研学活动中，难免出现学生及其家长无视研学指导师的付出，抱怨产品和服务，甚至提出投诉的情况，研学指导师要学会管理好自己的情绪，以积极乐观、认真负责的健康心态对待学生及研学工作，冷静、沉着地面对各种不公正待遇，真正把研学工作当作一份快乐而有价值的工作。

步骤三：实施研学培训

（一）制订研学行程方案

在实施研学培训中，行程制定是整个研学旅行的设计图纸，由行程设计组组长从需求调查出发，对学校情况、课程主题、课程目标、课程内容、课程单元组织形式等相关内容进行较为翔实的介绍。解读研学行程方案，能够帮助工作人员了解学生的学期以及研学课程的具体内容，借此让参与课程实施的每个工作人员统一对研学课程的认识。

（二）解读研学课程手册使用

研学课程学生手册是整个研学活动中学生的行动指南，是站在学生视角为研学课程提供的学习材料，其中的内容需要学生在学习过程中独立完成，很多时候需要引领学生在学中悟，在悟中明，而后激发思考力和行动力。

解读研学课程学生手册的作用有二：第一，研学指导师能够明确研学课程哪些内容是需要进行重点讲解的，哪些内容是需要学生去感悟、去理解、去体会的，这样在研学课程实施过程中可以有的放矢地进行指导，合理地掌握研学课程实施的时间分配；第二，研学指导师还能够判断学生在研学旅行过程中可能遇到的问题，能够提前进行准备并给予学生有效的帮助。此外，研学课程学生手册对学生在研学旅行期间行程安排和生活保障具有指导作用。这些内容是针对学生学情进行设计的，站在学生的角度来理解研学课程，解读参加研学课程的学生，有助于研学课程工作人员了解学生的状态，引导学生进行自我管理，提升学生个人能力。

同时，在了解了研学内容的基础上，研学指导师还可以提前对研学地点深入研究，进行相关知识的准备，以便顺利地实现课程目标。

（三）明确人员分工

在解读研学课程工作手册的同时，应由研学课程执行组组长来明确和分配每个工作人员（研学指导师）的岗位职责和具体任务。只有分工明确、责任到人，才能保证研学课程实施阶段的工作有效、顺利地进行。研学课程工作人员分工可以设计成表格（见表3-8）以作备忘。

表3-8　研学课程工作人员分工

日期	内容	任务	执行人	负责人	备注
5月18日	物资交接	领取并检查各小组研学物资	各小组研学指导师	小组组长	
		制作并保管横幅	王×	王×	
		领取并保管茶具	李×	李×	
5月19日	集合出发	各组集合出发	各小组研学指导师	各小组研学指导师	
	乘车	对接车辆	小组组长	小组组长	
		乘车管理	各小组研学指导师	各小组研学指导师	
	乘火车	乘火车管理	各小组研学指导师	各小组研学指导师	
	组织出站	对接车辆	小组组长	小组组长	
5月20日	用餐	对接餐厅	小组组长	小组组长	
		餐中、餐后服务	各小组研学指导师	各小组研学指导师	
	住宿	对接酒店	小组组长	小组组长	

步骤四：开展安全教育

研学旅行的安全教育培训应面向所有参与研学旅行的工作人员和学生。无论是主办方、承办方、供应方，还是学生都应对安全教育培训工作引起足够的重视，应根据各项安全管理制度的要求，组织安全管理小组成员进行安全教育培训。在研学旅行过程中，安全管理人员要随团开展安全管理工作，因此，必须明确各岗位工作职责，做到安全责任到岗、到人，层层落实，同时也要加强日常安全保障监督。

研学旅行的参与主体是学生，学生是研学旅行安全事故直接威胁的对象，学生面对风险的应对能力是决定研学旅行能否顺利实施的关键因素之一。只有抓好安全教育工作，才能最大限度地提高研学旅行的安全保障系数。

任务评价

通过实施以上步骤，是否达成了该任务目标呢？请对完成任务的情况作出评价（见表3-9）。

表3-9 本任务评价参考表

实施步骤	完成情况			
	优	良	中	差
落实研学资源				
完成相关准备				
实施研学培训				
开展安全教育				

随堂练习

一、单项选择题

1.对于研学指导师来说，只有做好充足的（　　），才能在研学课程中给予学生有效的帮助和指导，带领学生完成课程内容，实现课程目标。

A.体能准备　　B.知识准备　　C.心理准备　　D.素质准备

2.在实施研学培训中，（　　）是整个研学旅行的设计图纸，由行程设计组组长从需求调查出发，对学校情况、课程主题、课程目标、课程内容、课程单元组织形式等相关内容进行较为翔实的介绍。

A.行程制定　　B.目标制定　　C.路线制定　　D.方案制定

3.（　　）是整个研学活动中学生的行动指南，是站在学生视角为研学课程提供的学习材料。

A.教案　　B.学生

C.研学课程学生手册　　D.教师

4.研学旅行的参与主体是（　　），（　　）是研学旅行安全事故直接威胁的对象。

A.学生、学生　　B.老师、学生

C.学生、老师　　D.队医、学生

5.细致的（　　）是科学制订研学旅行课程的前提，也是安全顺利实施课程的重要保证。

A.线路资源勘察　　B.方案制订

C.教学计划制订　　D.教案制定

二、多项选择题

1.研学旅行是中小学生有组织的（　　）活动，是对中小学生进行集体主义教育、生活教育、行为习惯养成教育的有效载体，可以帮助中小学生学会生存生活，学会做人做事，促进中小学生形成正确的世界观、人生观、价值观。

A.集体性　　B.探究性　　C.实践性

D.综合性　　E.流畅性

2.线路资源勘察的主要内容有（　　）。

A.景区或研学实践教育基地的资源属性

B.课程资源的安全性

C.课程实施的时间长度

D.不仅要了解课程资源的气候特征、地理特征，确定课程实施必备的物质条件，还要了解课程资源的特殊要求，特别是必须携带的证件以及禁止携带物品

E.各学习单元之间的交通保障

3.落实研学课程方案包括（　　）。

A.检查课程场景　　B.预演课程流程

C.落实授课教师　　D.准备成果展示

E.物质资料准备

4.研学旅行的安全教育培训应面向所有参与研学旅行的工作人员和学生，（　　）都应对安全教育培训工作引起足够的重视。

A.主办方　　B.承办方　　C.供应方

D.学生　　E.教师

5.承办方必须为学校提供必要的行前课程，供学校在安排行前课程时选择使用。其具体内容包括（　　）。

A.提供建立联系、交流信息的渠道

B.课程资源详述

C.相关专题报告

D.教案

E.视频

三、判断题

1.研学旅行的安全教育培训不必面向所有参与研学旅行的工作人员和学生。（　　）

2.只有抓好安全教育工作，才能最大限度地提高研学旅行的安全保障系数。（　　）

3.承办方、主办方、供应方不需要分别建立即时联系渠道，随时交流相关信息即可。（　　）

案例共享

山东东营广饶孙子文化研学课程课前准备案例

一、课程背景

研习孙子文化，传承尚武精神，挺起民族脊梁，坚定青少年意志。走进千年古城乐安，孙子文化发源地，兵圣孙武故里，感受兵家智慧谋略，找回中国人的精气神！

二、适用学段

义务教育阶段中小学生。

三、课程特色

（一）家国情怀：传承

体验式课程设计，通过参与抱拳礼、聆听兵圣传奇故事等环节，使研学师生身临其境体会前人的艰辛历程，怀着对先辈的感恩之心，追寻先辈的脚步开始深入内心的传承之旅。

（二）兵家血脉：探究

“刀光剑影”中领略中华兵器演变史，“千里奔袭”走过十三园、十三桥，通过聆听、切身感悟、导师互动等方式，一窥《孙子兵法》之奥妙与无穷变幻，通过“朝拜兵圣”领略兵圣孙武辉煌的一生，研习古代将帅运用兵法征战的智慧谋略，按照科学、系统的课程实施步骤，获取知识并接受兵家文化熏陶和精神洗礼。

（三）沉浸体验：生动

沉浸式参与“吴宫教战”场景、体验7D凌空飞行的顶级文化设施，融入知识、能力、文化、精神四层核心及系统的经典课程设计，于身临其境的研学体验中，全面提升思维模式、学习方法、团队意识、感恩之心、抗挫折能力等素质，让每一个孩子都更加自信、坚强、勇敢、快乐、有担当。

（四）系统评估：荣誉

设计即时、科学、系统的研学评估标准和评估方式，给予完成研学任务的学生“通关令”，“通关令”可以兑换研学礼物，以此提升学生信心，增加研学热情。

四、课程目标

（一）知识目标

1.掌握基本的外出安全知识，提高自我保护意识。

2.提前进行知识准备，挖掘书本，并通过观看研学先导片、查阅相关资料、小组分享等，增加知识储备。

（二）能力目标

1.在班主任的指导下，能够利用互联网进行查阅资料及整理信息，锻炼其搜集信息、探索求真的能力。

2.通过自行编组、就餐、参观等，培养自立自强、团队协作能力。

3.通过研学活动课程体验，培养观察比较能力、辨别验证能力、思考能力、动手能力以及团队协作能力、创造力。

4.通过举行研学旅行成果展示，如手抄报、研学美照展览、主题班会分享等，锻炼书写、绘画等动手操作能力。

（三）情感价值目标

1.通过研学孙子文化园，深刻解读兵家文化与孙子文化，认知智信仁勇严的含义与重要意义，增强文化自信，传承尚武精神，促进德智体美劳全面发展。

2.通过探馆、拓印、齐笔制作等研学体验，加强对齐鲁文化的了解与实践运用，激发对古人智慧的赞美之情，培养对美的认知。

（四）核心素养目标

1.通过研学旅行活动，培养安全意识、文明意识、探究意识，提高观察、辨别、动手、实践能力。

2.通过研学旅行成果展示，培养敢于表现、学会倾听、乐于分享的能力。

3.塑造积极心理，促进德智体美劳五好全面发展。

五、课程实施

（一）行前动员阶段

1.行前宣讲会

（1）组织行前宣讲座谈会，邀请学校领导、教师代表、家长代表、学生代表共同参与，确定研学旅行主题，研学地点为孙子文化园。

（2）课程开发者参与宣讲座谈会，对研学课程进行宣讲，介绍此次研学旅行线路、准备知识、就餐交通住宿等信息，发放《研学旅行手册》，要求学生仔细阅读，了解相关内容。布置研学任务单，回答学生提出的问题，辅助老师做好宣传及解释工作。

2.行前相关知识准备

研学出行前一周，要求学生通过上网查资料、图书室借阅书籍、小组合作交流探讨等多种方式对孙子文化、兵法知识、历史知识进行知识储备与交流。

3.行前安全准则

（1）乘坐交通工具：出发前提前十分钟到达指定地点集合，不让其他人等待；找到自己所在的队伍，向老师报到入队；按要求统一着装；排队有序上车；先下后上，礼让先行；找到座位后，及时入座；将过道等处让行，不要占道或拥挤在过道处，与他人方便；入座后整理好自己的物品；在车出发前系好安全带，行驶中把好扶手，行驶中不随意调换座位，不嬉戏打闹。保持车内卫生，将垃圾收在垃圾袋中，不乱丢垃圾；在车上听从研学指导师的安排，听清楚老师通知的信息。

（2）场所参观学习：自觉排队进入场馆，不要拥挤，不制造混乱；场所内保持安静，不大声喧哗，不大呼小叫。讲解员讲解过程中，不随意打断；如有没听清的问题需要解释，请使用礼貌用语，并感谢解答。如场馆内有禁止拍照提示，请自觉遵守要求，不拍照、不摄像。爱护场所内的公共财物、设施、文物古迹、花草树木，不随意破坏；不随意乱写、乱画、乱刻。自带小垃圾袋，不要乱扔果皮纸屑和杂物。如走在狭窄的曲径、小桥、山洞时，要排队按顺序通过。参观学习过程中集中注意力，不玩手机。

（3）用餐：按照提前分好的桌号入座，不随意调换桌号，不乱坐、乱跑。尊重服务员，谦和有礼；当服务员忙不过来时，耐心等待或与老师沟通，不要敲击桌碗或喊叫。用餐期间不打闹、不喧哗，用餐结束后有序离开。

4.行前物品准备清单（见表3-10）

表3-10 行前物品准备清单

自备物品名称	数量	出发时清点	返回时清点
随身双肩包或者小挎包			
研学手册、笔、阅读的书籍			
手机、相机等个人所需电子产品			
（保温）水杯			
必备药品（口罩、晕车药、感冒药、创可贴等）			
其他			

建议：孩子独立完成后家长进行检查填补。

5.总结评价

（1）开展“研学知识准备”展评活动，促使同学们积极参与前期的知识储备，同时互通有无，取长补短，从而使研学旅行起到倍增的效果。

（2）根据各自研学前的准备，通过自评、互评填写“即时研学效果评估表”（见表3-11）。

表3-11 即时研学效果评估表

评价内容	学生自评	组员互评	老师点评	建议
了解此次研学的目的和内容	★★★	★★★	★★★	
明确相关安全、文明要求	★★★	★★★	★★★	
课前认真搜集相关资料	★★★	★★★	★★★	
课上积极交流表达	★★★	★★★	★★★	
组内团结合作	★★★	★★★	★★★	

（二）课程内容

课程内容见表3-12。

表3-12 课程内容

时间	地点	课程内容
8：30	外广场	结合实际场景学习《孙子兵法》的要旨之一：打造强大军队所必备的素质“其疾如风，其徐如林，侵掠如火，不动如山，难知如阴，动如雷霆”（军争篇）与优秀将领必备的五德“智、信、仁、勇、严”（计篇）
9：00	内广场	举行兵家圣礼抱拳礼仪式（统一着将帅披风）
9：15	兵器馆	沿着历史脉络直观感受兵器演变过程，了解不同朝代背景下经济发展、冶炼技术变革、人类文明更替创新等综合因素下的兵器演变史，更通过传奇的历史故事、登点将台号令三军、电子互动兵器拼图等科技游戏生动展示兵器在战争中的重要地位（作战篇）
10：00	青少年拓展基地	以真实体验为内容的青少年安全教育基地，利用多种现代高科技手段，以情景化、体验化等方式普及火灾、地震起因和危害等知识，提高青少年防灾减灾意识及自救互救技能

续表

时间	地点	课程内容
10：30	十三桥	《孙子兵法》全书共十三篇，六千余言，成书至今已有二千五百多年，被后世尊称为“兵家圣典”。孙子文化园以《孙子兵法》十三篇为主题，设计、建造并命名了十三座各具特色的桥梁，根据每座桥梁对应的《孙子兵法》内容讲述其精妙绝伦之处
11：30—12：30午餐，午休		
12：30	孙武传奇	动感雕塑以耸立在《孙子兵法》十三篇基座上的孙武雕像为中心，四周环绕古乐安的城墙。四个城门可以开合，演出时四部战车从城门中驶出，古装士兵在城的四周巡游。孙武传奇是战争的具体体现，是《孙子兵法》的艺术提升，更是演武场的点睛之笔
13：00	兵圣宫	中厅、古代将帅区：着重介绍中国古代20个杰出军事人物的传奇故事及对历史的影响和重要地位。 拓印齐笔制作：讲师讲解拓印和齐笔制作的文化内涵，教授学生亲手制作。 球幕影院：通过现代高科技手段，回眸古代战役场景，鸟瞰祖国河山，同时进行爱国主义教育
15：00	魔幻剧场	通过高科技幻影技术、声电配合、光影特效技术、高度中央控制及演员舞台表演集于一体，营造出春秋战国之境，利用虚幻成像技术，由真人与虚幻的影像一同表演，晋献兵书、吴宫教战、吴王拜将跨越时空，超真实感受兵法故事
15：30	游乐区	开始勇者挑战，分班级分组由小组长带领本组人员体验游乐项目，并请工作人员在门票上打卡标记，研学结束返程时各组收集门票，统计体验项目数量，评出前三名的小组

资料来源：孙子文化园.品读黄河家国情 传承兵家强国梦——孙子文化园精品研学［EB/OL］［2021-12-29］. https：//view.inews.qq.com/k/20211229A075C700?web_channel=wap&openApp=false，节选.

请思考：山东东营广饶孙子文化研学课程有哪些成功之处？

分析提示

思而行远

“双减”下的研学热，别把研学当旅游

携程旅行数据显示，今年暑期研学游人数同比增长超650%，亲子游订单中研学类产品订单占比近七成。随着“双减”政策落地，中小学生课外时间得到进一步解放。作为一种集研究性学习与旅行体验于一体的校外活动，研学旅行市场走俏迹象明显。与此同时，专业人士指出，国内研学旅行市场质量及服务标准还有待提高。

2013年，国务院印发的《国民旅游休闲发展纲要》明确要求“逐步推行中小学生研学旅行”。此后，作为一项撬动素质教育改革的杠杆举措，研学旅行逐渐走入人们的视野。2016年，教育部等11部门联合颁发《关于推进中小学生研学旅行

的意见》，要求各中小学要把研学旅行纳入教育教学计划，与综合实践活动课程统筹考虑，促进研学旅行和学校课程的有机融合。

研学是学校教育和校外教育衔接的一种创新形式，通过唤醒学生对不同文化和体验的意识与感受，帮助学生从新的角度看待世界。开展研学旅行，有利于促进书本知识和生活经验的深度融合。然而，在实际运作中，由于种种原因，大多数研学旅行淡化了教育性和实践性，几乎等同于春游、秋游及夏令营活动，使研学类旅游既少"研"，也不"学"。

研学旅行重在"研学"，而不是旅行。研学是"研究性学习"的简称，是一种重问题解决和探究过程的开放式学习，说到底是一门实践的艺术。传统的学习观重在知识的输入与产出，追求知识的传授，而研学重在知识建构的过程，在这样的学习过程中，教学不再是解读教科书然后把知识传递给学生，而是为学生创设一个情境让学生以自己的理解方式去认知世界。

目前的研学旅行大致采取两种方式：第一种是由学校组织，在研学开展之前，由教师和学生确立研学主题，并让学生组成研究团队自主设计旅行路线、交通选择、食宿以及安全等问题，这种占极少数；第二种是由旅行社或研学旅游公司完全代替学校来设计路线和方略，并组织学生的研学旅行活动，这种占大多数。这就是说，研学旅行的效果如何，很大程度上取决于研学旅行公司开发的产品质量以及活动实施的效果。然而，现实中旅行公司开发研学产品的工作人员绝大多数是非教育类相关专业出身，因此导致研学产品缺少应有的教育意蕴。

要让研学旅游回到教育的本位意义，教育管理部门应当制定相关政策，推进研学旅行的课程化，必须制订具体的研学旅行课程实施计划，以及课程的特征、性质、目标等，编写相应的课程标准，改变研学旅行随意性。此同时，还要结合不同年级学生的身心特点，把研学旅行课程总目标分解成年级阶段目标，设计与制订实施方案，做到各阶段研学旅行目标内容与组织实施相互衔接，细化年级研学旅行课程标准、内容、途径，建构学校研学旅行课程体系。相关部门还应当根据研学课程的标准，审查监督市场上的研学旅游产品，是否符合相关政策。同时，为了保证研学旅行有效开展，还应当制订严格的考核方案，对研学旅行的效果等方面评价和考核。从学校、学生、家长和社会等不同方面收集信息，以形成全面客观的评价，重点关注学生在研学旅行过程中的体验与感悟，对研学旅行摘记、心得进行价值判定，对研学旅行结果进行检测，以便进一步优化研学旅行，以促进研学旅行有效开展。

资料来源：赵清源．"双减"下的研学热，别把研学当旅游［N］．中国青年报，2021-10-25.

任务拓展

请以"鱼米江南，荟萃人文——江南研学课程"为主题，针对初二学生，选择合适的课程资源，设计一个研学旅行课程，注意思考课程中的研学活动与研学目标的匹配性。你认为行前应该准备哪些相关学科知识，如何实施研学培训和开展安全教育？

任务二　组织研学课程活动

任务概述

研学旅行课程是一种综合性的、体验性的课程，实施起来要比校内的学科课程困难得多，学校和承办机构都面临众多的现实挑战。从实践操作的视角看，研学旅行课程有以下特点：第一，持续时间长，一般小学四到六年级以乡土乡情课程为主，时间为1～2天；初中一到二年级以市情省情课程为主，时间为3～4天；高中一到二年级以省情国情研学课程为主，时间为5～7天。第二，安全要求高，相关部门都会把安全要求放在研学旅行的第一位置。第三，学生人数多，研学旅行是学校课程内容的一部分，参与学生基本上是以年级为单位，人数多则可以达到上千人，这给组织者提出了很大的管理挑战。第四，组织难度大，人数多且涉及学生的衣、食、住、行和学习等方方面面，比室内课程或校内活动课程组织难度大得多。因此，研学旅行课程实施的操作环节非常重要。

素质目标

1．培养身体力行、创新实践的能力。
2．培养统筹规划、团队协调的能力。
3．培养守时守信的职业操守，提升职业认同感。

知识目标

1．掌握研学旅行课程活动组织原则。
2．掌握研学旅行课程活动组织流程、组织方法。
3．明确研学旅行课程活动组织执行过程中的误区。

能力目标

1．能够灵活运用研学旅行课程活动组织的方法与要点。
2．能够在活动组织过程中形成自身作为研学导师的特色和风格。
3．能够根据现实工作过程中的实际情境正确组织实施研学旅行课程活动。

理论知识

一、组织实施研学旅行的两种形式

教育部等11部门在《关于推进中小学生研学旅行的意见》明确，学校组织开展研学旅行可采取自行开展或委托开展的形式。

（一）自行开展

学校自行开展研学旅行，行前要制订科学严密的研学旅行行动计划，精心策划设计研学旅行活动主题，要与研学旅行基地营地等供应方一起制订详细周密的研学旅行活动课程实施方案，要与家长签订协议书，明确学校、家长、学生的责任和权利。研学旅行中要严格执行活动实施方案，做好应急处理，对各类可能的问题科学研判，防患于未然。研学旅行后要加强后续管理，及时做好研学旅行的总结工作，转化研学成果，总结经验教训，不断完善学校研学旅行课程设计和方案制订，提升研学旅行的品质。

（二）委托开展

《关于推进中小学生研学旅行的意见》中明确，学校委托开展研学旅行，要与有资质、信誉好的企业或机构签订协议书，要明确由受委托的企业或机构承担学生研学旅行的安全责任。

这里，学校委托的“企业或机构”在《研学旅行服务规范》中被称作研学旅行承办方，特指与研学旅行活动主办方签订合同、提供教育旅游服务的依法注册的旅行社。本教材中，将学校委托的“企业或机构”统称为研学旅行服务机构（study travel service organization），即在我国境内组织开展研学旅行教育服务活动的机构，主要包括具有研学经营资质的旅行社和具有旅行社资质的教育机构。

学校选择委托服务机构组织研学旅行，还要进行公开招投标，并对研学旅行价格进行公示。研学旅行招标属于服务项目招标，其招标公告应符合一般服务项目招标公告的基本范式，但在内容上要充分考虑研学旅行的教育属性和课程属性，符合研学旅行相关政策、标准，做到科学、严谨、准确、简明。

之所以提出研学旅行可以委托服务机构组织实施，主要基于行业分工和角色定位的约定俗成及发挥各自优势。学校教师的职责是教书育人，而研学旅行的实施运行涉及多行业，教师在整合协调研学旅行开展所涉及的资源时有一定难度。因此有必要将研学旅行活动交给专业的研学旅行服务机构来开展，这样也能促进研学旅行工作专业化、规范化、精细化、质量化。

二、组织实施研学旅行的工作机构和人员

作为研学旅行的实施主体，中小学校要建构研学旅行工作机构，配齐研学旅行人员，建立研学旅行工作常态。具体来说，学校组织实施研学旅行的管理人员队伍应由以下机构和人员构成。

（一）研学旅行领导小组

学校组建由校长、书记、主管德育副校长、主管教学副校长、政教处主任、教务主任、各年级组长、班主任等组成的研学旅行领导小组，全面负责学校研学旅行工作。一般而言，领导小组办公室，中学设在政教处、小学设在少队部，具体负责落实。

（二）研学旅行教研组

学校要组织老师成立研学旅行教研组，或设立综合实践活动教研组，重点研究解决学校研学旅行活动课程问题。要与研学旅行基地营地及委托的服务机构联合起来，按照学校教育教学计划，融合综合实践活动课程、地方课程、校本课程、劳动实践教育等，设计研学旅行主题，确立研学旅行目标，遵照课程要素进行设计，编

制研学旅行活动课程方案，确保研学活动的实施有目标，有内容，有实施办法，有评价。

（三）年级组长和班主任

研学旅行活动主要以班级为单位，年级组长和班主任在学校政教处或少队部的组织下，经学校研学旅行教研组确定并实施年级研学旅行活动课程方案。年级组长和班主任还应分工明确，与家长签订协议书，明确学校、家长、学生的责任和权利。

（四）学校老师

学校老师是研学旅行活动的设计者、组织者和评价者，更是学生研学旅行活动的主导者，研学旅行活动课程需要在老师的参与、讲解、指导下完成，因此学校广大老师要深度参与研学旅行，掌握研学旅行活动课程设计与实施的目标、内容、方法和途径等，做好研学旅行活动中的学生辅导员。

（五）安全员

学校要配置有资质的安全管理人员，在研学旅行过程中随团开展安全教育和防控工作。

（六）学生家长

家长的支持和协助对中小学研学旅行活动的顺利开展意义重大，学校与家长之间应形成良好的合作关系，有意愿的家长可以作为志愿者，和学校共同负责学生的活动管理和安全保障。

三、研学旅行课程活动组织与学习方法

（一）讲授教学法

讲授教学法是目前研学旅行过程中普遍使用的教学方法。例如，在文博场所中，通过馆内讲解员介绍研学点历史文化、学生活动前的规则说明等。这种集中听讲学习的方法是在传统的讲授教学模式的基础上逐渐演化而来的，它是指学生通过教师的系统讲解，在短时间内获得大量知识。在研学旅行过程中，学生将学科理论知识应用于真实情境中，通过倾听专家和教师的讲解，快速认识新事物，加深理解既有知识，从而进一步提升自己的认知水平。

（二）情景式教学法

研学旅行过程中所处的真实环境，为情景式教学提供了条件，激发了学生的学习热情和学习愿望。通过设置合理的探究问题，辅以小组讨论、角色扮演等方法，能够充分地实现研学旅行的目的、意义和教育效果。例如，让学生身处屯溪老街扮演徽商、亲赴井冈山感触红色精神等。

（三）目标引导教学法

在研学旅行课程活动中，实现教学目标是最重要的目的之一，而实现最终教学目标也需要通过阶段式的教学目标完成。因此，通过实现阶段式的教学目标最终实现研学旅行活动目标是研学活动的核心。而实现教学目标的关键要素包括：发现并提出问题；提出假设，选择方法，研制工具；获取证据；提出解释或观念；交流、

评价探究成果；反思和改进。学生通过以上一系列科学有效的实践探究过程解决问题。因此研学旅行综合了社会实践活动和研究性学习，强调学生的探究学习。而在探究学习的过程中，研学指导师通过适当的目标引导和启发，可以帮助学员更好地完成教学目标，实现教学活动的组织实施。

（四）团队学习法

研学旅行是在旅行中学习，强调自我发现与探索。自主学习是研学旅行的主要学习方式，贯穿整个研学旅行过程中。学生在老师的引导和组织下，带着预定课题发现问题、提出问题、分析问题和解决问题，得出结论并表达观点。另外，研学旅行是集中食宿的教育活动，在体验生活、实践探究的过程中，合作学习是必不可少的学习方式。

（五）体验式学习法

体验式学习法是一种本质上不同于传统课堂教学的方式方法。传统的理论学习是建立在经验认识论基础之上的，而体验式学习强调的是学习过程中实践体验所扮演的重要作用。因此，体验式学习意味着不能一味地提供表面知识，更要处理和修正学员原有的经验。在研学旅行的课程组织活动中，体验式学习法意味着需要通过研学指导师的引导，使学员对学习过程产生兴趣，再通过自身的实践体验获取知识与技能。例如，在户外体验类课程中，十分强调体验式学习过程。

四、研学旅行课程活动组织实施要点

（一）关注每个学员个体的过程性学习

在课程活动组织过程中，研学指导师要具有很强的组织能力和协调能力，要及时、认真地对学生整体活动的状态和表现进行跟踪。具体可以从以下方面着手：在活动开展前，研学指导师要提前进行课程活动组织的安全论证，预判活动中遇到的问题，对整体的课程活动组织实施方案提出建议，使课程活动组织实施方案科学、合理、周密、可执行。在活动过程中，不论是组织学员整体进行研学旅行课程活动或通过学生自主管理、小组管理等形式开展研学旅行课程活动，都需要明确活动中的个体表现、活动任务及完成情况等。例如，以小组开展研学旅行活动时，小组长要进行详细记录，而且每个学生也要记录自己的活动情况，撰写研究日记。可以给每个小组配备一个专用档案袋，里面除装有学生查阅、调查收集的信息资料外，还可装有学生活动记录表等，方便学生记录其学习心得。这样就能做到师生之间信息畅通，也有利于研学指导师及时发现学生在研究过程中的问题，及时给予指导和点拨，清楚掌握每个学生在研学旅行课程活动中的完成情况。

（二）给有需要的学员提供适当的心理指导

对比研学旅行课程活动与传统的学校教育，二者在课程内容、课程组织形式方面具有一定的差异性。学生可能对课程活动存在一定的兴趣或感到乏味，或者随着课程活动的推移学生的兴趣发生不同程度的减退。如何能让学生较长时间地保持积极的学习状态，是研学旅行课程活动组织中必须考虑的问题。研学指导师要及时地、不断地激励学生。当学生出色地完成一定的课程活动目标时，研学指导师要毫不吝啬地表扬，要学会欣赏学生。当学生出现问题偏离既定教学目标时，不要多加指责，要帮助学生分析失败的原因，鼓励学生继续自己的实践，尽量去发现学生的长处和优点。研学指导师要适时、适度地给学生提供帮助。这种帮助要注意不能将自己的意志强加给学生，要留出思考的空间给学生。在执行研学旅行课程活动时，无论前期计划制订得多么周密，在实施过程中都会遇到这样或那样始料不及的问题和困难，而对学员来说，往往由于极少接触社会，社会关系比较简单，社会实践能力较弱，在遇到一些困难与挫折时心里会有很大的挫折感和失败感，产生畏难情绪。作为研学指导师，应适时、适度地帮助学生克服心理障碍，解决困难。

（三）有意识地培养学员的团队合作意识

研学指导师必须在研学旅行课程活动组织实施中督促每位学员动手实践、主动参与课程活动实践。研学指导师要注意观察每一个学生在品德、能力、个性方面的发展，适时给予鼓励和指导，帮助学生树立自信心，逐步提高其学习的自觉性和积极性。同时，在这个过程中适时、定时地组织学生积极地交流和评价。在以往的教学方式中，学生的交流合作机会少，缺乏协作精神，小组成员间容易产生分歧和矛盾。研学指导师应在随时地察看、指导过程中，运用正式或非正式的手段与方式，采用即时、即地、即兴的评价方式，组织学生开展公开汇报、交流。在交流过程中，小组成员不仅可以交流经验，还可以交流探究过程中遇到的困难，从而使小组成员之间更加地相互理解、相互帮助，形成一种民主、平等、和谐的研究氛围，增强小组的协作力和凝聚力。

五、研学旅行课程活动组织中的常见误区

（一）重实践活动，轻安全隐患

《关于推进中小学生研学旅行的意见》明确指出："建立安全责任体系。各地要制订科学有效的中小学生研学旅行安全保障方案，探索建立行之有效的安全责任落实、事故处理、责任界定及纠纷处理机制，实施分级备案制度，做到层层落实，责任到人。"学校作为研学旅行的主导部门，可采取自行开展或委托开展的形式，在研学旅行的不同阶段，要明确学校和委托企业或机构的每一级、每一人的安全责任。

（二）重旅游活动，轻教学实践

将研学旅行纳入中小学教育教学计划，与综合实践活动课程统筹考虑，促进研学旅行和学校课程有机融合，众所周知。因此，研学旅行要实现课程化，避免出现"游"多"学"少的现象。要提高学生的实践能力、创新精神等核心素养，就要"研"字当头，"学"字贯穿始终。研学旅行是站在教育层面上，注重研学主体的需求，寻找适合学生的研学主题和课程教育目标，把书本内容活动化、活动内容教育化，深度促进研学旅行活动课程与学校课程的有机融合。研学旅行基于"行"，核心在"学"，让学生拓宽视野、丰富知识。

（三）重学员情绪，轻家长态度

学校在研学旅行过程中起主导作用，要充分调动校外资源。校外资源不仅包括校外服务机构，也包括家长委员会和其他社会资源等。这些资源的有力支撑，能够更好地保障研学旅行的实施。一般情况下，年级学生会和班委会无论是在校内教学过程中还是在研学旅行过程中，都能很好地协助教师，起到促进作用。然而，家长或家长委员会的作用容易被忽视，或者不愿被学校触及，究其原因是多方面的。在研学旅行过程中，如果处理不好与家长的关系，即使是少数家长不满也容易成为学校工作的难点，牵扯教师过多精力，间接影响研学旅行的整体实施。这就需要学校教师在研学旅行过程中积极发挥家长委员会的作用，适时适当地调动家长群体参与和协助，达成教育共识，形成研学旅行共同体。这不仅能够更好地处理教师与家长的关系，还能在一定程度上减轻学校压力，从而保障研学旅行安全、有效地实施。例如：在行前筹备阶段，由家长或家长委员会承担部分动员工作；在研学过程中，学生私人问题可以通过家长远程协助解决，期间出现的个别家长不理解现象也可以通过家长委员会支持解决等。

（四）重知识传授，轻自我探究

目前任务单或任务手册已经大量出现在研学旅行活动过程中。但在多数情况下，学生被繁杂的任务单、任务手册所束缚，疲于应付，难以深入地去观察、考察，缺少深入思考的时间，缺少深入探究自身感兴趣的问题的机会。而有的研学旅行指导教师仅重视基本知识、技能的传授，一味讲解、填鸭灌输，不注重引导、启发，容易造成学生对研学活动失去兴趣，甚至产生阴影。

任务实施

研学旅行课程活动丰富多彩，不同类型的研学课程活动，组织与实施过程存在不同的侧重点。但万变不离其宗，课程活动的组织与实施包括了多个必要的流程和其中需要注意的要点，只有能够正确组织实施研学旅行课程活动，才能使参与研学旅行活动的中小学生获得较好的体验，达到其学习目标，在旅行过程中完成教育目的。

步骤一：启动课程导入

在研学旅行课程活动正式开始之前，首先要通过适当的方式完成对课程的导入。课程导入环节不仅可以使学员快速地融入课程的情境中来，同时也可以激发学员的学习兴趣，为良好的课程活动组织实施奠定基础。课程导入的方法有多种，作为研学指导师，应当根据不同的研学课程类型、不同的研学场地、不同的环境条件选择适当的课程导入方法，正确地导入课程活动，常用的课程导入方法主要有以下五种：

（一）直接导入法

直接导入法是最常用的一种课程导入方法，研学指导师可以在课程开始就直接阐明本次研学旅行课程活动的学习目标、要求、内容、安排等，把学生的注意力迅速集中，并自然、有效地导向学习内容，直接导入法是最简单也是最常用的一种导入方法。这种方法的优势在于可以为课程活动组织实施提供充分的时间，同时也让学生始终能够明确研学课程需要达到的目标。但这种方法的趣味性不强，对于学生来说，往往无法针对学生的兴趣取得较好的课程导入效果。

（二）问题导入法

问题导入法是研学指导师在研学旅行课程活动开始的过程中，通过分析课程活动的主题，根据课程主题提出一个或多个富有启发性的问题，引导学生回忆、联想、思考，从而激发学生产生学习和探究欲望，进而导入新的学习内容的一种导入方法。需要注意的是，问题导入法以开放式问题导入为主要形式，这样既可以引发学员自发的讨论与思考，同时也有助于研学指导师分析与总结。

（三）故事导入法

故事导入法是指研学指导师针对研学旅行课程活动的主题，或者根据研学旅行课程活动开展的场所，利用学生普遍爱听故事的心理，通过讲述与教学内容相关的具有科学性、哲理性的小故事，如神话、寓言、民间故事等，引导学生探究，从而使学生自觉学习新知识的一种导入方法。这种方法的优势在于可以快速吸引学生的注意力，激发学生的探究学习兴趣。但在使用时需要注意选择与课程主题、课程目标相契合的故事来导入课程，否则会使学员在理解课程内容与教学目标时与课程活动初衷产生偏差，继而影响课程活动实施效果。

（四）游戏导入法

游戏导入法是指研学指导师精心设计一些知识性、趣味性并与学习内容密切相关的游戏，激发学生的学习兴趣，活跃课堂气氛，使学生在既紧张又兴奋的状态下不知不觉地进入学习情境的一种导入方法。这种课程导入方法主要适用于户外体验型课程中，其他类型课程活动也可以使用，需要注意的是，游戏设计要注重难度适中，并与整体研学旅行活动开始时的破冰、热身活动相区别。

（五）预习导入法

预习导入法是指研学指导师通过多媒体展现或提供道具的形式使学员提前了解、分析课程内容或引起学员的好奇，从而达到课程导入效果的一种导入方法。例如，研学指导师可以通过朗读、演讲、音乐、动画、视频等创设有趣的学习环境，感染学生，使其进入学习情境，也可以在前往研学地点的车上提前指导学生预习研学手册中的课程内容。预习导入的方式方法多样，研学指导师可以根据实际情况进行组织实施。

步骤二：组织课程活动

研学旅行课程活动的组织与一般的学校教育活动不同，更注重实践操作与分享体验的过程。对于活动需要实现的教育目标，研学旅行课程活动在实际操作过程中更注重对个体成长性的把控，更注重个性化教育的体现。因此，研学旅行课程活动的组织与实施主要包括以下五个环节。

微课 3-3

研学课程组织——组织课程活动

（一）研学指导师现场讲解与行动示范

在研学旅行课程活动开始后，研学指导师通过适当的方式引入课程内容，之后进入真正的课程活动组织实施环节。在课程实施过程中，研学指导师首先需要通过适当的方式对课程活动的知识与技能向研学旅行学员进行传授。而由于研学旅行课程活动类型多样，内容丰富，在课程实施的过程中也可以通过多样化的方式完成这一教学任务。在参观式学习课程活动中，研学指导师多采用现场讲解的方式；而在体验式学习课程活动中，研学指导师多以行动示范配合现场讲解的方式完成研学课程活动的组织与实施。

1.研学指导师现场讲解

研学指导师与学员进入课程参观场所后，在进行课程导入之时，研学指导师要依据课程方案向学生说明参观线路、时间安排及学习重点，让学生对学习环境充分熟悉，对学习内容形成整体的认识，然后开始进行讲解。讲解内容需要进行具体设计，讲解内容实际上就是要教授给学生的知识。设计讲解内容时需要注意：①讲解内容务必围绕参观内容展开，做到有的放矢，同时结合学情，确定知识的范围和深度，使学生能够对已有知识加深印象的同时学习新知识，拓宽知识边界。②保证讲解内容的真实性。在讲解过程中，切记选择真实的、被论证的知识讲解，切忌讲野史或者没有事实根据的内容。③讲解内容的设计是为了达成学习目标，在设计讲解内容时必须以完成学习目标为前提，否则再多的讲解内容都是无用功。④确保三观正确。在设计讲解内容时，时刻审视内容中的世界观、人生观、价值观是否正确，特别是涉及历史、文化等方面的内容，需谨慎仔细，切莫将错误的观点传递给学生。

同时，讲解过程还可以根据实际情况采用集中讲授与任务驱动相结合的方式进行。集中讲授主要体现在讲授本次活动的重点内容，任务驱动主要体现在讲解的过程中对讲解词进行设计，通过提问、布置任务等形式使学员集中精力聆听讲解过程，继而完成教学目标，确保取得较好的课程实施效果。

2.研学指导师行动示范

考虑到一些课程开展的特殊性，如注重实际操作的实验类课程、注重知识普及的讲解类课程、注重自我探究的户外体验类课程，都需要研学指导师通过讲授或行动示范的形式使学员掌握行动技巧，具备可操作、可体验的活动前提，因此，在这些课程活动中，研学指导师应多以行动示范配合现场讲解的方式完成研学课程活动的组织与实施。同时，适当的讲授或行动示范也是保证课程活动安全执行的必要前提。例如，一些简单的化学实验类课程、户外操作类课程，往往学员缺乏一定的知识基础和能力经验，如果研学指导师不进行适当的行动示范和讲解，可能会导致学员在自主操作过程中产生一定的安全风险。

（二）学员实践操作与体验式学习

在研学指导师完成课程导入和行动示范后，此时，于学生而言已经有了开展课程活动的具体情境和内容，可以由学生单独或团队合作去经历一个事件或完成一项任务。体验式学习主要采用科学的多重感官学习法，包括小组研讨、会谈、情景活动、角色扮演、静心冥想、作业练习、行动指南等。体验式学习中，学生是体验的主体，必须给学生充分的体验和感受的时空，学生通过调动五感，将吸收的信息经过自悟、内省、内化后形成自我认知。在学生体验前，要引导学生调动五感进入体验的状态，既包括基本的方法、注意事项的引导，又包括态度的引导等。

（三）学员自我分享与小组讨论

自我分享与小组讨论不仅是体验式学习的重要组成部分，也是课程活动中实现学员之间相互熟悉、相互交流的重要过程，因为必要的社交与人际关系沟通能力也是研学旅行活动中提倡学员实现自我提升的重要环节。而在研学旅行课程活动的实践操作中，同样的体验，每个人的感受差异也会比较大，组织学生在现场分享，便于彼此交流思想，提升认识，形成共识，甚至及时纠偏，纠正错误的认识，达到预期的学习目标。在分享环节，研学指导师要积极地鼓励学生发言，灵活运用提问的技巧，引导学生观察和反思，进行抽象概括，将体验内化并用语言表达出来。分享可以使用自我分享与小组分享的形式，讨论需要通过分组来完成。分组时需要注意人数的选择，一般4～6人是一种较为理想的分组状态，如何分组需要视实际人数及课程活动内容而定。较为理想的分组既可以使得每位学员都能有充分的发言交流机会，也会使得学员更容易敞开心扉交流。分享时需强调规则，让学生学会表达和倾听，尊重每一位发言的同学，同时真诚地进行自我表达。在分享与讨论过程中需要建立适当的鼓励机制与调节机制，使得学生积极参与，达到较好的分享与讨论效果。

（四）学员自我总结与评价

当学生把实践操作中的体验与观点进行充分地分享与讨论之后，主要的课程活动实践环节就基本完成了。最后，研学指导师需要引导学生在反思的基础上，结合相关的理论知识，进行系统性的归纳和总结，使学生的认识由感性上升到理性，并形成积极的思维和价值观。因为体验只是一种感受的过程，学员还没有通过自身的内化将体验和收获进行归纳，因此，总结与评价就是在充分体验的基础之上进行的一次深化的过程。体验式学习也不能只有五感体验，没有动笔的文字记录。因此，研学指导师要及时落实好学生手册相关内容的填写，理想状态是在整体的研学旅行课程活动组织过程中完成，可以有效利用研学手册的作用，让学生进行自我总结与评价。

（五）课后拓展与实际应用

课后拓展与实际应用环节是在学习之后的生活中由学生自己完成的，认识在实践中产生，最终还是要回到实践中去，学生通过实践学习到了更加丰富的理论知识后，最终要用来指导实践，这也是研学旅行课程活动的目标所在。

步骤三：指导实施过程

在研学旅行课程活动的组织实施过程中，研学指导师从始至终发挥着关键的作用，他们不仅是整个课程活动的组织者和执行者，更是课程活动的观察者和引导者，所谓指导师，最关键的作用就在于引导学生正确地进行学习与体验，

微课 3-4

研学课程组织——指导实施过程

因此在研学旅行课程活动的组织与实施过程中，研学指导师对于课程活动的指导就显得尤为关键。研学指导师对于学员课程活动实施中的指导主要包括以下四个方面：

（一）完成首次讲授与行动示范

在组织课程活动的环节，已经对研学指导师的首次讲授与行动示范作了详细的介绍和阐释，另外在具体的讲授或行动示范中需要注意的是：首先，要保证讲授及行动示范的时间是合理的，不应成为课程活动的核心环节而占据大量的课程活动时间，否则留给学员体验、分享、总结的时间过短，往往无法达到更好的课程实施效果；其次，在讲授或行动示范的过程中，研学指导师也可以通过与学员的时时互动，或者通过保留部分操作环节的方式，让学员在自主探究的过程中发现问题，解决问题，继而达到很好的体验效果，完成教学目标。例如，在讲授过程中，研学指导师可以通过随时观察学生反馈，抓住学生现场提出的鲜活问题进行讲授。

（二）完成学员体验式学习中的过程性指导

在学员开展体验式学习和实践操作活动的过程中，研学指导师应当充分发挥其指导作用，帮助学员顺利完成实践活动，获得较好的课程体验，完成必要的教学目标。在过程性引导过程中，需要注意时刻关注学生的言行，掌握其思想变化，根据经验和知识对可能出现的问题作出预判。待问题出现时及时发现并制止，将不良影响或者安全隐患排除后，再组织学生继续进行实践体验。总体来说，学员实践过程中的引导要点主要包括以下三个方面。

第一，需要尊重学员的自我意愿和体验动机，不要担心学员在操作过程中犯错，往往在“犯错”的过程中，可以使学员增加学习兴趣，加深其体验感，获得较好的学习效果。

第二，研学指导师应当选择在适当的时机提供必要的引导。例如，为了让学员获得较好的自主探究体验，可以提前将实践内容在学生手册中列出并设计具体步骤，当学生进入该场景进行实践操作时，可以完成自主探究并作出总结。

第三，要注意对时间的把控。学员实践过程是研学旅行课程活动的核心，研学指导师需要在活动进行中把握活动的进度，合理安排学习内容的时间分配。由于活动在很大程度上是学生自己推进，所以很容易出现在某一个环节过于浪费精力和时间的现象，这就需要研学指导师时刻提醒学生注意时间的合理分配，并且进行适当的引导。

（三）引导学员自我分享，开展小组讨论

自我分享与小组讨论是研学旅行课程活动组织过程中的重要组成环节，也是研学旅行课程活动的成果展示部分。成果分享与小组讨论环节的根本目的在于获得反馈信息，从而促进学生发展，确保实现课程目标。研学旅行课程活动较之于传统课程而言，学生在研学过程中的观察与体验、互动与交流、建构与反思等活动更加突出。同时，自我分享与小组讨论的过程，表面上看是开展研学旅行课程活动过程中一个不可忽略的环节，实际上，这也是给研学指导师与学员、学员与学员之间提供

了一个相互增进关系、沟通学习的机会和平台。甚至在活动开始时，研学指导师就可以针对学员的具体情况进行分组，使得小组学员清晰了解各自的任务分工，形成统筹协调合作的意识，在实践体验后进行小组讨论、成果展示与内容分享。分享的形式是多样性的，根据不同的课程类型和课程内容表现出多样化的结果，例如，可以通过文字、图表、演讲、制作PPT、制作道具等形式进行，无论采取什么样的形式，只要与课程活动内容及主题相契合，实现较好的交流效果即可。让学生参与到分享过程中，将使分享展示的小组学生收获更大，这种真实的经历和感受分享，要比研学指导师生硬的讲述更鲜活，效果更好。研学指导师在学员进行讨论或分享的过程中，要针对学员的表现进行适当引导，例如，对于表现优秀的小组，需要引导大家学习优秀小组的经验，便于下一次开展课程实践活动时做得更好，收获得更多。

（四）完成课程活动总结与评价

在课程结束之前，研学指导师对学员的总结与评价是非常重要的，这既是检验学员在整体研学旅行课程活动中的体验成果和学习成果，也是研学指导师对课程活动组织实施过程的自我检验。在评价过程中可以采用自我评价、小组评价和教师评价相结合的方式进行质性评价。评价过程可以根据具体需求选择其中的一些指标进行评价，不必面面俱到，但要突出重点。在实际操作过程中，课程活动总结与评价的完成度也是体现研学指导师水平的一个重要方面，因为在总结与评价过程中，必然会产生对整体学员和个体学员表现的点评，评价太差可能会使学员陷入自我否定，甚至激发一些学员间的矛盾；评价过优又可能使学员陷入骄傲与自满的情绪中。因此，研学指导师在对课程活动进行总结评价时需要注意以下三个原则。

第一，客观。在进行课程评价时，研学指导师首先需要秉持客观公正的原则，根据实际情况和既定标准对学生进行点评，不能以个人的喜恶来进行点评。要遵守从业者的职业操守，为孩子的成长和发展负责。

第二，及时。在课程进入点评环节时要即刻开始，不要拖延，这时对活动的感受最为深刻，对细节记忆犹新，有利于针对具体的行为和现象作出评价。

第三，积极。研学指导师在进行点评时，主要采取褒奖和赞扬的方式，通过对学生在活动中展示的优点进行鼓励，从而培养学生的自信心，让学生认可自己的能力，在以后的学习和生活中勇敢地面对困难。

对学员的评价内容主要包含两个方面：一是学生的学习态度、组织性和纪律性；二是学生的学业表现、学习效果。对学习态度的评价主要是基于活动组织过程中的观察，作出一些具体的定性评价，一般是面向学生群体进行整体反馈，并且是基于事实的肯定、鼓励。对于学业表现的评价，主要是检查学生手册的填写情况，在这个过程中，研学指导师要进行提醒，在总结时也要适当点评和总结，且以表扬为主。要特别说明的是，在总结与评价过程中，也可以让学生组长首先进行本组活动的评价和总结，主要是从组员的态度、表现等方面进行，实事求是地点评每一名组员。在之前明确规则的环节，就要告知组长及所有组员，这是提高组长个体管理水平的一个重要方式。学习评价的重点是过程，结论和具体成果可不作为评价的重点，因为中小学生在研学旅行活动中的学习过程往往最重要的是根据自己感兴趣的领域进行拓展，在自我探究的过程中学习。

另外，在评价过程中，也可以通过使用一些技巧起到事半功倍的效果。例如，学习评价应在指出学生的长处与不足的基础上提出建设性意见，使被评价者能够发扬优点，克服缺点，不断前进。总的来说，评价技巧主要包括两方面：一方面，研学指导师要全面、具体、明确地对活动作出总结，以帮助学生整理学习成果并促进他们运用于实际生活中。另一方面，兼顾团队中各类学生的实际情况，切忌笼统、抽象的叙述。

任务评价

通过实施以上步骤，是否达成了该任务目标呢？请对完成任务的情况作出评价（见表3-13）。

表3-13　本任务评价参考表

实施步骤	完成情况			
	优	良	中	差
启动课程导入				
组织课程活动				
指导实施过程				

随堂练习

一、单项选择题

1.在文博场所中，通过馆内讲解员介绍研学点历史文化的教学方法被称为（　　）。

A.讲授教学法　　B.情景式教学法

C.目标引导教学法　　D.团队学习法

2.通过设置合理的探究问题，辅以小组讨论、角色扮演等方法来进行教学，这种研学旅行中的教学方法被称为（　　）。

A.讲授教学法　　B.情景式教学法

C.目标引导教学法　　D.团队学习法

3.户外体验类研学课程中，最常用的一种组织实施的教学方法是（　　）。

A.讲授教学法　　B.情景式教学法

C.目标引导教学法　　D.体验式学习法

4.研学指导师在对课程活动进行总结评价时的原则是（　　）。

A.客观、及时、积极　　B.主观、随机、积极

C.乐观、及时、积极　　D.客观、随机、积极

5.研学指导师对学员评价时，说法错误的一项是（　　）。

A.评价主要基于观察　　B.要有具体的定性评价

C.点评需要全面、整体、客观　　D.点评可以适当夸张学生的现实表现

二、多项选择题

1.研学旅行活动课程活动组织中的常见误区有（　　）。

A.重实践活动，轻安全隐患　　B.重旅游活动，轻教学实践

C.重学员情绪，轻家长态度　　D.重知识传授，轻自我探究

E.重个体发展，轻整体提升

2.以下属于常用的研学课程导入方法的是（　　）。

A.直接导入法　　B.问题导入法　　C.故事导入法

D.游戏导入法　　E.预习导入法

3.研学指导师现场讲解的内容在设计时应注意（　　）。

A.讲解内容务必围绕参观内容展开　　B.保证讲解内容的真实性

C.内容设计以完成学习目标为前提　　D.确保三观正确

E.讲解内容可根据个人喜好自主设计

4.体验式学习可采用的组织实施手段包括（　　）。

A.小组研讨　　B.讲授法　　C.角色扮演

D.情景活动　　E.文献研究法

5.对学员的研学评价内容主要包括（　　）。

A.学生的学习态度　　B.学生的组织性和纪律性

C.学生的学业表现　　D.课程的设计理念

E.学生的学习效果

三、判断题

1.只有正确地组织实施研学旅行课程活动，才能使参与研学旅行活动的中小学生获得较好的体验，达到其学习目标，在旅行过程中实现教育目的。（　　）

2.在研学旅行课程活动正式开始之前，首先要通过适当的方式完成对课程的导入。（　　）

3.问题导入法是最常用的一种研学课程导入方法。（　　）

案例共享

浙江台州黄岩江口污水处理厂：污水处理研学和高中STEAM课程实施案例

黄岩江口污水处理厂位于黄岩区江口街道上澍王村，总占地面积约300亩，总设计处理能力16万吨/天。自2018年成为环保设施开放单位以来，江口污水处理厂着力推动“研学”路线精品化，联合黄岩中学等学校打造了污水处理研学和高中STEAM课程相融合的“研学”项目（如图3-1所示），课程在实施过程中，具有多个亮点，受到了广大师生的一致好评。

图3-1 黄岩中学STEAM课程与污水处理研学项目相结合活动

亮点一：线上实地参观+线上同步云直播，利用云直播的方式对开放日活动进行全程报道，线上观众通过直播同步围观活动，随时随地参与互动，线下活动的覆盖面被最大限度地放大。

亮点二：将研学融入环保设施向公众开放活动中，推动开放活动由传统的“游览式参观”向全新的“沉浸式体验”转变。通过平台，把“双减”政策、STEM教育理念和环保设施向公众开放活动三者相结合，让学生开展跨学科项目化学习，通过做中学，丰富学科教学方式，推动课程育人。

亮点三：助力大学相关专业线上教学，开展环境学院线上直播课程教学，以腾讯会议模式对会议端的同学实行实地实景授课。

亮点四：制作污水处理工艺流程漫画手册。通过制作污水处理的工艺漫画，并对各工艺段相关功能进行简要介绍，形象、生动地让参观人员在现场参观的同时，对污水处理有进一步的了解与认知，提高人们的亲身体验感、现场参与感。

亮点五：现场参观路线设计简洁明了，包含工艺核心。黄岩江口污水处理厂处理工艺段相对较多，涉及多种污水处理核心工艺，自动化程度较高，入选国家住建部“2021年污水处理智慧水务典型案例”。在公众开放日前期，污水厂对现场活动路线进行了多次探讨，让参观人员在现场能直观地了解多种处理工艺，亲身经历废水从“污”到“清”的神奇变化。

通过研学路线的打造，将游览式的参观升级到探究式体验，以研学深化活动力度，实现参观与实践相结合，将学生的第二课堂与环保设施企业相结合，在污水处理厂上化学课，让环保设施向公众开放更加深入、多样，全面提升开放质量。

另外，作为研学成果之一的研学手册，内容分成“逛一逛、猜一猜、做一做、记一记”，可引领公众在参观的同时进行深度思考和体验，最终帮助学生获得研究成果；设计有研学反馈单、研学笔记、研学评价表、实验小礼包等，均在手册中一一呈现，参与者在参观的同时，更能充分享受到体验的乐趣。

2022年，在浙江省生态环境厅组织开展的全省环保设施开放优秀案例、优秀讲解员评选活动，经专家评审、综合评定，最终公布了评选活动结果，该课程荣获二等奖，也成为了当地最具特色的研学课程案例之一。

资料来源：台州市环境宣教信息中心.喜报！台州市荣获2022年度浙江省设施开放单位优秀案例和优秀讲解员二等奖［EB/OL］.［2023-01-13］. http://sthjj.zjtz.gov.cn/art/2023/1/13/art_1229113398_58947626.html.

请思考：请结合所学知识分析本课程案例取得良好成效的原因。在不同学情条件下，如何在研学课程组织实施过程中更好地增强学生的参与性和体验性？

分析提示

思而行远

研学旅行的四川探索

“地学研学——漫步四川，寻找地球深处的奥秘”“农博研学——从油菜到菜油”“品质研学——昆虫旅馆长啥样儿，孩子们来告诉你”……如今的四川研学旅行产业呈现出多层次推进、多样化开展的喜人态势。

2021年5月，四川省文化和旅游厅、省教育厅联合主办了全省研学旅行大会，全面落实国家关于研学旅行的相关文件精神和工作要求。通过大会推动，四川省研学旅行的新业态和新主体蓬勃发展，传统旅游产品加快转型升级，形成了各地高度重视、部门协同配合、学校主动尝试、社会组织机构积极参与的良好格局。

研学旅行协调推进机制的建立，确保了相关工作的有效落地。四川为有力推动研学工作落实，专门成立了中小学研学旅行实践工作协调小组，通过召开专题工作推进会、协调会，定期总结各地在研学旅行工作上的优秀经验，加强示范建设和组织宣传，明确阶段性目标要求，推动落实各项政策，督促和指导各地持续推进研学旅行发展。

研学旅行政策文件制定实施，明确了工作方向、内容和要求。2021年5月，四川省教育厅等14部门联合发布了《关于进一步推进中小学研学旅行实践工作的实施意见》，进一步规范组织活动、加强课程建设、优化线路设计、加强基地（营地）管理、完善评价管理，明确了诸多促进研学旅行发展的具体措施，为政府、学校、机构和社会组织参与研学旅行提供了明确而细致的指引。

省级研学旅行基地创建，为全省各级基地的建设提供了样板。四川省文旅、教育、林草、地矿等部门，联合推进省级研学旅行实践基地创建，首批公布了四川省研学旅行基地157家，其中，地学基地45个，红色实践基地112家。省级研学旅行基地推出后，全省各地纷纷行动，积极开展市级、县级基地评选，有力地推动了全省研学旅行基地建设。

推动研学旅行发展是一项复杂的工程，在政策指引支持的基础上，需要在供给和需求全链条涉及的质量标准、基地营地、经营管理、人才培养等多个环节系统考虑、共同发力、协同推进。为此，四川在推进研学旅行发展之初就注重将体系建设作为推动研学旅行整体发展的重要抓手。

以标准提质量，充分发挥标准在研学旅行发展中的引领和指导作用。2021 年，四川省制定发布了《研学旅行基地（营地）设施与服务规范》《研学旅行实践活动设计规范》两个地方标准，对全省研学旅行基地（营地）建设运营和研学活动设计有了明确的规范和要求，研学旅行各参与方选择基地和评估方案也有了具体的依据，对规范和指导研学旅行基地（营地）建设运营及研学活动的开展、推动研学旅行高质量发展起到了重要的作用。

以管理促规范，促进研学旅行健康有序发展。四川贯彻了放管结合、粗细相济方针，四川省文化和旅游厅、教育厅下发了《关于加强省级研学旅行实践基地（营地）管理的通知》，对省级研学旅行实践基地的申报、预审、创建、运行、安全等多个方面进行了详尽的规定。

以人才为根本，培养和吸引实用型研学旅行人才。四川省文化和旅游厅、人力资源和社会保障厅、省总工会等部门联合举办了研学指导师大赛。通过连续两届大赛，参赛选手整体水平有了显著的提高，全省研学旅行指导师队伍的整体综合素质和技能得到了有效提升。四川多家高校开设研学旅行专业或增设研学旅行方向，有力地推动了研学旅行人才的培养。

四川多地、多方主动作为、因地制宜，积极探索研学旅行的新理念、新路径，在实践中形成了具有特色的发展模式，为各地研学旅行的发展提供了很好的经验。

规划引领，全域研学。乐山市制定了《乐山市研学旅游发展规划》《乐山市研学旅游发展三年（2021—2023）工作方案》，明确提出了建设“世界研学旅游高地”的定位，并将其列为《乐山市“十四五”旅游融合发展规划》重点任务，推出了“乐游嘉学”品牌和“乐娃”研学 IP，打造了 40 个研学基地，推出了 10 条专题研学线路，积极开展假期家庭游学推广，有序推进全市研学旅行全面发展。

营地引领、体系支撑。广元市成立了全市研学旅行综合协调小组，投资建设了 1 个事业性质的研学实践教育营地作为龙头，构建了全市 1 个研学实践教育营地、14 家研学旅行承办机构、31 家研学旅行实践教育基地和 N 家单位及个体的“1+14+31+N”研学体系，对全市研学旅行的快速发展起到了有效的支撑和保障作用。

市场引领，产品带动的发展模式。绵阳市充分发挥行业协会组织的作用，打造了“绵州研学记”研学品牌，通过全市场介入、全产业融合、全方位引导，充分发挥市场主体的积极性，推进研学活动公司与景区、文博场馆等合作，打造富有特色的诗词研学、自然研学、民俗风情研学、红色研学等产品，通过市场手段促进全市研学旅行可持续发展。

此外，四川宜宾、内江及射洪、邛崃、大邑、新津等地，积极构建“政府统筹、企业主导、全域研学”的研学发展模式，积极推动和引导社会机构、行业组织等参与，共同推动研学旅行的发展，既有效落实了“双减”工作，又拓展了旅游发展的新空间，形成了全社会、多领域共赢的良好局面。

资料来源：何振，王琳玲，王燕林．全国各地多举措推动研学旅行高质量发展［N］．中国旅游报，2022-11-12.

任务拓展

请阅读以下课程活动案例概况及具体内容，以10人为小组，共同设计研学课程活动组织实施环节，撰写研学指导师在课程活动组织实施过程中的讲解词，并分配角色进行现场研学课程活动模拟展示。

研学旅行课程案例：以青春之名 赴百年之约——走进圆明园爱国主义教育社会实践活动

活动简介：活动地点为北京圆明园遗址公园，参与学员为小学五年级学生。活动通过引导学生了解中国人民在一百多年前的屈辱抗争，以及为实现民族强盛进行奋斗的历史，告诉学生国衰园毁，盛世兴园，圆明园的兴衰荣辱，是同中华民族的命运紧密相连的；同时通过参与活动，引导学生立足现在，展望未来，为建设祖国的美好明天脚踏实地，好好学习，发愤图强，努力进取。引导学生对未来美好生活充满希望，愿祖国在今后的发展历程中更加繁荣富强，人民生活越来越美好，祝福祖国，愿与祖国同呼吸，共命运！

活动内容：走进圆明园 铭记历史 勿忘国耻

学生们需要提前搜集和了解圆明园相关历史知识，到现场后，按班级分组，小组成员分配不同的角色，由研学指导师带领在圆明园内完成小小讲解员活动（要有录制的视频、图片资料）。活动中设置了不同的体验内容和知识内容，以便让学生在了解圆明园历史的同时，能够将爱国精神付诸实际行动。

具体课程内容包括三个环节。

环节1——参观圆明园了解历史。由研学指导师带领参观圆明园，学生在接受知识的同时，完成相应任务单。在参观的同时要记录相关景点介绍，为后面小小讲解员活动打下基础。

环节2——历史的讲述者（小小讲解员）。根据研学指导师讲解内容及自己提前搜集的相关知识，在班级内以小组的形式进行人员分工（讲解员、记录员、摄影师等），完成至少2组讲解。成果以照片、视频等为准。

环节3——画出你心中的万园之园。根据实际参观结合课文“圆明园的毁灭”，用画笔画出自己心中的万园之园。树立文物保护意识，时刻提醒学生勿忘国耻，增强爱国情怀。

资料来源：北京中凯国际旅游股份有限公司案例库.

任务三　组织研学课程评价

任务概述

教育部等11部门在《推进中小学生研学旅行的意见》中强调，要建立健全中小学生参加研学旅行的评价机制，学校要在充分尊重个性差异、鼓励多元发展的前提下，对学生参加研学旅行的情况和成效进行科学评价，并将评价结果逐步纳入学生学分管理体系和学生综合素质评价体系。本任务将阐明研学旅行活动课程评价的意义、对象、原则、标准和方法。

素质目标

1. 培养逻辑思维能力。
2. 增强观察分析能力。
3. 引导树立正确的价值观，学会践行和反思。

知识目标

1. 理解研学课程评价的概念及原则。
2. 理解研学课程评价的主体。
3. 理解研学课程评价的内容。
4. 掌握研学课程评价的过程与方法。

能力目标

1. 能够设计不同评价主体的研学产品评价表，对评价结果进行分析。
2. 能够指导相关人员设计研学产品评价表
3. 能够对研学需求调研结果进行科学分析。

理论知识

一、研学课程评价的概念

课程评价是指根据一定的标准和课程系统信息以科学的方法检查课程的目标、编定和实施是否实现了教育目的，实现的程度如何，以此来判定课程设计的效果，并据此作出改进课程的决策。

微课3-5

研学课程评价概念及原则

首先，课程评价是一个价值判断的过程。价值判断要求在事实描述的基础上，体现评价者的价值观念和主观愿望。不同的评价主体因其自身的需要和观念的不同对同一事物或活动会作出不同的判断。

其次，课程评价的方法是多样的。课程评价既可以用定量的方法，又可以用定性的方法。教育测试或测量只是其中的一种方法，并不代表课程评价的全部。

最后，课程评价的对象包括课程的计划、实施、结果等诸多课程要素。也就是说，课程评价对象的范围很广，既包括课程计划本身，又包括参与课程实施的教师、学生、学校，还包括课程的结果，即学生和教师的发展。

二、研学课程评价的原则

研学课程评价需要遵循一定的原则，以检查课程目标的编定和实施是否实现了教育目的，实现的程度如何，以判定课程设计的效果，并据此作出改进的决策。一般应遵循以下三个原则：

（一）评价内容的全面性

对研学课程的评价目的不只是说明课程的现状，更是改进和完善下一轮课程。研学课程评价可以从背景、输入、过程、影响、成效、可持续性、可应用性等方面改进，包括对课程主题、路线设计、学习内容、环节程序、学习方法、教法设计、研究选题、课程实施、教学反馈等各环节进行评价，主要在于判断课程设计的合理性、系统性和科学性。

（二）评价主体的多元化

研学课程主体评价遵循多元化原则，可采取自评与他评相结合的方式，自评指的是研学课程的设计者、参与者、组织者以及执行者对课程的反思。他评指的是学校教师、学生以及第三方机构对课程的评价。在这个过程中，要强化学生在研学旅行评价中的主体地位，加强学生对研学课程的评价，使评价成为学生、研学指导师、学校管理者、家长共同参与的交互性活动，激发评价主体和客体各自在学生评价中的能动作用。充分发挥研学服务机构以及家长评价这一环节应有的功能，全面提升研学服务机构与家长广泛参与研学评价的方式。

（三）评价方法的多样化

研学课程评价的方法可分为定性评价和定量评价两类。定性评价是指不采用数学的方法，根据评价者对被评价对象的观察和分析，直接对被评价对象作出定性的结论。定量评价，是力图把复杂的教育现象和课程现象简化为数据，采用数学方法，收集和处理数据资料，对被评价对象作出定量结果的价值判断。在课程评价的不同阶段，针对课程评价的不同对象，所运用的方法也会有所不同，但更多的是将二者相结合，逐步走向多元的课程评价方式。

三、研学课程评价的过程

研学课程评价包括以下五个阶段：

（1）明确评价的主体、内容与目标，即解决由谁来评价、评价什么、评价的结果给谁看的问题。

（2）确定评价的方式与标准之间的关系。评价的方式与标准密切相关，应处理好标准与可操作性、手段与实际操作之间的关系。

（3）收集评价信息。评价信息的收集应注重全面、系统、真实、准确。

（4）组织、处理、分析评价资料。评价者应核实评价信息的真实性，对其分类，筛选、剔除可疑资料，进行逻辑分析与统计分析。

（5）作出判断，给出评价结果。评价结果应及时、全面，并提出改进建议。

任务实施

步骤一：明确评价主体

这里的评价主体指的是研学课程的实施过程和实施效果等由谁来评价。研学课程评价的主体理论上应该是对研学旅行课程进行监督的人，如直接参与研学课程的学校、随行教师、学生以及研学课程从业者，同时包括没有直接参与研学课程的学生家长、相关专家、研学合作单位、行政主管部门等。但实际上，真正能够发挥评价功能的是直接参与研学课程学校的学生、随行教师、研学课程从业者。因此，这里仅将这三者作为研学课程的评价主体。

学生作为课程参与的核心主体，对课程的评价是最直观、最前沿的。在研学课程中，学生的参与度较高，主动性强，应该被赋予评价的职责。学生是研学课程的主体，是课程教学的直接作用者和受益者，与教师交流互动频繁，因此对课程非常熟悉，包括对教学的环境感知、教师行为方法的适用性、课程收获的大小等方面的描述是真实且细致的。因此针对研学课程的评价，学生应该被给予充分的发言权。

随行教师在研学课程评价中充当重要角色，他们可以是课程的设计者、参与者，课程实施的指导者，学生学习的指导者。而且，相较于学生、家长、研学课程从业者，随行教师应该是对教育有着最深的理解和最丰富经验的人，在教育系统中也是最有专业权威的人。

研学课程从业者主要是指研学课程的设计者、组织者、执行者。他们对课程的评价事实上是对课程设计、实施的反思，因此能够更直接地反映出研学课程设计、执行过程中存在的问题。因此，研学课程从业者对课程的评价往往更客观，更具有参考价值。这里需要注意的是，课程设计者会更关注整个教育视野的各主要因素和教育目标的关系。具体来说，设计者会首先关注参与学生的整体发展阶段和教育需要，进而关注整体研学体系的基本模式和结构，如在哪些年级开展、整体活动内容的难度进阶和主题侧重、研学活动基本运作模式的探索等。而研学活动的教育执行者，会更关注当下主题的设计质量、运作质量、与不同资源方合作的顺畅程度等具体问题。

步骤二：确定评价内容

在确定研学课程评价主体的基础上，进一步明确研学课程的评价内容是研学课程评价的重要内容。依据CIPP课程评价模型，研学课程评价的重点内容应包括课程方案、课程内容、课程实施、课程效果、配套服务、课程可持续性六个方面。这六个方面可以作为课程评价的一级指标，下面还可以根据实际情况进一步设计二级指标、三级指标。

课程方案评价，是对研学活动开展前的准备工作即课程方案设计的可行性和效用性进行评价和诊断，需要更为理性和更为专业的评价值来评价，因此，这一指标可以只对随行教师和研学从业者进行调研，并且建议从研学主题、课程目标、课程设计三个层面设计二级指标和三级指标，进行多层次、多目标的综合评价（见表3-14）。

微课3-6

研学课程评价内容和方法

表3-14 研学课程方案评价表

一级指标	二级指标	三级指标	满意度得分				
			非常满意（5分）	满意（4分）	一般满意（3分）	不满意（2分）	非常不满意（1分）
课程方案	研学主题	主题鲜明、有吸引力					
		能体现研学旅行的意义和价值					
	课程目标	目标设定清晰准确，具有可评价性					
		符合研学旅行课程标准					
		符合学段学情特点					
	课程设计	选取的课程资源具有较强的主题代表性					
		课程内容分量适当、难易适中					
		设计关注学生的参与度和获得感					
		课程环节设计合理					
		研学过程安排合理					

课程内容评价，建议从行前先导课的内容针对性，研学手册的内容科学性、学习形式新颖性两个方面进行评价。

课程实施评价，是对课程方案在实际教学中的执行情况的评价。因为学生和随行教师是课程的直接参与者、体验者和感悟者，因此主要选取学生和随行教师作为课程实施评价的主体。评价的内容包括：是否全体学生参与研学旅行课程，学生参与过程的积极性和主动性；与老师及同伴的交流、合作程度；课程实施状况以及实施过程中的事件、问题、费用是否得到合理解决；教师指导是否适时、适度、适当；评价过程中的反馈信息如何；课程实施过程是否需要调整和改进等。

配套服务评价，主要从学生的吃、住、行，研学指导师的服务，研学过程中的安全教育和应急保障等方面开展评价。这方面可通过对学生和随行教师进行调研得到。

课程效果评价，是对整个课程结束后所取得的收获进行的评价。侧重评价对受益者长久利益的影响，即评价对学生、教师或学校发展所发生的质变。课程效果评价主要测评学生发展核心素养和学科核心素养得到的提升、师生对课程的优缺点的分析、课程影响的深度和广度、课程目标达成的程度、与其他课程相比的成效等。可以采用定性评价和定量评价相结合的形式。

课程可持续性评价，是评价研学旅行课程能否制度化循环使用。课程可持续性评价包括评价学生、教师和其他利益方对课程可持续实施的看法，制约课程可持续实施的问题，课程可持续实施的概率等。如果课程可持续实施，即可着手建设研学旅行的资源包或教材。

步骤三：选择评价方式

课程评价方式是指课程评价的内容以什么样的方式呈现给评价主体，以便评价主体能更直观地开展课程评价，也便于后期的数据统计与分析。通常将课程评价内容设计成表格的形式，表格内容在文字表述上要简洁明了、易于理解、便于操作。给学生主体发放的表格内容同时还要符合学生的认知水平。评价表格既可以是纸质版的，也可以借助计算机或者手机小程序制作成电子问卷，通过网址链接或二维码等方式发布。通常采用二维码的方式将电子问卷发布给学生、随行教师以及研学课程从业者。

步骤四：确立评价标准

研学课程评价通常采用定性评价和定量评价相结合的方式。定性评价不采用数学方法，是根据评价者对评价对象平时的表现、现实和状态或文献资料的观察和分析，直接对评价对象作出定性结论的价值判断，但有利于评价者表达出一些主观想法和个体需求，能够充分发挥出评价的激励功能。定量评价是采用数学方法，收集和处理数据资料，对评价对象作出定量结果的价值判断。相较于定性评价，定量评价具有客观化、标准化、精确化、量化、简便化等鲜明的特征。研学课程的学习重在体验与实践，因此，研学课程评价应以定量评价为主要评价手段，以定性评价为基本评价手段，将两者有机结合，在每张定量评价表中应留出相对充足的区域供评价者提供定性的评价。

现结合步骤三和步骤四，分别从一次研学课程的参与学生、随行教师、研学从业者角度，提供三个版本的研学课程评价表（见表3-15、表3-16、表3-17）。每个版本的课程评价表均设置了三个级别的指标体系，每个三级指标从非常满意、满意、一般满意、不满意、非常不满意进行分级，相应地按5分、4分、3分、2分、1分予以满意度赋分。

表 3-15 学生研学课程评价表

一级指标	二级指标	三级指标	满意度得分				
			非常满意（5分）	满意（4分）	一般满意（3分）	不满意（2分）	非常不满意（1分）
课程内容	行前先导课	1.内容针对性					
	研学手册	2.内容丰富性					
		3.学习形式新颖性					
课程实施	实施过程	4.流程安排					
		5.活动设计					
		6.活动参与度					
配套服务	研学指导师	7.形象仪表					
		8.责任心					
		9.服务意识					
		10.知识丰富					
		11.组织能力					
		12.沟通能力					
		13.表达能力					
	交通安排	14.交通类型					
		15.整洁程度					
		16.安全意识					
		17.服务意识					
	住宿安排	18.房间安排情况					
		19.房间设施情况					
		20.房间干净情况					
	安全执行方案	21.安全方案完备情况					
		22.保障措施完备情况					
	课程应急预案	23.安全教育全面性					
		24.应急预案有效性					
课程效果	课程目标	25.课程目标完成情况					
	学习手册	26.学习手册完成情况					
	课程作业	27.课程作业内化情况					
课程可持续性	循环使用	28.研学课程循环使用情况					
请给本次研学活动的整体满意度打分（满分100分）							
请写出您对本次研学课程的其他意见和建议：							

表 3-16　　随行教师研学课程评价表

一级指标	二级指标	三级指标	满意度得分：非常满意（5分）	满意（4分）	一般满意（3分）	不满意（2分）	非常不满意（1分）
课程方案	研学主题	1.主题鲜明、有吸引力					
		2.能体现研学旅行的意义和价值					
	课程目标	3.目标设定清晰准确，具有可评价性					
		4.符合研学旅行课程标准					
		5.符合学段学情特点					
	课程设计	6.选取的课程资源具有较强的主题代表性					
		7.课程内容分量适当、难易适中					
		8.设计关注学生的参与度和获得感					
		9.课程环节设计合理					
		10.研学过程安排合理					
课程内容	行前先导课	11.内容针对性					
	研学手册	12.内容丰富性					
		13.学习形式新颖性					
课程实施	实施过程	14.流程安排					
		15.活动设计					
		16.活动参与度					
配套服务	研学指导师	17.形象仪表					
		18.责任心					
		19.服务意识					
		20.知识丰富					
		21.组织能力					
		22.沟通能力					
		23.表达能力					
	交通安排	24.交通类型					
		25.整洁程度					
		26.安全意识					
		27.服务意识					
	住宿安排	28.房间安排情况					
		29.房间设施情况					
		30.房间干净情况					
	安全执行方案	31.安全方案完备情况					
		32.保障措施完备情况					
	课程应急预案	33.安全教育全面性					
		34.应急预案有效性					
课程效果	课程目标	35.课程目标完成情况					
	学习手册	36.学习手册完成情况					
	课程作业	37.课程作业内化情况					
课程可持续性	循环使用	38.研学课程循环使用情况					
请给本次研学活动的整体满意度打分（满分 100 分）							
请写出您对本次研学课程的其他意见和建议：							

表 3-17 **研学从业者研学课程评价表**

一级指标	二级指标	三级指标	满意度得分				
			非常满意（5分）	满意（4分）	一般满意（3分）	不满意（2分）	非常不满意（1分）
课程方案	研学主题	1.主题鲜明、有吸引力					
		2.能体现研学旅行的意义和价值					
	课程目标	3.目标设定清晰准确，具有可评价性					
		4.符合研学旅行课程标准					
		5.符合学段学情特点					
	课程设计	6.选取的课程资源具有较强的主题代表性					
		7.课程内容分量适当、难易适中					
		8.设计关注学生的参与度和获得感					
		9.课程环节设计合理					
		10.研学过程安排合理					
	线路选择	11.研学点选择合理程度					
		12.线路衔接顺畅程度					
课程内容	行前先导课	13.内容针对性					
	研学手册	14.内容丰富性					
		15.学习形式新颖性					
课程实施	实施过程	16.流程安排					
		17.活动设计					
		18.活动参与度					
配套服务	研学指导师	19.形象仪表					
		20.责任心					
		21.服务意识					
		22.知识丰富					
		23.组织能力					
		24.沟通能力					
		25.表达能力					
	交通安排	26.交通类型					
		27.整洁程度					
		28.安全意识					
		29.服务意识					
	住宿安排	30.房间安排情况					
		31.房间设施情况					
		32.房间干净情况					
	安全执行方案	33.安全方案完备情况					
		34.保障措施完备情况					
	课程应急预案	35.安全教育全面性					
		36.应急预案有效性					
课程效果	课程目标	37.课程目标完成情况					
	学习手册	38.学习手册完成情况					
	课程作业	39.课程作业内化情况					
课程可持续性	循环使用	40.研学课程循环使用情况					
请给本次研学活动的整体满意度打分（满分100分）							
请写出您对本次研学课程的其他意见和建议：							

步骤五：组织评价过程

对研学课程的评价一般采用行后评价，即在研学课程即将结束之前组织各评价主体开展对课程的评价工作。组织学生和随行教师进行课程评价的时间可以选在研学课程结束前一天或结束的当天。这样研学指导师还有时间提醒和督促学生或随行教师进行课程评价。地点可选择在前一晚入住的酒店房间或课程结束后返程的车上。需要注意的是，在组织学生或随行教师开展课程评价之前，研学指导师务必要进行课程评价的动员工作，将课程评价的意义和作用、课程评价的方式以及保密性等问题向学生和随行教师陈述清楚。随后，将问卷或电子问卷的二维码发给学生和老师，请他们在规定时间内完成评价。研学课程从业者对课程的评价可以选择在研学课程结束之后进行，由他们的负责人向他们发放问卷或电子问卷的二维码。

步骤六：开展评价分析

研学课程评价分析是在学生、随行教师以及研学从业者完成对课程的评价工作后，对评价数据进行汇总和分析，形成课程评价报告，为研学课程的总结交流和可持续发展提供重要的科学依据。研学课程的评价分析主要可以从以下四个方面展开：

（一）对单项指标的分析

对每个表格中三级指标的每一个单项指标数据进行分析，可以更加清晰和准确地获得各评价主体对研学课程各个方面的满意度反馈。由于每个表格中的三级指标数量较多，仅仅靠人力来进行大量的数据汇总与统计是不现实的。制作调查表的手机小程序或计算机软件都具备数据汇总功能，可以将各单项指标生成不同维度的统计图，如柱状图、饼状图等，进而有利于作同一个表中各个指标间的对比。通过这一对比分析，可以很清楚地发现哪些指标得分较高，哪些指标得分偏低，偏低的那些指标一定是后续研学课程开展中要采取相应措施改进的。

（二）对同一指标的横向分析

三个评价表格虽然各有侧重点，但是有一部分指标是一致的，如研学主题、研学目标、课程设计等二级指标及其对应的三级指标。这就便于我们对三个表格中相一致部分的指标进行横向的对比分析，从而发现不同主体对同一指标给出不同分值的原因，既为进一步的数据分析提供支撑，也可以更精确地发现问题并及时进行有效的调整。

（三）对二级指标的纵向分析

这项工作是对同一门研学课程不同时期的评价数据进行时间序列上的分析。例如，同一门研学课程，同一所学校同一个年级参加了若干年后，对每年的评价数据进行多年间的对比分析就属于这种情况。对同一门课程进行多次的评价，不仅使得评价结果更有说服力，也可以让研学课程研发团队审视多年来课程改进的成效。对多年来评价结果仍不理想的项目，要进一步反思和总结，督促研发团队创新或完善课程改进的思路。

(四) 对定性评价的分析

需要评价主体打分的是定量评价部分，其中的评价指标均是表格设计者事先拟好的，设计者枚举出来认为重要的指标，但往往也不一定穷尽评价指标。这时候就需要给评价表“留白”，留出一部分空间让评价者来发挥，即定性评价部分。评价表中最后一栏“请写出您对本次研学课程的其他意见和建议”即定性评价部分，这部分内容虽然不能以定量的数据形式呈现，但一定会有很多中肯的建议，甚至会有犀利的语言出现，这些都是研学课程改进和提升最好的源泉。

此外，需要注意的是，评价表中“请给本次研学活动的整体满意度打分（满分100分）”一项可以作为研学课程评价的参考指标。即便有些评价者打了满分，也并不意味着他们对其他每一项指标都很满意，通常这种整体的满意度打分是一个整体的印象，并不能因为有些评价者打了满分就不对其他指标进行记录、整理和评价了。

总之，研学评价结果出来以后并不意味着研学工作就告一段落了，还需要召开研学总结交流会。一是工作总结会，主要是对研学课程评价数据结果进行进一步的梳理和总结，明确存在的问题，总结经验，反思改进。二是专题研讨会，主要是针对课程评价中存在的问题展开专门的研讨，责任到人，落实并反馈问题的真实性，制订后续改进方案。三是经验交流会，主要是组织全体研学指导师召开经验交流会，让典型代表分享经验，每个研学指导师也可以发言进行自我剖析，为研学指导师进行自我反思和提升提供良好的平台。

任务评价

通过实施以上步骤，是否达成了该任务目标呢？请对完成任务的情况作出评价（见表3-18）。

表3-18　　本任务评价参考表

实施步骤	完成情况			
	优	良	中	差
明确评价主体				
确定评价内容				
选择评价方式				
确立评价标准				
组织评价过程				
展开评价分析				

随堂练习

一、单项选择题

1.研学课程评价主要在于判断课程设计的合理性、系统性和（　　）。

A.针对性　　B.科学性　　C.逻辑性　　D.随机性

2.下列各项中，不属于研学评价主体的是（　　）。

A. 研学课程的设计者　　B. 学校教师
C. 第三方机构　　D. 研学目的地工作人员

3. 研学课程评价方案可以从研学主题、课程目标和（　　）三个方面展开。
A. 配套设施　　B. 行前准备
C. 研学效果　　D. 课程设计

4. 课程效果评价主要测评学生发展核心素养和（　　）相应的提升。
A. 学科核心素养　　B. 过程素养
C. 知识　　D. 技能

5. 下列各项中，不属于研学课程评价对象的是（　　）。
A. 课程的计划　　B. 课程的实施
C. 课程的组织　　D. 课程的结果

二、多项选择题

1. 研学课程评价的原则包括（　　）。
A. 评价内容的全面性　　B. 评价主体的多元化
C. 评价目标的具体性　　D. 评价方法的多样化
E. 评价对象的针对性

2. 研学课程评价的主体主要指（　　）。
A. 学生　　B. 学校领导
C. 随行教师　　D. 研学课程从业者
E. 家长

3. 研学课程评价的内容主要包括（　　）。
A. 课程方案评价　　B. 课程内容评价
C. 课程实施评价　　D. 配套服务评价
E. 课程效果评价

4. 研学课程评价的方式主要有（　　）。
A. 纸质表格　　B. 电子问卷
C. 面对面访谈　　D. 电话访谈
E. 网络调查

5. 开展评价分析的内容有（　　）。
A. 对单项指标的分析　　B. 对同一指标的横向分析
C. 对二级指标的纵向分析　　D. 对定性评价的分析
E. 对综合指标的分析

三、判断题

1. 研学课程从业者对课程的评价是最直观、最前沿的。（　　）

2. 研学课程评价既可以采用定性评价的方式也可以采用定量评价的方式。（　　）

3. 研学课程评价应该采用行前评价。（　　）

案例共享

基于研学旅行的地理实践力培养与评价
——以陕西省翠华山研学旅行为例

陕西省翠华山山崩国家地质公园地处秦岭北麓，有残峰断崖、崩塌石海和堰塞湖等地貌。本次研学旅行以陕西省翠华山山崩国家地质公园为基地，设计研学旅行研究性学习，完成目标任务，践行地理实践力，增强合作意识、组织协调能力和对家乡地理环境的热爱。

一、融于地理实践力的研学旅行设计

1.设定研学目标

通过对翠华山的崩塌石海、堰塞湖、残峰断崖等进行实地调查，感受地质作用形成的千姿百态的地貌形态，并对地貌成因进行分析；通过对翠华山游客进行访谈，明确游客对翠华山地质资源旅游业的认可度及评价；利用遥感影像图，培养对地理数据进行获取、收集、分析的能力；在研学旅行过程中，观察、记录地理信息，形成地理思维能力；通过研学旅行，培养学生对地理研究性学习具有科学严谨的态度、组织协调能力和团队合作意识。

2.确定研学旅行路线

（1）查阅资料

学生以小组形式查阅相关资料，详细研究翠华山崩塌石海、堰塞湖、残峰断崖等地貌形态及成因，收集、分析、整理翠华山地质资源旅游业的发展情况、现状和建议。

（2）制定路线

学生根据谷歌地图中遥感影像确定翠华山范围、地点，根据研学目标确定研学路线。教师根据实地考察需要对学生提供的路线进行修改。路线的制定是研学旅行重要的环节，关系到研学活动是否能够顺利开展与进行，更关系到研学目标是否能够顺利实现。

二、在行走中践行地理实践力

翠华山山崩国家地质公园内景点丰富，各具特色，线路设计如下：山门广场—登云梯—中国山崩地质遗迹—山崩石海—仙龟似海—空中花园—风洞—冰洞—天池—甘湫池—甘湫峰—地质博物馆。通过在翠华山整体的实践，感受崩塌石海与堰塞湖山水相间的地理美景，感叹大自然的美妙之处。

游客对翠华山山崩国家地质公园的满意程度和评价高低也有利于翠华山山崩国家地质公园的发展，并对同类地质公园的开发有借鉴作用。学生可以在考察中与游客交谈并拍照记录，访问的内容主要包括：游客对翠华山山崩国家地质公园开发的满意程度、对地质遗迹解说的需求、对地质遗迹价值的认可程度和对翠华山山崩国家地质公园景区发展的建议。

三、总结与评价

1.翠华山山崩国家地质公园研学评价

根据翠华山研学旅行活动目标的设置，确定评价量表。通过自我评价、小组评

价、教师评价三个方式，对参与研学旅行的学生给予整体性评价，便于下次研学旅行改正。

2.翠华山山崩国家地质公园研学总结

（1）集体交流总结

以班级为单位开展交流会，阐述翠华山特殊地貌形成原因；交流讨论翠华山山崩国家地质公园存在的问题及其应对措施，学生各抒己见，教师进行总结归纳。

（2）个人总结归纳

研学活动结束后，每位学生以小论文或者总结报告的形式展示此次学习成果，要求内容包括：翠华山山崩国家地质公园的形成原因、翠华山景区发展存在的问题及其改进措施，个人在研学中知识和技能的提升、组织协调能力和团结合作意识的改进。

微课3-5

分析提示

资料来源：吴全桥，岳大鹏.基于研学旅行的地理实践力培养与评价——以陕西省翠华山研学旅行为例［J］.中学地理教学参考，2019（8）：71-73.

请思考：结合所学知识分析本研学课程中的课程评价部分。

思而行远

研学旅行去景区 收获在青山绿水间

正值暑期，研学旅行成为出游的热门选择。山川、河流、草木、文物、建筑、非遗……都是生动立体的教科书，借由旅游实现无痕教育，孩子们从中一路体验、一路收获、一路成长。研学旅行是“教育＋旅游”的跨界产物，众多景区是开展研学旅行的良好承载空间，在研学旅游资源、环境设施、安全保障等方面具有优势，而两者间的融合需要从物理反应走向化学反应，让学生收获内心的成长。

课堂知识蕴含在旅行中

在扬州中国大运河博物馆沉浸式游览运河两岸文化，在杭州西溪湿地国家公园体会湿地的生态价值，在“中国天眼”仰望星空理解什么才是国之重器，在都江堰景区了解目前世界上唯一留存并仍在使用的无坝引水水利工程，在天山天池景区认识植物多样性和地质地貌的形成……寓教于游、寓教于乐的研学旅行，让中小学生收获不一样的学习体验。

这个暑假，北京某中学学生刘浩参加了“中国天眼FAST”研学之旅，“中国天眼”景区所在地是贵州黔南州平塘县，FAST作为世界上最大规模的射电望远镜，具备超灵敏的感测能力，如地球的眼睛一般窥探着宇宙深处，因而被誉为“天眼”。留给刘浩印象最深的是，要在不携带手机等任何电子设备的情况下，烈日炎炎中，快速跨过1 000多步阶梯，登上“天眼”边缘的栈道，近距离观赏它的雄伟壮观，这相当于用脚步丈量了“天眼”的口径。

为什么FAST是用六根铁索固定，而不是三根或者其他数量？FAST坡面上的柱子有什么用？研学导师是一位天文学专家，他在与青少年的互动中给出了答案。

“身体很累，但精神很愉悦，‘天眼’附近都是喀斯特地貌，让我对祖国山河也有了更深的感受。”14岁的刘浩总结这次研学旅行的收获时说。

"读万卷书，行万里路"，15岁的婷婷参加了都江堰的研学旅行。在她看来，以前只在课本上了解过都江堰水利工程，实地探访的感受很震撼。"经历了2000多年，这座水利工程仍然在发挥作用，我现在也理解了，为什么说没有都江堰就没有富饶的天府之国。李冰父子的治水智慧令人惊叹！"

河南老君山景区营销总监张鹏远认为："就像传统的消费方式已经不能满足人们不断升级的消费需求一样，传统的教育方式也已经不能满足学生综合素质全面发展的需求。体验式教育理念和旅游业的跨界融合，使研学旅行成为市场热点。"

旅行是教育的一种形式，教育的内涵蕴含在旅行之中。研学旅行将青少年带到了广阔的天地间，让学生们在课堂里学习的知识得到了拓展和深化。

利好政策催生庞大市场

采访过程中，多位景区从业者提到：2016年是研学旅行的一个分水岭。2016年以前，行业发展更多的是研学机构、旅游企业自下而上的探索，形式上以夏令营、海外游学等为主要形态。2016年，教育部等11部门印发了《关于推进中小学生研学旅行的意见》，明确要求各中小学要把研学旅行纳入教育教学计划，与综合实践活动课程统筹考虑，促进研学旅行和学校课程的有机融合。2021年6月，国务院印发《全民科学素质行动规划纲要（2021—2035年）》，鼓励和支持各行业各部门建立科普教育、研学等基地，提高科普服务能力。

专注于自然研学领域的悦橙自然森林创始人白狼说："素质教育是为了实现人的全面发展，研学旅行可以让学生见识广阔的世界，同时，学生动手实践、出力流汗、接受锻炼、磨炼意志，正确的价值观、良好的习惯和品质也在这个过程中得到了潜移默化的塑造。"秉承"新课标"与"双减"政策传递的教育理念，研学旅行是提高学生综合素质教育的实践途径。

政策的出台，让包括景区在内的市场主体有了积极推进的方向和动力。在江西明月山景区营销总监陈磊看来，景区在研学旅游资源、环境设施、安全保障等方面具有优势，是开展研学旅行的良好承载空间。

最近，明月山景区联合某音乐工作室开展了三天两晚的音乐主题研学之旅。"音乐主题的产品和明月山轻松明快的气质非常契合，而且，这种较为深入的研学产品还可以与景区今年着力打造的露营地等产品体验结合起来。"陈磊说。

每一次研学旅行课程设置的主题都要明确。以明月山音乐研学之旅为例，如何更好地演奏曲目、如何更好地弹准节奏、如何把音弹得干净、如何提升手指机能等是课程的重要内容，而明月山也为音乐之旅准备了优美的舞台，在明月山山峦间的表演，让众多游客作为观众加入进来，进一步锻炼了学生的台风。

陈磊坦言，目前景区打造主题研学产品，主要是依托第三方专业教育机构提供专业服务和输出客源，他认为："专业的人干专业的事情，景区在研学课程的设置上会给出重要意见，研学课程必须和景区本身的文化、气质相符合。另外，景区在研学旅行的服务、安全保障方面负有重要责任，安全是第一位的。"

全国在校中小学生规模近2亿人，研学旅行是一个需求庞大的市场。据介绍，明月山景区也正在考虑和第三方专业教育机构成立合资公司，一同拓展研学旅游市场，“这个市场的蛋糕很大，也是景区多元化发展的重要方向之一，但做起来并不容易”。陈磊说。

“让孩子收获内心的成长”

据中国旅行社协会副秘书长高敬敬介绍，在国家级研学旅行基地（营地）的评选中，景区占据了重要位置。评选标准涉及课程体系、精品路线、人才队伍、设施配套等内容。“‘教育与体验’在整个标准体系中占比很高。教育性是研学旅行最重要的原则，要求研学基地结合学生身心特点、接受能力和实际需要，注重系统性、知识性、科学性和趣味性，为学生全面发展提供良好成长空间。”

古北水镇入选了第一批国家级研学旅行基地（营地），景区相关负责人介绍：“作为北方小镇，又依托古老的司马台长城，希望把北方的传统文化融入景区体验和研学内容，景区有很多‘前店后坊’，可以体验扎染，做风筝、灯笼、布鞋等，同时，我们也邀请了非遗传承人来教学，真正做到教学、体验、传承为一体。”

这个暑期，古北水镇景区还开设了“仰望星空·长城下的银河学院”，邀请多年从事航天教育的讲师陆慧玲，为孩子讲解航天、星空，通过实践趣味教学，激发孩子们对航空航天知识的求知欲与好奇心。动手能力的培养也很重要，DIY 天宫空间站、写一封给航天员的信、在星空中寻找中国空间站等趣味实践教学，让孩子们边玩边学，真正学有所获。

在一些业者看来，凸显教育功能的课程设计是研学旅行是否成功的核心竞争力之一，课程“同质化”也是行业目前的一个痛点。中国国家地理研学产品课程总监李卉说：“研学旅行的空间载体不限于一个个闻名遐迩的景点，在其背后都有当地自然禀赋、文化、社群等之间的交流和碰撞。‘他人即课堂’，研学旅行让学生有机会感受到地方文化内在的力量，沉浸于体验周围的世界，观察那些真实而有意义的事情发生，让学生置身于地方遗产、风俗、景观以及机遇和经历之中，并将其作为学习文学、数学等科目课程的基础。”

中国旅游研究院发布的《中国研学旅行发展报告2021》指出，研学旅行中的课程实质上不单指具体的课程内容与设计，而是贯穿了理念设计、课程设计、行前引导、行中执行、行后评价，从方案到执行，从设计到落地，从参与到评价的完整链条。

李卉说她自己永远都记得有一次在贵州开展研学旅行，研学导师是两位营地教育的专家，他们经常不解地问李卉：“为什么你们都要拿着相机拍来拍去？最重要的是去体验你现在正在体验的过程。”这句话说得李卉有点脸红。还有一次，一个孩子在研学旅行结束时分享体会，主动上前深深地拥抱了李卉，感谢她一路的鼓励让自己变得自信起来。另外，李卉也建议营地教育的发展，要更多加入公益性的内容。

评价一次研学旅行是否成功的标准是什么？一些业者颇为无奈：“这主要在于家长怎么看。”一些家长重视外在的收获，如一纸证书、孩子某一方面的知识面拓展等。但更加内在和持久的收获在于一个孩子内心的成长。拥有发展和教育心理学博士学位的白狼深有体会："其实孩子远比家长认为的要更勇敢、更有独立性、更善于自己解决问题。关键是要给他们一个机会，让他们去做自己，而研学旅行正是提供了这样一个机会。"正如教育的未来一样，研学旅行未来的发展终将指向人的全面发展。

资料来源：曹燕.研学旅行去景区 收获在青山绿水间［N］. 中国旅游报，2022-08-09.

任务拓展

请根据下面的研学旅行案例，结合上述研学课程评价的过程与方法，开展研学课程评价。

崇山峻岭 丝路长廊

研学地点：桂林 阳朔 南宁

课程说明：中国海上丝绸之路自秦汉时期开通以来，广西一直是沟通东西方经济文化交流的重要桥梁，而东南亚地区自古就是海上丝绸之路的重要枢纽和组成部分。习近平总书记基于历史，着眼于中国与东盟建立战略伙伴十周年这一新的历史起点上，为进一步深化中国与东盟的合作，构建更加紧密的命运共同体，为双方乃至本地区人民的福祉而提出"21世纪海上丝绸之路"的战略构想。而大的政策已经给出，广西的定位是：21世纪海上丝绸之路与丝绸之路经济带有机衔接的重要门户。足以见得广西在"一带一路"发展中的重要地位。本次课程将围绕着广西地区"一带一路"经济发展战略和广西优秀的历史文化解读广西，使学生们能够了解广西这个省份所承载的人文基础，文化格局。

课程目标：

1.了解广西的地理概况、历史文化和传统文化特点与魅力，并以"一带一路"为关键词，让学生从不同角度进行总结、探究、创新，形成自己的创新研究想法，并对当代民族社会发展趋势进行适当分析。

2.通过实践探究、调研总结，让学生能够把课本知识深入地渗透到实践当中，以实景触发学生的学习兴趣，在探究过程中能够巩固课程知识，更能够增强动手动脑能力，对广西地区的文化特色有更直观的感受。

3.通过小组合作和亲身实践，培养团队合作意识，同时学会将历史知识、美学知识运用到社会实践活动中。

行前品读课堂

课程模块：品读——丝路文化

课程介绍：广西不仅有着深厚的民族文化底蕴，更有着悠久的历史文化传统，绣球文化、刘三姐文化、长寿文化、铜鼓文化、少数民族特色文化等，汇成广西文化长河，而广西作为古代丝绸之路的枢纽，借助与东盟国家山水相连、语言相通、习俗相似的优势，营造多元互动的人文交流局面，在"一带一路"的建设中发挥着独特的作用。广西文化正以坚定的步伐和独特的魅力，走向全国，走向世界。

课程目标：

1.了解丝绸之路的概况和历史发展，充分理解“一带一路”对于新时代中国发展的意义。

2.了解广西壮族自治区在丝绸之路中发挥的作用，以及在“一带一路”建设中具有的意义。

行前课主题内容：

1.行前破冰。

2.广西文化。

3.丝路文化。

4.自然生态。

学习形态：课堂授课式。

行中探究之旅

课程模块：探究——广西文化

课程地点一：芦笛岩

课程主题：芦笛探秘 艺术之宫

课程介绍：学习宇宙、地球和生命的演化过程，了解地球的圈层结构，解读三大岩类及其循环转化，分析碳酸盐岩的形成、分类与特点。探究喀斯特地貌的特点及形成原因。

地点介绍：芦笛岩位于桂林市西北桃花江畔，在光明山的南侧山腰。洞口原长有一种芦荻草，传说可以做笛子，吹出悦耳动听的声音，芦笛岩因此得名。芦笛岩的形成经历了漫长的年代，100万年前这里原是一个古地下湖，由于地壳运动山体抬升，地下水位下降，地下湖变成了山洞。后来，雨水形成的地下水沿着山体中许许多多的破碎带流动，溶解了岩石中的碳酸钙，变成了含有碳酸根与钙离子的溶液。当地下水从岩石缝隙流到洞中时，二氧化碳溢出，钙离子就沉淀结晶，经过长年的积累形成千姿百态的钟乳石，人们称赞芦笛岩是一座大自然的艺术之宫。远在1 000多年前的唐代就有人来芦笛岩游览，芦笛岩的石壁上留下了不少古人的墨迹。

活动形式：

1.跟随辅导员参观和探究。

2.以组为单位，带着任务单上的问题，去岩洞发现“宝藏”——找寻答案。

探究内容：

1.探究喀斯特地貌的形成原因。

2.分析碳酸盐岩的形成、分类与特点。

课程地点二：靖江王府

课程主题：靖江王城 王府旧事

课程介绍：通过国内保存好最完整的明代城墙所反映历史文化，探究王城的内部结构与王城旧事，通过了解王城的建筑结构，分析广西地区的建筑研制与自然景观之间的关系。

地点介绍：靖江王城坐落于广西壮族自治区桂林市漓江西岸，是明朝藩王靖江王朱守谦的藩王府，始建于洪武五年（公元1372年），洪武二十五年（公元1392年）建成，靖江王城外围有国内保存最完好的明代城墙。由于靖江王城地处桂林市城市中心地区，因而有“阅尽王城知桂林”之说。

体验活动：体验传统、原始的科举考试。

活动形式：以小组的形式跟随研学旅行指导师进行体验参观，完成探究性课题。

探究内容：初步了解靖江王府的历史文化，梳理靖江王府的历史事件，探究靖江王府的史学价值、文学价值、美学价值。

课程地点三：漓江

课程主题：舟行碧波 人在画中

课程介绍：通过参观游览，感受丽江的河道走向，分析漓江河床的特征，通过游览参观，感受古代文人墨客诗篇的水文情怀，了解漓江的水利情况和引水工程。

地点介绍：桂林漓江风景区是世界上规模最大、风景最美的岩溶山水游览区，千百年来它不知陶醉了多少文人墨客。桂林漓江风景区以桂林市为中心，北起兴安灵渠，南至阳朔，由漓江一水相连。桂林山水向以“山青、水秀，洞奇”三绝闻名中外。桂林漓江风景区游览胜地繁多，在短期内只能择其主要景点进行游览，其中一江（漓江）、两洞（芦笛岩、七星岩）、三山（独秀峰、伏波山、叠彩山）具有代表性，它们基本上是桂林山水的精华所在。旅行社组织的桂林两日游，一般是第一天游独秀峰、叠彩山、伏波山、七星岩和芦笛岩；第二天由漓江去阳朔。

体验活动：游船吟诗。

活动形式：以小组的形式跟随辅导老师乘船体验，完成探究性课题。

探究内容：桂林也与有些古城一样，同样面临着环境保护的重大课题，特别是漓江的环境保护工作，亲临临江，你发现了哪些不好的现象？针对这种现象，作充分的调研，制订简要的应对方案。

课程地点四：阳朔

课程主题：西街风情 三姐文化

任务介绍：欣赏一条中西文化交融的特色文化街区所遗留下来的朴实无华的迷人古貌，了解西街厚重的历史文化，通过一座座精美的建筑雕琢，感受老西街淳朴的民俗风貌。

通过观看《印象·刘三姐》了解刘三姐的背景故事，了解壮族歌仙节的由来，通过非物质文化遗产分析刘三姐文化的艺术价值和精神价值。

地点介绍：阳朔西街是广西壮族自治区桂林市阳朔县的一条步行街。位于阳朔古镇中心，宽约8米，长近800米，略呈东西走向，东到滨江路，西到蟠桃路，中间与县前街、城中路交会。历经1 400多年，西街成为阳朔最古老、最繁华的街道，也是阳朔重要的旅游景点之一。明城墙、碑刻、古寺、古亭、名人故居、纪念馆等这些古老的建筑保存皆较完整。西街，曾是孙中山先生演讲的地方，艺术大师徐悲鸿也曾居于此，150多个国家的领导人曾在此留下足迹。

自古以来，广西的壮族、汉族、瑶族、侗族等民族喜歌善唱，这种民族性格使他们很自然地创造出歌仙刘三姐的传说来。人们把刘三姐作为地域歌唱活动的模范，在充分效仿和学习的同时，也将其作为理想信念的化身及创作灵感的源泉而进行崇奉。在20世纪50年代以前，群众对歌之前都要到刘三姐的灵牌前烧香，祈求保佑对歌获胜。

民间传说中的刘三姐故事是一个纷繁的、相互歧异的话语渊薮。这里既有同一阶层民众不同价值观念的冲突，也有不同社会阶层之间的冲突；既有现实生活的写照，也有浪漫的幻想、鬼神巫术的观念。由于该传说在不同历史时期、不同地域、不同民族间的流传、衍化，造成故事的累层堆积、互为关联、互相矛盾的结果。但不管怎样，民间传说中的刘三姐故事包含了民间伦理、民间智慧、民间想象、民间情趣，这些是刘三姐传说中最具魅力和活力的地方。

《印象·刘三姐》是大型桂林山水实景演出，是中国·漓江山水剧场之核心工程，是全国第一部山水实景演出。

体验活动：观看山水实景演出《印象·刘三姐》。

活动形式：

1.以组为单位漫步阳朔西街，探究相关课题。

2.观看《印象·刘三姐》演出。

探究内容：

1.哪些原因造成了阳朔西街中西合璧的现象？

2.说一说刘三姐的艺术价值及传承保护。

课程地点五：漓水人家

课程主题：漓江人家 桂北风情

课程介绍：通过丰富多彩的参与性活动及趣味性解说，对漓江流域的传统文化、生产生活方式、建筑及环境有真实生动的体验，感受坚定、踏实、精益求精的工匠精神，更好地保护和传播非物质传统文化。

地点介绍：漓水人家位于灵川县大圩镇潮田河畔，距桂林市区19千米，是一个集文化、农业、生态于一身的综合体。

它是一个以桂北风情、古民居建筑艺术、民间传统工艺为主题的村落。村落将漓江流域的传统文化、生产生活方式、建筑及环境真实生动地复制进来，并配以丰富多彩的参与性活动及趣味性解说，让同学们既能直观地看到过去，又能真切地体验传统。

漓水人家是非物质传统文化的保护地和传播者，让同学们不仅可以观赏甲天下的桂林山水，更能了解到生活在这美丽山水间人们的民风民俗。

体验活动：体验桂北民俗手工劳作（体验舂粑粑活动）。

活动形式：以小组的形式跟随辅导老师体验活动，完成探究性课题。

探究内容：探究保护中华优秀传统文化的必要性和重要性。

课程地点六：德天瀑布

课程主题：南国瀑布 山水画廊

任务介绍：德天瀑布为典型的岩溶瀑布，是中国西南边陲与越南接壤的一个地方，通过探究岩石的性质、岩层特征、构造特点等，分析其地貌成因。了解德天瀑布背后的历史故事及传说。

地点介绍：德天瀑布位于广西壮族自治区崇左市大新县硕龙镇德天村，中国与越南边境处的归春河上游，瀑布气势磅礴、蔚为壮观，与紧邻的越南板约瀑布相连，是亚洲第一、世界第四大跨国瀑布，年均水流量约为贵州黄果树瀑布的三倍，为中国国家AAAA级旅游景区，还是《酒是故乡醇》和《花千骨》的外景拍摄地，神奇而美妙。

活动形式：跟随辅导员参观探究。

探究内容：

1.徒步参观，分析德天瀑布形成的原因。

2.分析水流造成地表形态变化的内外力因素，思考河流对地貌的影响。

课程地点七：通灵大峡谷

课程主题：通天彻地 灵气飘逸

任务介绍：观察桂西地区的岩石、矿物、地质构造现象，对岩层走向、倾角进行估测，通过对地貌的分析，了解不同地貌类型的特点，掌握通灵大峡谷的形成机理、特点等内容。

地点介绍：通灵大峡谷风景区位于靖西县城东南部32千米的湖润镇新灵村，古龙山水源林自然保护区的南端，离广西首府南宁市230千米，距德天跨国大瀑布29千米。由念八峡、铜灵霞、古劳峡、新灵峡、新桥峡组成，总长10多千米，通天彻地，灵动飘逸，犹如地球上一道美丽的伤痕。

活动形式：跟随辅导员参观探究。

探究内容：

1.通灵大峡谷的形成原因。

2.分析通灵大峡谷内的水文特征及地质构造。

行后分享成果

课程模块：分享—广西文化

通过学生在过程学习中的收获、体会、感受，用自己的理解、自己的表达方式，阐述桂林文化和民族文化，以不同方式的分享，让广西文化和丝路文化在学生的心中留下印记，在体会表达中，使得广西地域文化和丝路文化在创新中继承，以创造性转化创新性发展。

主题内容：

1.眼中的桂林。

以收集寻根印迹为目标，以学生的视角，看广西文化和丝路文化发展脉络，以摄影、绘画等多种形式展示出广西文化和丝路文化。

2.笔下的桂林。

以文学方式，从不同的维度，展现对中华文明和八桂文化探寻的收获、体会、感受，以演讲、诗歌、文学作品评选等多种形式，我笔写我心，我手画我景。

学习形态：展示、交流、分享。

探究课程安排（见表3-19）：

表3-19 “崇山峻岭 丝路长廊”探究课程安排表

时间	主题	地点	课程内容	食宿
DAY1	北京（火车19.5小时）—桂林			火车上
	研学启程	火车上	学校集合乘车前往北京西站，乘火车硬卧前往桂林。参考车次：Z5次（16：09—次日11：34）或其他车次，以实际出票为准	
DAY2	桂林研学			中晚 桂林
	芦笛探秘 百年王府	火车上	观察沿途地理地貌变化；车上学习；写途中最有感触和心得的作文	
		芦笛岩	1.参观国宾洞-芦笛岩：跟随专业讲解员实地考察喀斯特地貌特有岩溶洞穴，了解相关地理知识。 2.分组合作，带着任务单上的问题，去岩洞发现“宝藏”——找寻答案	
		靖江王府	1.参观靖江王府博物馆——在空间与时间的交错中，感知“桂林山水甲天下，阅尽王城知桂林”的真谛所在。 2.参观摩崖石刻——探寻千古名句“桂林山水甲天下”真迹。 3.寻“王府三怪”——皇家植物大百科。 4.争状元 夺魁首——科举考试大比拼：同学们着学子服穿越至清朝，在贡院欣赏一场精彩的科举考试表演秀，在“号舍”内体验一场生动的科举考试，让学子了解中国传统科举文化，以及桂林深厚的文化历史	
DAY3	桂林（汽车1小时）—码头（船约4小时）—阳朔			早中晚 （午餐为船餐，简易盒饭） 阳朔
	舟行碧波 人在画中	船游 大漓江	1.乘船畅游桂林磨盘山——阳朔段漓江，切身体会清代大诗人袁枚描写漓江的诗句中描写的“分明看见青山顶，船在青山顶上行”之美景。 2.亲临20元人民币背景所在地。 3.了解岩溶地貌。理解课文关于漓江的描写，思考环境保护对漓江的重要性	
		阳朔西街	国际化的西街，百越中的古镇，中西合璧的文化调研活动，完成研学作业	
		《印象·刘三姐》露天剧场	观赏大型桂林山水实景演出《印象·刘三姐》，了解刘三姐的传说、广西自然风光、民俗风情，了解漓江人的生活。欣赏、再解构、分析一部好剧的构成元素，体会国际与民族元素各有千秋	